5+1

It makes **you** a confident traveler, even in the places you've never been.

유럽여행의 스마트 솔루션!
유럽 대표언어를 한 자리에!
즐거운 여행을 완성하는 책!

**English
Spanish
French
German
Italian**

국가대표 유럽 5개국어 여행회화

영어, 스페인어, 프랑스어
독일어, 이탈리아어

**Spanish
Atahualpa Amerise**
아따우알빠

**French
Maccari Isabelle**
이자벨

**German
Vera Hohleiter**
베라

**Italian
Christina Confalonieri**
크리스티나

It makes you a confident traveler, even in the places you've never been.

It makes you a confident traveler,
even in the places you've never been.

EXPRESSION 5
이것이 영국식 **여행영어**
핵심문형 베스트 5!

여행 중에 가장 많이 사용하는
완전 **대표적인 문형**,
5가지를 정리했습니다.
~ 부분에 원하는 단어를 넣어 말씀하세요.

①

EXPRESSION 5

~, 부탁합니다.
~, please.
[~, 플리즈.]

②

EXPRESSION 5

~은 어디입니까?
Where is ~?
[웨얼 이즈 ~?]

It makes **you** a **confident traveler**,
even in the places you've never been.

It makes you a confident traveler, even in the places you've never been. 국가대표 유럽 5개국어 여행회화

CONTENTS

C 통합형 목차 | 🇬🇧 영어 | 🇩🇪 독어 | 🇫🇷 불어 | 🇪🇸 서어 | 🇮🇹 이어

핵심문형 베스트 5		01 page
완전 기본 표현		03
공항 (입국심사) (귀국) Airport Immigration Coming Home	체크인 수하물 보딩 예약 기내 좌석 기내 서비스 환승 입국심사 수하물 찾기 세관	07 09 11
호텔 Hotel	체크인 호텔 프런트 편의시설 룸서비스 모닝콜 객실 문제상황 체크아웃	13 15 17
교통 Transport	비행기 택시 버스 지하철 기차 렌터카 문제상황	19 21 23 25
식당 Restaurant	식당 찾기 예약 좌석 스낵 메뉴 주문 식사 선택사항 음료 디저트 문제상황 계산	27 29 31
관광 Sightseeing	관광 안내소 시내 투어 시내관광 위치 사진 촬영 공연 티켓구매 장소질문	33 35 37
쇼핑 Shopping	상점 면세점 의류 선물 점원 사이즈 색상 주문 구매 가격조정 지불방법 환불	39 41 43
전화 (우편, 은행) Telephone Post Bank	전화 우편 은행	45
응급상황 Emergency	병원 약국 분실 위급상황	47 49
부록 단어장		51

5+1 It makes you a confident traveler, even in the places you've never been.

국가대표 유럽 5개국어 여행회화
영어, 스페인어, 프랑스어,
독일어, 이탈리아어

저자_ enBergen Academy 다국어 저자그룹

1판 1쇄 발행_ 2010년 11월 25일
1판 9쇄 발행_ 2018년 6월 15일

발행처_ 북커스베르겐
발행인_ 신은영

등록번호_ 제 313-2009-217호
등록일자_ 2009년 10월 6일
주소_ 경기도 고양시 일산동구 장항동 742-1
　　　한라밀라트 B동 215호
전화_ (02)722-6826
팩스_ (031)911-6486

저작권자 ⓒ 2013 enBergen
이 책의 저작권은 저자에게 있습니다.
저자와 출판사의 사전 허락 없이
내용의 전체 또는 일부를 인용하거나
발췌하는 것을 금합니다.

COPYRIGHT ⓒ 2013 enBergen
All rights reserved including the rights
of reproduction in whole or in part in any
form, Printed in KOREA.

값은 표지에 있습니다.
ISBN 978-89-963283-6-0 13700

이메일_ bookersbg@naver.com

이 도서의 국립중앙도서관
출판시도서목록(CIP)은
e-CIP 홈페이지
(http://www.nl.go.kr/ecip)에서
이용하실 수 있습니다.
(CIP제어번호: CIP2010004005)

북커스베르겐은
옥당의 외국어 출판브랜드입니다.

It makes you a confident traveler, even in the places you've never been.

 # ENGLISH

부록부 **단어장**을 이용하여 원하는 **표현**을 **완성**하여 말씀해보세요.

③

EXPRESSION 5

당신은 ~을 가지고 있습니까?
Do you have ~?
[두 유 해브 ~?]

5+1

④

EXPRESSION 5

~해주시겠습니까?
Could you ~ ?
[쿠드 유 ~ ?]

5+1

⑤

EXPRESSION 5

저는 ~하고 싶습니다.
I'd like to ~.
[아이드 라이크 투 ~ .]

5+1

It makes **you** a **confident traveler**, even in the places you've never been. *5+1 2

ENGLISH
영어
가장 중요하고, 당장 필요한
완전 기본 표현!

안녕하세요.	Hi. / Hello.	[하이. / 헬로.]	01
어떻게 지내세요?	How are you?	[하우 아 유?]	02
당신을 만나서 반갑습니다.	Nice to meet you.	[나이스 투 미트 유.]	03
안녕하세요. (아침 인사)	Good morning.	[굿 모닝.]	04
안녕하세요. (점심 인사)	Good afternoon.	[굿 아프터눈.]	05
안녕하세요. (저녁 인사)	Good evening.	[굿 이브닝.]	06
안녕히 주무세요. (밤 인사)	Good night.	[굿 나잇.]	07
안녕히 가세요.	Good-bye.	[굿 바이.]	08
나중에 만나요.	See you later.	[씨 유 레이터.]	09
좋은 여행 되세요.	Have a nice trip.	[해브 어 나이스 트립.]	10

ENGLISH Basic 영어 기본

It makes you a confident traveler, even in the places you've never been.

5+1   It makes **you** a **confident traveler!**
당장 필요한 **기본 표현** 모음

네. / 아니오.	Yes. / No. [예스. / 노.]	11
네, 부탁합니다.	Yes, please. [예스, 플리즈.]	12
괜찮습니다.	It's OK. [잇츠 오케이.]	13
아니오, 됐습니다.	No, thanks. [노, 쌩스.]	14
문제 없습니다.	No problem. [노 프러블름.]	15
감사합니다.	Thank you. [쌩큐.]	16
천만에요.	You're welcome. [유어 웰컴.]	17
실례합니다.	Excuse me. [익스큐즈 미.]	18
죄송합니다.	Excuse me. [익스큐즈 미.]	19
미안합니다.	I'm sorry. [아임 쏘리.]	20
알겠습니다.	I see. [아이 씨.]	21

It makes you a confident traveler, even in the places you've never been.

ENGLISH
영어
가장 중요하고, 당장 필요한
완전 기본 표현!

YOU the Confident Traveler 5+1

모르겠습니다.	**I don't know.** [아이 돈 노우.]	22
뭐라고 하셨죠?	**Pardon?** [파든?]	23
이것은 **무슨 의미**입니까?	**What does this mean?** [왓 더즈 디스 민?]	24
이것은 **영어로 무엇**입니까?	**What's this in English?** [왓츠 디스 인 잉글리쉬?]	25
이것은 **무엇**입니까?	**What's this?** [왓츠 디스?]	26
그곳은 **어디**입니까?	**Where is it?** [웨얼 이즈 잇?]	27
이것은 **얼마**입니까?	**How much is it?** [하우 머취 이즈 잇?]	28
몇 시입니까?	**What time is it?** [왓 타임 이즈 잇?]	29
화장실은 어디입니까?	**Where's the toilet?** [웨얼즈 더 토일렛?]	30
대단해요.	**Wonderful.** [원더플.]	31

Basic
영어 기본

 5+1   당장 필요한 **기본 표현** 모음

환상적이에요.	Fantastic. [판타스틱.]	32
기뻐요.	I'm happy. [아임 하피.]	33
슬퍼요.	I'm sad. [아임 싸드.]	34
배가 고파요.	I'm hungry. [아임 헝그리.]	35
목이 말라요.	I'm thirsty. [아임 써스티.]	36
맛있네요.	It was delicious. [잇 워즈 딜리셔스.]	37
피곤해요.	I'm tired. [아임 타이어드.]	38
부탁합니다.	Please. [플리즈.]	39
한 번 더 부탁합니다.	Once more, please. [원스 모어, 플리즈.]	40
여기에 써주세요.	Write it down here, please. [라잇 잇 다운 히어, 플리즈.]	41

1. 안내소는 어디입니까? (공중전화, 버스터미널, 환전소)
   Where is the information counter?
   [웨얼 이즈 더 인포메이션 카운터?]
   (pay phone, bus terminal, foreign exchange)
   [페이 폰, 버스 터미널, 포린 익스체인지]

2. ~ 항공 카운터는 어디입니까?
   Where is the ~ Airlines counter?
   [웨얼 이즈 더 ~ 에어라인스 카운터?]

3. 여권, 부탁합니다.
   Passport, please.
   [파스포트, 플리즈.]

4. 탑승권, 부탁합니다.
   Boarding pass, please.
   [보딩 파스, 플리즈.]

5. 창측, 복도측 어느 자리로 하시겠습니까?
   A window seat or an aisle seat?
   [어 윈도우 시트 오어 언 아일 시트?]

6. 창측 좌석, 부탁합니다. (복도측 좌석)
   A window seat, please.
   [어 윈도우 시트, 플리즈.]
   (An aisle seat)
   [언 아일 시트]

7. 이것을 **기내로** 가져갈 수 있나요?
   Can I bring this on the plane?
   [캔 아이 브링 디스 온 더 플레인?]

8. 이 **짐을** 부쳐주세요.
   Please send this as unaccompanied baggage.
   [플리즈 샌드 디스 애즈 언어컴퍼니드 배개쥐.]

ENGLISH **Airport** 영어 공항

 **5+1**   It makes **you** the **confident traveler!** 체크인 수하물 보딩 예약

체크인할 **가방**이 **2개** 있습니다.	I have two check-in bags. [아이 해브 투 체크 인 백스.]
체크인할 **짐**이 **없습니다**.	I have no luggage to check in. [아이 해브 노 러개쥐 투 체크 인.]
탑승 게이트는 어디입니까?	Where is the boarding gate? [웨얼 이즈 더 보딩 게이트?]
탑승은 언제 시작합니까?	What time can we start boarding? [왓 타임 캔 위 스타트 보딩?]
출발은 얼마나 지연될 것 같습니까?	How long will the departure be delayed? [하우 롱 윌 더 디파쳐 비 딜레이드?]
예약을 재확인하고 싶습니다.	I'd like to reconfirm my reservation. [아이드 라이크 투 리컨펌 마이 레저베이션.]
6월 18일 NW450 **인천**행 **항공편**입니다.	June 18th, the flight number is NW450 to Incheon. [준 에잇틴쓰, 더 플라이트 넘버 이즈 엔더블유포파이브지로 투 인천.]
항공편을 바꾸고 싶습니다.	I'd like to change my flight, please. [아이드 라이크 투 체인지 마이 플라이트, 플리즈.]
이용 가능한 **항공편**은 **어떤** 것입니까?	Which flight is available? [윗치 플라이트 이즈 어베일러블?]

  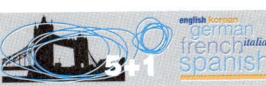

It makes you a confident traveler, even in the places you've never been.

ENGLISH
영어
상황을 해결하는 핵심 표현들
공항 · 입국심사 · 귀국

YOU
the Confident
Traveler
5+1

---

(18) 제 **자리**는 **어디**입니까?
Where is my seat?
[웨얼 이즈 마이 시트?]

(19) 지나가게 해주세요.
Please let me through.
[플리즈 렛 미 쓰루.]

(20) 이것은 제 **자리**인 것 같습니다.
I think this is my seat.
[아이 씽크 디스 이즈 마이 시트.]

(21) 제 **가방**을 위로 올려 주시겠습니까?
Could you put my bag up for me, please?
[쿠드 유 풋 마이 백 업 포 미, 플리즈?]

(22) **자리**를 바꿔도 됩니까?
May I change seats?
[메이 아이 체인지 시츠?]

(23) **창측 좌석**으로 바꿔도 됩니까? (**복도측**)
May I change to the window seat?
[메이 아이 체인지 투 더 윈도우 시트?]
(aisle) [아일]

(24) **음료**는 **무엇**으로 하시겠습니까?
What would you like to drink?
[왓 우드 유 라이크 투 드링크?]

(25) **커피**, **부탁**합니다. (**차**, **주스**, **맥주**, **와인**, **물**)
Coffee, please.
[커피, 플리즈.]
(Tea, Juice, Beer, Wine, Water)
[티, 주스, 비어, 와인, 워터]

(26) **쇠고기**와 **생선**, **어떤 것**으로 하시겠습니까?
Would you like beef or fish?
[우드 유 라이크 비프 오어 피쉬?]

---

9   It makes **you** a **confident traveler**, even in the places you've never been.

It makes you a confident traveler, even in the places you've never been.

 # ENGLISH  **Airport** 영어 공항 E

5+1 **기내 좌석 기내 서비스 환승**
It makes **you** the **confident traveler!**

쇠고기, 부탁합니다. (닭고기, 생선)	Beef, please. [비프, 플리즈.] (Chicken, Fish) [치킨, 피쉬]	27
베개와 담요를 주시겠습니까? (잡지, 신문, 약, 담요 한 장 더)	May I have a pillow and a blanket, please? [메이 아이 해브 어 필로우 앤드 어 블랑켓, 플리즈?] (magazines, newspaper, some medicine, one more blanket) [매가진스, 뉴스페이퍼, 썸 메디슨, 원 모어 블랑켓]	28
헤드폰이 망가졌습니다.	This headset is broken. [디스 헤드셋 이즈 브로큰.]	29
입국신고서 한 장 주시겠습니까?	Could I have an immigration card? [쿠드 아이 해브 언 이미그레이션 카드?]	30
제 좌석을 뒤로 눕혀도 될까요?	May I recline my seat? [메이 아이 리클라인 마이 시트?]	31
좌석을 원위치로 해주시겠습니까? (테이블)	Would you return your seat into the upright position? [우드 유 리턴 유어 시트 인투 디 업라잇 포지션?] (table) [테이블]	32
블라인드를 내려 주시겠습니까?	Could you close the window shade? [쿠드 유 클로즈 더 윈도우 쉐이드?]	33
이 공항에서 얼마나 머뭅니까?	How long will we stop at this airport? [하우 롱 윌 위 스톱 앳 디스 에어포트?]	34

It makes **you** a **confident traveler,** even in the places you've never been.   *5+1 10

It makes you a confident traveler, even in the places you've never been.

㉟ 방문의 목적은 무엇입니까?
What's the purpose of your visit?
[왓츠 더 퍼포즈 오브 유어 비지트?]

㊱ 관광입니다. (비즈니스, 유학, 휴가)
Sightseeing.
[사이트씨잉.]
(Business, Study abroad, Pleasure)
[비즈니스, 스터디 어브로드, 플레져]

㊲ 얼마 동안 머물 예정입니까?
How long are you going to stay?
[하우 롱 아 유 고잉 투 스테이?]

㊳ 6일입니다. (1주일, 3주일)
Six days.
[식쓰 데이즈.]
(A week, Three weeks)
[어 윅크, 쓰리 윅스]

㊴ 어디에 머물 예정입니까?
Where are you going to stay?
[웨얼 아 유 고잉 투 스테이?]

㊵ 힐튼 호텔에요. (친척집에요, 친구의 집에요.)
At the Hilton Hotel.
[앳 더 힐튼 호텔.]
(my relative's house, my friend's house)
[마이 렐러티브스 하우스, 마이 프렌즈 하우스]

㊶ 귀국 항공권을 가지고 있습니까?
Do you have a return ticket?
[두 유 해브 어 리턴 티켓?]

㊷ 당신의 직업은 무엇입니까?
What's your occupation?
[왓츠 유어 오큐페이션?]

ENGLISH **Airport** 영어 공항

 5+1   **It makes you the confident traveler!** 입국심사 수하물 찾기 세관

수하물 찾는 곳은 어디입니까?	Where is the baggage claim? [웨얼 이즈 더 배개쥐 클레임?]	43
여기가 747편 **수하물**이 나오는 곳입니까?	Is this the baggage claim for flight 747? [이즈 디스 더 배개쥐 클레임 포 플라이트 세븐 포 세븐?]	44
분실물센터는 어디입니까?	Where is the lost and found office? [웨얼 이즈 더 로스트 앤드 파운드 오피스?]	45
제 옷 **가방**을 못 찾겠습니다.	I can't find my suitcase. [아이 캔트 파인드 마이 수트케이스.]	46
이것이 제 **수하물 확인증**입니다.	Here is my baggage claim tag. [히얼 이즈 마이 배개쥐 클레임 타그.]	47
가방을 열어 주시겠습니까?	Could you open your bag? [쿠드 유 오픈 유어 백?]	48
이것은 **무엇**입니까?	What's this? [왓츠 디스?]	49
개인 소지품들 입니다.	Just my personal belongings. [저스트 마이 퍼스널 빌롱잉스.]	50
신고할 **물건**이 있습니까?	Do you have anything to declare? [두 유 해브 애니씽 투 디클레어?]	51
신고할 **물건**이 없습니다. (**위스키** 두 병이 있습니다.)	I have nothing to declare. [아이 해브 낫씽 투 디클레어.] (two bottles of whisky) [투 보틀스 오브 위스키]	52

It makes you a confident traveler, even in the places you've never been.

ENGLISH
영어
상황을 해결하는 핵심 표현들
호텔 Hotel

① **체크인**을 하고 싶습니다.
I'd like to check in.
[아이드 라이크 투 체크 인.]

② 제 **이름**은 ~입니다.
My name is ~.
[마이 네임 이즈 ~.]

③ 여기 **확인증**입니다.
Here is my confirmation.
[히얼 이즈 마이 컨퍼메이션.]

④ **오늘밤** 사용할 **방**이 있습니까?
Do you have any rooms for tonight?
[두 유 해브 애니 룸스 포 투나잇?]

⑤ **1인실, 부탁**합니다. (2인실)
A single room, please.
[어 씽글 룸, 플리즈.]
(A twin room) [어 트윈 룸]

⑥ **하룻밤**에 얼마입니까?
How much is it per night?
[하우 머취 이즈 잇 퍼 나잇?]

⑦ **세금**과 **봉사료** **포함**입니까?
Does that include tax and service charges?
[더즈 닷 인클루드 탁스 앤드 서비스 차지스?]

⑧ **아침식사 포함**입니까?
Is breakfast included?
[이즈 브랙퍼스트 인클루디드?]

⑨ **덜 비싼** 것이 있습니까?
Do you have anything less expensive?
[두 유 해브 애니씽 레스 익스펜시브?]

⑩ **추가 침대**를 **방**에 놓을 수 있습니까?
Can I have an extra bed put in the room?
[캔 아이 해브 언 엑스트라 베드 풋 인 더 룸?]

ENGLISH — Hotel 영어 호텔

 **5+1**   It makes **you** the confident traveler! 체크인 호텔 프런트 편의시설

성씨의 **철자**를 말씀해 주시겠습니까? (**성을, 이름을**)
Could you spell your last name?
[쿠드 유 스펠 유어 라스트 네임?]
(family name, first name)
[패밀리 네임, 퍼스트 네임]
⑪

양식을 채워 주시겠습니까?
Could you fill out this form?
[쿠드 유 필 아웃 디스 폼?]
⑫

현금과 **카드**, **어떤 것**으로 **결제**하시겠습니까?
How will you pay, by cash or charge?
[하우 윌 유 페이, 바이 캐쉬 오어 차지?]
⑬

당신의 **객실번호**는 604호입니다.
Your room number is 604.
[유어 룸 넘버 이즈 식스지로포.]
⑭

저의 **귀중품**을 보관해 주시겠습니까?
Could you keep my valuables?
[쿠드 유 킵 마이 밸류어블스?]
⑮

아침식사는 **어디**에서 합니까?
Where can I have breakfast?
[웨얼 캔 아이 해브 브랙퍼스트?]
⑯

아침식사는 **몇 시**부터 **시작**합니까?
What time do you start serving breakfast?
[왓 타임 두 유 스타트 써빙 브랙퍼스트?]
⑰

비즈니스 센터가 있습니까? (**비즈니스 라운지, 회의실**)
Do you have a business centre?
[두 유 해브 어 비즈니스 센터?]
(a business lounge, a conference room)
[어 비즈니스 라운지, 어 컨퍼런스 룸]
⑱

호텔에는 어떤 **위락시설**이 있습니까?
What kind of recreational facilities are there in the hotel?
[왓 카인드 오브 레크리에이셔널 퍼실리티스 아 데얼 인 더 호텔?]
⑲

It makes you a confident traveler, even in the places you've never been.

ENGLISH
영어
상황을 해결하는 핵심 표현들
호텔　Hotel

⑳ **룸서비스 부탁**합니다.
I'd like room service, please.
[아이드 라이크 룸 서비스, 플리즈.]

㉑ **객실번호**를 **부탁** 드립니다.
Your room number, please.
[유어 룸 넘버, 플리즈.]

㉒ 303호실입니다.
This is room 303.
[디스 이즈 룸 쓰리지로쓰리.]

㉓ **무엇**을 원하십니까?
What would you like to have?
[왓 우드 유 라이크 투 해브?]

㉔ **샌드위치** 하나와 **커피** 한 잔 **부탁** 드립니다.
(**샴페인** 한 병)
I'd like one sandwich and a cup of coffee.
[아이드 라이크 원 쌘드위치 앤드 어 컵 오브 커피.]
(a bottle of champagne)
[어 보틀 오브 샴페인]

㉕ 7시에 **조식**을 제 **방**으로 가져다 주시면 좋겠습니다.
I'd like breakfast in my room at 7 o'clock.
[아이드 라이크 브랙퍼스트 인 마이 룸 앳 세븐 어클락.]

㉖ **누구**세요?
Who is it?
[후 이즈 잇?]

㉗ 들어오세요.
Please come in.
[플리즈 컴 인.]

㉘ 잠시만 기다려 주세요.
Just a moment, please.
[저스트 어 모먼트, 플리즈.]

Hotel 영어 호텔

ENGLISH

 **5+1**   It makes **you** the **confident traveler!** 룸서비스 모닝콜

모닝콜 **부탁** 드립니다.	I would like a wake-up call. [아이 우드 라이크 어 웨익 업 콜.] (29)
몇 시에 **모닝콜**을 원하십니까?	What time would you like your wake-up call? [왓 타임 우드 유 라이크 유어 웨익 업 콜?] (30)
6시에 **모닝콜** 해주시면 좋겠습니다.	I'd like a wake-up call at 6 o'clock. [아이드 라이크 어 웨익 업 콜 앳 식스 어클락.] (31)
한국의 **서울**로 **전화**하고 싶습니다.	I'd like to make a call to Seoul, Korea. [아이드 라이크 투 메이크 어 콜 투 서울, 코리아.] (32)
깨끗한 **수건** 한 장 주시겠습니까?	May I have a clean towel? [메이 아이 해브 어 클린 타월?] (33)
다른 **담요**를 받고 싶습니다.	I'd like another blanket, please. [아이드 라이크 어너더 블랑켓, 플리즈.] (34)
세탁물이 좀 있습니다.	I have some laundry. [아이 해브 썸 런더리.] (35)
제 **옷**을 **다림질** 했으면 좋겠습니다.	I'd like to get my clothes ironed. [아이드 라이크 투 겟 마이 클로즈 아이언드.] (36)
제 **방**을 **청소**해 주시겠습니까?	Could you clean my room? [쿠드 유 클린 마이 룸?] (37)

ENGLISH
영어

상황을 해결하는 핵심 표현들
호텔 Hotel

㊳ 제 **짐**을 아직 못 받았습니다.
I haven't received my luggage yet.
[아이 해븐트 리시브드 마이 러개쥐 옛.]

㊴ 옆 **방**이 너무 시끄럽습니다.
It is very noisy next door.
[잇 이즈 베리 노이지 넥스트 도어.]

㊵ **다른 방**으로 바꾸고 싶습니다.
I'd like to change to another room.
[아이드 라이크 투 체인지 투 어너더 룸.]

㊶ **방**이 너무 춥습니다. (덥습니다)
My room is too cold.
[마이 룸 이즈 투 코올드.]
(hot) [핫]

㊷ **화장실**이 **고장** 났습니다.
The toilet doesn't work.
[더 토일렛 더즌 웍.]

㊸ **온수**가 나오지 않습니다.
There's no hot water.
[데얼즈 노 핫 워터.]

㊹ 지금 이것을 고쳐 주시겠습니까?
Could you fix it now?
[쿠드 유 픽스 잇 나우?]

㊺ **죄송**합니다만, **키**를 **방**에 두었습니다.
I'm sorry but I left the key in my room.
[아임 쏘리 벗 아이 레프트 더 키 인 마이 룸.]

㊻ **죄송**합니다만, **룸 키**를 잃어버렸습니다.
I'm sorry but I've lost my room key.
[아임 쏘리 벗 아이브 로스트 마이 룸 키.]

It makes you a confident traveler, even in the places you've never been.

 # ENGLISH **Hotel**
영어 호텔

5+1 | It makes **you** the **confident traveler!**
객실 문제상황 체크아웃

죄송합니다만, **방 번호**를 잊어버렸습니다.	I'm sorry but I forgot my room number. [아임 쏘리 벗 아이 포갓 마이 룸 넘버.]	47
체크아웃 하고 싶습니다.	I'd like to check out. [아이드 라이크 투 체크 아웃.]	48
하룻밤 더 묵고 싶습니다.	I'd like to stay one more night. [아이드 라이크 투 스테이 원 모어 나잇.]	49
짐을 내리도록 사람을 보내주십시오.	Please send someone to bring down my luggage. [플리즈 샌드 썸원 투 브링 다운 마이 러개쥐.]	50
이 **금액**은 **무엇**입니까?	What's this charge for? [왓츠 디스 차지 포?]	51
신용카드로 **지불** 하고 싶습니다. (**현금**으로, **여행자수표**로)	I'd like to pay by credit card. [아이드 라이크 투 페이 바이 크레딧 카드.] (in cash, by traveller's checks) [인 캐쉬, 바이 트래블러스 첵스]	52
제 **귀중품**을 돌려 받고 싶습니다.	I'd like to pick up my valuables. [아이드 라이크 투 픽 업 마이 밸류어블스.]	53
저녁까지 제 **짐**을 **보관**해 주시겠습니까?	Could you keep my luggage until this evening? [쿠드 유 킵 마이 러개쥐 언틸 디스 이브닝?]	54
택시를 불러 주시겠습니까?	Could you call a taxi for me? [쿠드 유 콜 어 택시 포 미?]	55

It makes **you** a confident traveler, even in the places you've never been.

ENGLISH
영어
상황을 해결하는 핵심 표현들
교통 Transport

① ~ 행 **좌석**을 **예약**하고 싶습니다.
I'd like to reserve a seat to ~.
[아이드 라이크 투 리저브 어 시트 투 ~.]

② 3월 8일 ~행 **항공편**이 있습니까?
Do you have a flight to ~ on 8 March?
[두 유 해브 어 플라이트 투 ~ 온 에잇 마취?]

③ 바로 탈 수 있는 **항공편**이 있습니까?
Is there a flight I can take right away?
[이즈 데얼 어 플라이트 아이 캔 테이크 라잇 어웨이?]

④ 저의 **항공편**을 **재확인**하고 싶습니다.
I'd like to reconfirm my flight.
[아이드 라이크 투 리컨펌 마이 플라이트.]

⑤ 저의 **항공편 예약**을 **변경**하고 싶습니다.
I'd like to change my flight reservation.
[아이드 라이크 투 체인지 마이 플라이트 레저베이션.]

⑥ 저의 **항공편**을 **취소**하고 싶습니다.
I'd like to cancel my flight.
[아이드 라이크 투 캔슬 마이 플라이트.]

⑦ 저의 **예약번호**는 ~입니다.
My reservation number is ~.
[마이 레저베이션 넘버 이즈 ~.]

⑧ **택시 정류장**은 **어디**입니까?
Where is the taxi stand?
[웨얼 이즈 더 탁시 스탄드?]

⑨ **트렁크**를 열어 주시겠습니까?
Could you open the boot?
[쿠드 유 오픈 더 부트?]

ENGLISH **Transport** 영어 교통

It makes you a confident traveler, even in the places you've never been.

 **5+1** 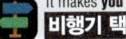 It makes **you** the **confident traveler!** 비행기 택시

어디로 가십니까?	Where to? [웨얼 투?]	
시내로, **부탁**합니다. (**갤러리, 극장,** **도서관, 기념관,** **동물원, 수족관**)	To the city centre, please. [투 더 시티 센터, 플리즈.] (gallery, theatre, library, monument, zoo, aquarium) [갤러리, 시에터, 라이브러리, 모뉴먼트, 주, 아쿠아리움]	
이 **주소**로 가주세요.	Please take me to this address. [플리즈 테이크 미 투 디스 어드레스.]	
가장 **가까운 역**은 어디입니까?	Where is the closest station? [웨얼 이즈 더 클로시스트 스테이션?]	
공항까지는 얼마나 걸립니까?	How long does it take to the airport? [하우 롱 더즈 잇 테이크 투 디 에어포트?]	
서둘러 주시겠습니까?	Could you hurry up? [쿠드 유 허리 업?]	
다음 **신호**에 세워주세요.	Stop at the next signal. [스톱 앳 더 넥스트 시그널.]	
여기에 세워 주세요.	Please stop here. [플리즈 스톱 히얼.]	17
요금은 얼마입니까?	How much is the fare? [하우 머취 이즈 더 페어?]	18
감사합니다. **잔돈**은 가지세요.	Thank you. Keep the change. [쌩큐. 킵 더 체인지.]	19

It makes **you** a **confident traveler,**
even in the places you've never been.

★5+1 20

It makes you a confident traveler, even in the places you've never been.

ENGLISH
영어

상황을 해결하는 핵심 표현들
교통 Transport

⑳ ~행 **버스정류장**은 어디입니까?
Where is the bus stop for ~?
[웨얼 이즈 더 버스 스톱 포 ~?]

㉑ **어떤 버스**가 **시내**로 갑니까?
Which bus goes to the city centre?
[윗치 버스 고즈 투 더 시티 센터?]

㉒ **어떤 버스**를 타야 합니까?
Which bus should I take?
[윗치 버스 슈드 아이 테이크?]

㉓ ~행 **버스**는 **몇 번**입니까?
What number is the bus for ~?
[왓 넘버 이즈 더 버스 포~?]

㉔ 그 **버스**는 **여기**에 **언제** 옵니까?
When will the bus come here?
[웬 윌 더 버스 컴 히얼?]

㉕ 저 **버스**가 힐튼 **호텔**에 갑니까?
Does that bus go to the Hilton Hotel?
[더즈 댓 버스 고 투 더 힐튼 호텔?]

㉖ 힐튼 **호텔**은 **어느 정류장**에서 내려야 합니까?
Which stop should I get off for the Hilton Hotel?
[윗치 스톱 슈드 아이 겟 오프 포 더 힐튼 호텔?]

㉗ ~까지 **몇 정거장**입니까?
How many stops to ~?
[하우 매니 스톱스 투 ~?]

㉘ **다음 정류장**은 **어디**입니까?
What is the next stop?
[왓 이즈 더 넥스트 스톱?]

㉙ **다음 정류장**에서 내리겠습니다.
I'll get off at the next stop.
[아윌 겟 오프 앳 더 넥스트 스톱.]

ENGLISH Transport 영어 교통

 **5+1**   It makes **you** the **confident traveler!** 버스

저 내리겠습니다.	I'm getting off. [아임 게팅 오프.]	③⓪
티켓은 어디에서 살 수 있습니까?	Where can I buy a ticket? [웨얼 캔 아이 바이 어 티켓?]	③①
시간표를 주시겠습니까?	May I have a timetable? [메이 아이 해브 어 타임테이블?]	③②
버스 노선표를 주시겠습니까?	May I have a bus route map? [메이 아이 해브 어 버스 루트 맵?]	③③
~행 다음 버스는 **언제** 떠납니까?	When does the next bus to ~ leave? [웬 더즈 더 넥스트 버스 투 ~ 리브?]	③④
~행 **마지막 버스**는 언제 떠납니까?	When does the last bus to ~ leave? [웬 더즈 더 라스트 버스 투 ~ 리브?]	③⑤
거기까지 가는데 **얼마나** 걸립니까? (공항)	How long does it take to get there? [하우 롱 더즈 잇 테이크 투 겟 데얼?] (the airport) [디 에어포트]	③⑥
버스로 2시간 정도입니다.	About two hours by bus. [어바웃 투 아우어즈 바이 버스.]	③⑦
~에는 **언제**쯤 **도착**합니까?	What time do we arrive in ~? [왓 타임 두 위 어라이브 인 ~?]	③⑧
그곳에 **도착**하면 저에게 알려 주시겠습니까?	Could you tell me when we get there? [쿠드 유 텔 미 웬 위 겟 데얼?]	③⑨

It makes you a confident traveler, even in the places you've never been.

ENGLISH
영어
상황을 해결하는 핵심 표현들
교통 Transport

---

(40) **가장 가까운 지하철 역은** 어디입니까?
Where is the nearest tube station?
[웨얼 이즈 더 니어리스트 튜브 스테이션?]

(41) **매표소는** 어디입니까?
Where is the ticket office?
[웨얼 이즈 더 티켓 오피스?]

(42) **지하철 노선도를** 얻을 수 있습니까?
Could I get a tube map?
[쿠드 아이 겟 어 튜브 맵?]

(43) ~에 가려면 **어떤 역**에서 내려야 합니까?
Which station should I get off for ~?
[윗치 스테이션 슈드 아이 겟 오프 포~?]

(44) ~에 가는 것은 **몇 호선**입니까?
Which line goes to ~?
[윗치 라인 고즈 투~?]

(45) 1일권 주세요.
A one-day pass, please.
[어 원-데이 패스, 플리즈.]

(46) **요금은** 얼마입니까?
What will be the fare?
[왓 윌 비 더 페어?]

(47) ~에 가려면 **어떤 출구**로 나가야 합니까?
Which exit should I take for~?
[윗치 엑시트 슈드 아이 테이크 포 ~?]

(48) ~행 **편도표** 2매 주세요.
Two one-way tickets to ~, please.
[투 원-웨이 티켓츠 투 ~, 플리즈.]

Transport 영어 교통

 **5+1**   It makes **you** the **confident traveler!**
지하철 기차

한국어	English
~행 **왕복표** 2매 주세요.	I'd like 2 return tickets to ~, please. [아이드 라이크 투 리턴 티켓츠 투 ~, 플리즈.]
~행 **어른** 둘, **아이** 하나, 주세요.	Two adults and one child to ~, please. [투 어덜츠 앤드 원 차일드 투 ~, 플리즈.]
1등칸, 주세요. (**2등칸**)	First class, please. [퍼스트 클라스, 플리즈.] (Standard) [스탠더드]
어떤 역에서 **열차**를 갈아타야 합니까?	Which station do I change trains at? [윗치 스테이션 두 아이 체인지 트레인스 앳?]
~행 **열차**는 어떤 플랫폼에서 **출발**합니까?	What platform does the train to ~ leave from? [왓 플랫폼 더즈 더 트레인 투 ~ 리브 프럼?]
이 **열차** ~에 갑니까?	Does this train go to ~? [더즈 디스 트레인 고 투 ~?]
식당칸은 **어디**입니까?	Where is the dining car? [웨얼 이즈 더 다이닝 카?]
다음 역은 **어디**입니까?	What is the next station? [왓 이즈 더 넥스트 스테이션?]
내릴 곳을 지나쳤습니다.	I've missed my stop. [아이브 미스드 마이 스톱.]
기차를 놓쳤습니다.	I missed my train. [아이 미스드 마이 트레인.]

ENGLISH
영어
상황을 해결하는 핵심 표현들
교통 Transport

⑤⑨	한국에서 예약했습니다.	I made a reservation from Korea. [아이 메이드 어 레저베이션 프럼 코리아.]
⑥⓪	차를 5일간 렌트하고 싶습니다. (1주일간)	I'd like to rent a car for five days. [아이드 라이크 투 렌트 어 카 포 파이브 데이즈.] (one week) [원 위크]
⑥①	어떤 종류의 차가 있습니까?	What kind of cars do you have? [왓 카인드 오브 카즈 두 유 해브?]
⑥②	저는 오토매틱만 운전이 가능합니다. (수동)	I can only drive cars with automatic transmission. [아이 캔 온리 드라이브 카즈 위드 오토매틱 트란스미션.] (manual transmission) [매뉴얼 트란스미션]
⑥③	차를 봐도 됩니까?	May I see the car? [메이 아이 씨 더 카?]
⑥④	하루 사용료가 어떻게 됩니까?	What is the daily rate? [왓 이즈 더 데일리 레이트?]
⑥⑤	보증금은 얼마입니까?	How much is the deposit? [하우 머취 이즈 더 디포짓?]
⑥⑥	이 차를 렌트하겠습니다.	I'll rent this car. [아윌 렌트 디스 카.]
⑥⑦	모든 보험을 다 들고 싶습니다.	I'll take full insurance. [아윌 테이크 풀 인슈어런스.]

Transport 영어 교통

   It makes **you** the **confident traveler**!
렌터카 문제상황

차는 어디에 **반납**합니까?	Where can I return the car? [웨얼 캔 아이 리턴 더 카?]	68
비상시에는 **누구**에게 **연락**해야 합니까?	Who should I contact in case of emergency? [후 슈드 아이 콘택트 인 케이스 오브 이머전시?]	69
주유소가 이 **근처**에 있습니까?	Is there a petrol station near here? [이즈 데얼 어 페트롤 스테이션 니어 히얼?]	70
레귤러로 가득 채워주세요.	Fill it up with regular, please. [필 잇 업 위드 레귤러, 플리즈.]	71
오일과 **타이어**를 **점검**해 주시겠습니까?	Would you check the oil and tyres? [우드 유 체크 더 오일 앤드 타이어즈?]	72
제 **차**가 **고장** 났습니다.	My car broke down. [마이 카 브로크 다운.]	73
시동이 걸리지 않습니다.	The engine doesn't start. [디 엔진 더즌 스타트.]	74
배터리가 **방전**되었습니다.	The battery is dead. [더 베터리 이즈 데드.]	75
타이어가 **펑크** 났습니다.	I've got a flat tyre. [아이브 갓 어 플랫 타이어.]	76
키를 **차** 안에 두고 내렸습니다.	I've locked the keys inside the car. [아이브 록드 더 키즈 인사이드 더 카.]	77
저는 ~ **근처**에 있습니다.	I'm near ~. [아임 니어 ~.]	78

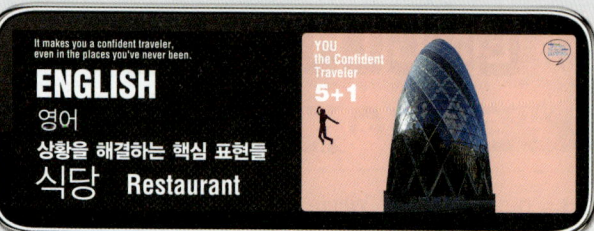

① **유명**한 **식당**을 **추천**해 주시겠습니까?
Could you recommend a popular restaurant?
[쿠드 유 레코멘드 어 포퓰러 레스토런트?]

② **괜찮은 식당**이 **어디**입니까?
(**저렴한 식당**)
Where can I find a nice restaurant?
[웨얼 캔 아이 파인드 어 나이스 레스토런트?]
(a cheap restaurant)
[어 칩 레스토런트]

③ 이 **식당**은 **어디**입니까?
Where is this restaurant?
[웨얼 이즈 디스 레스토런트?]

④ **예약**을 해야 합니까?
Do we need a reservation?
[두 위 니드 어 레저베이션?]

⑤ **오늘밤** 6시에 세 사람 **예약**하고 싶습니다.
(**내일** 7시에 두 사람)
I'd like to reserve a table for three at six tonight.
[아이드 라이크 투 리저브 어 테이블 포 쓰리 앳 씩스 투나잇.]
(for two at seven tomorrow)
[포 투 앳 세븐 투모로우]

⑥ **죄송**합니다. 그때는 만석입니다.
Sorry, we're full at that time.
[쏘리, 위아 풀 앳 댓 타임.]

⑦ **예약**하셨습니까?
Do you have a reservation?
[두 유 해브 어 레저베이션?]

ENGLISH

Restaurant
영어 식당

 5+1   It makes **you** the **confident traveler!**
식당 찾기 예약 좌석 스낵

7시로 **예약**했습니다.	I have a reservation for seven o'clock. [아이 해브 어 레저베이션 포 세븐 어클락.]
예약은 하지 않았습니다.	I don't have a reservation. [아이 돈 해브 어 레저베이션.]
테이블이 있습니까?	Do you have a table? [두 유 해브 어 테이블?]
얼마나 기다려야 합니까?	How long is the waiting time? [하우 롱 이즈 더 웨이팅 타임?]
창쪽 테이블로 부탁 드립니다.	A table by the window, please. [어 테이블 바이 더 윈도우, 플리즈.]
흡연석이면 더 좋겠습니다.	I'd prefer a table in the smoking area. [아이드 프리퍼 어 테이블 인 더 스모킹 에리아.]
치즈버거 하나, **프라이** 라지 하나 그리고 **콜라** 작은 것 주세요.	One cheese burger, large chips and a small coke, please. [원 치즈 버거, 라지 칩스 앤드 어 스몰 코크, 플리즈.]
여기서 드십니까, **포장**이십니까?	For here or to go? [포 히얼 오어 투 고?]
여기서 먹겠습니다. (**포장**입니다.)	For here, please. [포 히얼, 플리즈.] (To go) [투 고]

(8) (9) (10) (11) (12) (13) (14) (15) (16)

  **English**

식당 Restaurant

(17) **영어**로 된 **메뉴판**이 있습니까?
Do you have a menu in English?
[두 유 해브 어 메뉴 인 잉글리쉬?]

(18) **주문**하고 싶습니다.
I'd like to order, please.
[아이드 라이크 투 오더, 플리즈.]

(19) **어떤 것**을 **추천**해 주시겠습니까?
What would you recommend?
[왓 우드 유 레코멘드?]

(20) **오늘**의 **특별요리**가 있습니까?
Do you have any specials of the day?
[두 유 해브 애니 스페셜스 오브 더 데이?]

(21) **지역 특별요리**는 **무엇**입니까?
What is the local specialty?
[왓 이즈 더 로컬 스페셜러티?]

(22) **소고기** 메뉴들이 있습니까?
(닭고기, 샐러드, 디저트, 지역음식)
Do you have any beef in your menu?
[두 유 해브 애니 비프 인 유어 메뉴?]
(chicken, salad, dessert, local food)
[치킨, 샐러드, 디저트, 로컬 푸드]

(23) 이 **요리**는 **무엇**입니까?
What's in this dish?
[왓츠 인 디스 디쉬?]

(24) **이것**으로 하겠습니다.
I'll have this.
[아일 해브 디스.]

(25) 저분들과 같은 **요리**로 주세요.
I'll have what they are having.
[아일 해브 왓 데이 아 해빙.]

(26) **이것**은 여자분께, 이것은 제게 주세요.
This for her and this for me.
[디스 포 허 앤드 디스 포 미.]

ENGLISH Restaurant 영어 식당 E

 5+1 It makes **you** the **confident traveler**!
메뉴 주문 식사 선택사항

| 주문을 바꾸고 싶습니다. | I'd like to change my order. [아이드 라이크 투 체인지 마이 오더.] | 27 |

| **드레싱**은 **어떤 것으로** 하시겠습니까? | How about the dressing? [하우 어바웃 더 드레싱?] | 28 |

| 이탈리안 **드레싱**으로 주세요. (프렌치, 저지방, 사우전아일랜드) | Italian dressing, please. [이탈리안 드레싱, 플리즈.] (French, Low-Fat, Thousand Island) [프렌치, 로우-팻, 사우전드 아일랜드] | 29 |

| **스테이크**는 어떻게 해드릴까요? | How would you like your steak? [하우 우드 유 라이크 유어 스테이크?] | 30 |

| **중간**으로 해주세요. (덜 익혀, 중간 보다 덜 익혀, 완전히 익혀) | Medium, please. [미디엄, 플리즈.] (Rare, Medium rare, Well-done) [레어, 미디엄 레어, 웰-던] | 31 |

| **계란**은 **어떻게** 해드릴까요? | How would you like your eggs? [하우 우드 유 라이크 유어 에그스?] | 32 |

| 삶아 주세요. (한쪽만 **프라이**, **스크램블**, **프라이**) | I like them boiled. [아이 라이크 뎀 보일드.] (fried, scrambled, double fried) [프라이드, 스크램블드, 더블 프라이드] | 33 |

It makes you a confident traveler, even in the places you've never been.

ENGLISH
영어
상황을 해결하는 핵심 표현들
식당 Restaurant

㉞	**저녁식사**와 함께 **무슨 음료**를 드시겠습니까?	What would you like to drink with your dinner? [왓 우드 유 라이크 투 드링크 위드 유어 디너?]
㉟	**레드 와인** 한 잔 주세요. (**화이트 와인** 한 병, **맥주** 큰 잔으로, **수돗물**, **탄산수**)	A glass of red wine, please. [어 글라스 오브 레드 와인, 플리즈.] (A bottle of white wine, A large mug of beer, Tap water, Sparkling water) [어 보틀 오브 화이트 와인, 어 라지 머그 오브 비어, 탑 워터, 스파클링 워터]
㊱	**디저트**로는 **무엇**이 있습니까?	What do you have for dessert? [왓 두 유 해브 포 디저트?]
㊲	그냥 **커피** 주세요.	Just coffee, please. [저스트 커피, 플리즈.]
㊳	**이것**은 어떻게 먹습니까?	How do I eat this? [하우 두 아이 잇 디스?]
㊴	제 **요리**가 아직 안 나왔습니다.	My dish hasn't come yet. [마이 디쉬 해즌 컴 옛.]
㊵	이것은 제가 **주문**한 것이 아닙니다.	This is not what I ordered. [디스 이즈 놋 왓 아이 오더드.]
㊶	**이것**은 너무 짭니다. (탔습니다, 덜 익었습니다)	This is too salty. [디스 이즈 투 쏠티.] (burnt, undercooked) [번트, 언더쿡드]

31

ENGLISH Restaurant 영어 **식당**

 5+1   It makes **you** the **confident traveler!** 음료 디저트 문제상황 계산

제 **나이프**를 떨어뜨렸습니다.	I dropped my knife. [아이 드랍드 마이 나이프.]	42
다른 **포크**를 주시겠습니까?	May I have another fork, please? [메이 아이 해브 어너더 포크, 플리즈?]	43
실례합니다. **물** 좀 주시겠습니까?	Excuse me, may I have some water? [익스큐즈 미, 메이 아이 해브 썸 워터?]	44
빵을 좀 더 주시겠습니까?	Could I have some more bread? [쿠드 아이 해브 썸 모어 브레드?]	45
담배를 피워도 됩니까?	May I smoke? [메이 아이 스모크?]	46
이것 좀 치워 주시겠습니까?	Could you please take this away? [쿠드 유 플리즈 테이크 디스 어웨이?]	47
계산하겠습니다.	I would like to pay. [아이 우드 라이크 투 페이.]	48
제가 내겠습니다.	This is on me. [디스 이즈 온 미.]	49
봉사료 포함입니까?	Is service included? [이즈 서비스 인클루디드?]	50
계산이 잘못되었습니다.	There's a mistake on the bill. [데얼즈 어 미스테이크 온 더 빌.]	51
영수증을 주시겠습니까?	Could I have a receipt, please? [쿠드 아이 해브 어 리시트, 플리즈?]	52

It makes you a confident traveler, even in the places you've never been.

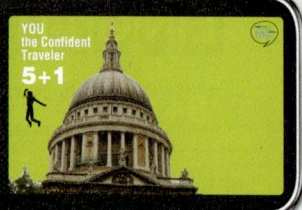

ENGLISH
영어
상황을 해결하는 핵심 표현들
관광 Sightseeing

① **관광 안내소**는 **어디**입니까?
Where is the tourist information centre?
[웨얼 이즈 더 투어리스트 인포메이션 센터?]

② 지금 **어떤 축제**가 있습니까?
Are there any festivals now?
[아 데얼 애니 페스티벌스 나우?]

③ **벼룩시장**이 있습니까?
Is there a flea market?
[이즈 데얼 어 플리 마켓?]

④ **시내** 전체를 **구경**할 만한 **장소**가 있습니까?
Is there any place where I can get a good view of the whole city?
[이즈 데얼 애니 플레이스 웨얼 아이 캔 겟 어 굿 뷰 오브 더 호울 시티?]

⑤ **무료 지도**가 있습니까? (**관광안내서**)
Do you have a free map?
[두 유 해브 어 프리 맵?]
(the brochure of the tour)
[더 브로셔 오브 더 투어]

⑥ **관광 투어**가 있습니까? (**시내관광, 1일 관광**)
Do you have any sightseeing tours?
[두 유 해브 애니 사이트씨잉 투어스?]
(city tours, one-day tours)
[시티 투어스, 원-데이 투어스]

⑦ **어떤 것**이 가장 **인기** 있는 **투어**입니까?
Which is the most popular tour?
[윗치 이즈 더 모스트 포퓰러 투어?]

⑧ **한국어**를 하는 **가이드**가 있는 **투어**가 있습니까?
Are there any tours with Korean-speaking guides?
[아 데얼 애니 투어스 위드 코리언 스피킹 가이즈?]

ENGLISH **Sightseeing** 영어 관광

 **It makes you the confident traveler!**
관광 안내소 시내 투어

이 **투어**는 매일 있습니까?	Do you have this tour every day? [두 유 해브 디스 투어 에브리 데이?]
투어는 **시간**이 **얼마나 소요**됩니까?	How long does the tour take? [하우 롱 더즈 더 투어 테이크?]
가격은 **얼마**입니까?	What's the price? [왓츠 더 프라이스?]
식사 포함입니까?	Are the meals included? [아 더 밀스 인클루디드?]
몇 시에 떠납니까?	What time do you leave? [왓 타임 두 유 리브?]
어디에서 만나야 합니까?	Where should we meet? [웨얼 슈드 위 미트?]
몇 시에 돌아옵니까?	What time will we come back? [왓 타임 윌 위 컴 백?]
호텔에서 **픽업**해 주실 수 있습니까?	Can you pick me up at the hotel? [캔 유 픽 미 업 앳 더 호텔?]
~에서 **자유시간**을 가질 수 있습니까?	Do we have any free time at ~? [두 위 해브 애니 프리 타임 앳 ~?]
예약을 하고 싶습니다.	I'd like to make a reservation, please. [아이드 라이크 투 메이크 어 레저베이션, 플리즈.]

관광 Sightseeing

⑲ ~에서 유명한 것은 무엇입니까?
What is ~ famous for?
[왓 이즈 ~ 페이머스 포?]

⑳ 뭐 좀 물어봐도 되겠습니까?
May I ask you something?
[메이 아이 아스크 유 썸씽?]

㉑ **여기는 무슨 거리**입니까?
What street is this?
[왓 스트리트 이즈 디스?]

㉒ 이 **주소가 여기** 근처입니까?
Is this address near here?
[이즈 디스 어드레스 니어 히얼?]

㉓ 이 근처에 백화점이 있습니까?
(**슈퍼마켓, 약국, 경찰서, 우체국, 은행**)
Is there a department store around here?
[이즈 데얼 어 디파트먼트 스토어 어라운드 히얼?]
(supermarket, pharmacy, police station, post office, bank)
[슈퍼마켓, 파마시, 폴리스 스테이션, 포스트 오피스, 방크]

㉔ 공중화장실이 이 근처에 있습니까?
(**공중전화**)
Is there a public toilet near here?
[이즈 데얼 어 퍼블릭 토일렛 니어 히얼?]
(telephone)
[텔레폰]

㉕ **거기에는 어떻게** 갑니까?
How can I get there?
[하우 캔 아이 겟 데얼?]

㉖ 이 **주소는 어떻게** 갈 수 있습니까?
How can I get to this address?
[하우 캔 아이 겟 투 디스 어드레스?]

ENGLISH

Sightseeing
영어 관광

  It makes **you** the **confident traveler!**
시내관광 위치 사진 촬영

걸어서 얼마나 걸립니까?	How long does it take by foot? [하우 롱 더즈 잇 테이크 바이 풋?]	27
여기에서 ~ **광장**까지 **얼마나** 멉니까?	How far is ~ square from here? [하우 파 이즈 ~ 스퀘어 프롬 히얼?]	28
길을 잃었습니다.	I lost my way. [아이 로스트 마이 웨이.]	29
제가 이 **지도**에서 **어디**에 있나요?	Where am I on this map? [웨얼 엠 아이 온 디스 맵?]	30
괜찮으시면 저를 그곳에 데려다 주시겠습니까?	Could you take me there, if you don't mind? [쿠드 유 테이크 미 데얼, 이프 유 돈 마인드?]	31
박물관은 이 길로 가는 것이 맞습니까?	Is this the right way to the museum? [이즈 디스 더 라잇 웨이 투 더 뮤지음?]	32
여기에서 **사진**을 찍어도 됩니까?	May I take a picture here? [메이 아이 테이크 어 픽쳐 히얼?]	33
실례합니다만, **사진** 좀 찍어 주시겠습니까?	Excuse me, would you take a picture for us? [익스큐즈 미, 우드 유 테이크 어 픽쳐 포 어스?]	34
그냥 **버튼**만 누르면 됩니다.	Just push the button. [저스트 푸쉬 더 버튼.]	35

ENGLISH
영어
상황을 해결하는 핵심 표현들
관광 Sightseeing

㊱ 어떤 종류의 **쇼**가 **오늘밤**에 있습니까?
What kind of show is on tonight?
[왓 카인드 오브 쇼 이즈 온 투나잇?]

㊲ **어떤 팀**이 **경기**를 합니까?
What teams are playing?
[왓 팀즈 아 플레잉?]

㊳ **프로그램**과 **가격표**를 봐도 됩니까?
May I see the programme and the price list?
[메이 아이 씨 더 프로그람 앤드 더 프라이스 리스트?]

㊴ **그것**은 **몇 시**에 **시작**합니까?
What time does it start?
[왓 타임 더즈 잇 스타트?]

㊵ 이 **공연**은 **시간**이 얼마나 소요됩니까?
(뮤지컬, 오페라, 콘서트, 발레, 경기)
How long does this play last?
[하우 롱 더즈 디스 플레이 라스트?]
(musical, opera, concert, ballet, game)
[뮤지컬, 오페라, 콘서트, 발레, 게임]

㊶ **입장권**은 **어디**에서 살 수 있습니까?
Where can I buy an admission ticket?
[웨얼 캔 아이 바이 언 어드미션 티켓?]

㊷ **오늘 티켓**이 있습니까?
Do you have today's tickets?
[두 유 해브 투데이즈 티켓츠?]

㊸ **어떤 좌석**이 있습니까?
What seats do you have?
[왓 씻츠 두 유 해브?]

ENGLISH

Sightseeing
영어 관광

 5+1   공연 티켓구매 장소질문

| 입장료는 얼마입니까? (할인석은, 일일권은) | How much is the admission fee? [하우 머취 이즈 디 어드미션 피?] (the advance sale ticket, the day ticket) [디 어드반스 세일 티켓, 더 데이 티켓] | 44 |

가장 싼 **티켓**은 **얼마**입니까?
How much is the cheapest ticket?
[하우 머취 이즈 더 치피스트 티켓?] — 45

성인 둘에 **아이** 하나입니다.
Two adults and one child, please.
[투 어덜츠 앤드 원 차일드, 플리즈.] — 46

이 **티켓**으로 다 볼 수 있습니까?
Can I see everything with this ticket?
[캔 아이 씨 에브리씽 위드 디스 티켓?] — 47

무료 팸플릿이 있습니까?
Do you have a free brochure?
[두 유 해브 어 프리 브로셔?] — 48

저의 **가방**을 맡겨 놓을 곳이 있습니까?
Is there somewhere I can leave my bag?
[이즈 데얼 썸웨얼 아이 캔 리브 마이 백?] — 49

선물가게는 **어디**에 있습니까?
Where is the gift shop?
[웨얼 이즈 더 기프트 숍?] — 50

입구는 **어디**입니까?
Where's the entrance?
[웨얼즈 더 엔트란스?] — 51

들어가도 됩니까?
Can I get in?
[캔 아이 겟 인?] — 52

이 **좌석**은 **어디**입니까?
Where is this seat?
[웨얼 이즈 디스 시트?] — 53

출구는 **어디**입니까?
Where is the exit?
[웨얼 이즈 디 엑시트?] — 54

ENGLISH
영어
상황을 해결하는 핵심 표현들
쇼핑　Shopping

1. **지역특산물**은 무엇입니까?
   What is the local specialty?
   [왓 이즈 더 로컬 스페셜터티?]

2. **기념품**은 **어디**에서 살 수 있습니까?
   Where can I buy souvenirs?
   [웨얼 캔 아이 바이 수브니어스?]

3. ~ **가게**는 **어디**입니까?
   Where is the ~ boutique?
   [웨얼 이즈 더 ~ 부티크?]

4. **면세점**은 **어디**입니까?
   (**쇼핑가, 백화점**)
   Where is the duty-free shop?
   [웨얼 이즈 더 듀티-프리 숍?]
   (shopping area, department store)
   [쇼핑 에리아, 디파트먼트 스토어]

5. **쇼핑센터**는 어느 **방향**입니까?
   (**식료 잡화점, 선물가게**)
   In which direction is the shopping centre?
   [인 윗치 다이렉션 이즈 더 쇼핑 센터?]
   (grocer's shop, gift shop)
   [그로서즈 숍, 기프트 숍]

6. 이 근처에 **면세점**이 있습니까?
   Is there a duty-free shop near here?
   [이즈 데얼 어 듀티-프리 숍 니어 히얼?]

7. **여권**을 보여 주시겠습니까?
   May I have your passport, please?
   [메이 아이 해브 유어 파스포트, 플리즈?]

8. 저를 위해 **면세양식**을 **작성**해 주시겠습니까?
   Could you fill out the duty-free form for me?
   [쿠드 유 필 아웃 더 듀티-프리 폼 포 미?]

9. **구경**하려고요, 고맙습니다.
   I'm just looking, thanks.
   [아임 저스트 루킹, 쌩스.]

It makes you a confident traveler, even in the places you've never been.

ENGLISH Shopping 영어 쇼핑

 It makes **you** the **confident traveler!**
상점 면세점 의류 선물

남성복 매장은 **어디**입니까? (**여성복**)	Where's the menswear department? [웨얼즈 더 멘스웨어 디파트먼트?] (women's wear) [위민스 웨어]	⑩
몇 층이 **의류**입니까?	On which floor can I find clothing items? [온 윗치 플로어 캔 아이 파인드 클로딩 아이틈스?]	⑪
점퍼를 원합니다. (**아이들 것**을, **기념품**을)	I'd like a jumper. [아이드 라이크 어 점퍼.] (something for children, a souvenir) [썸씽 포 칠드런, 어 수브니어]	⑫
스포츠웨어를 사고 싶습니다. (**수영팬티, 비키니**)	I'd like to buy sportswear. [아이드 라이크 투 바이 스포츠웨어.] (swimming trunks, a bikini) [스위밍 트렁스, 어 비키니]	⑬
신발을 찾고 있습니다. (**재킷**을, **스커트**를, **가방**을)	I'm looking for shoes. [아임 루킹 포 슈즈.] (a jacket, a skirt, a bag) [어 자켓, 어 스커트, 어 백]	⑭
작은 **선물**로 괜찮은 것이 있습니까?	Do you have anything nice for a small gift? [두 유 해브 애니씽 나이스 포 어 스몰 기프트?]	⑮
50파운드 정도의 **물건**이면 좋겠습니다.	I'd like something for about 50 pounds. [아이드 라이크 썸씽 포 어바웃 피프티 파운즈.]	⑯
세일은 언제 **시작**합니까?	When does the sale start? [웬 더즈 더 세일 스타트?]	⑰

It makes you a confident traveler, even in the places you've never been.

ENGLISH
영어
상황을 해결하는 핵심 표현들
쇼핑 Shopping

18	저것 좀 볼 수 있을까요?	May I see that please? [메이 아이 씨 댓 플리즈?]
19	**진열장**에 있는 것을 저에게 보여주시겠습니까?	Could you show me the one in the window, please? [쿠드 유 쇼 미 더 원 인 더 윈도우, 플리즈?]
20	이거 다른 **색상**으로 있습니까?	Do you have this in any other colours? [두 유 해브 디스 인 애니 어더 컬러스?]
21	이거 다른 **스타일**로 있습니까?	Do you have this in another style? [두 유 해브 디스 인 어너더 스타일?]
22	다른 것을 보여 주시겠습니까?	Would you show me another one? [우드 유 쇼 미 어너더 원?]
23	**재질**은 **무엇**입니까?	What's this made of? [왓츠 디스 메이드 오브?]
24	**면**입니다. (가죽, 순모, 실크, 금, 은, 백금)	It's cotton. [잇츠 코튼.] (leather, pure wool, silk, gold, silver, platinum) [레더, 퓨어 울, 실크, 골드, 실버, 플래티늄]
25	만져봐도 됩니까?	May I touch it? [메이 아이 터치 잇?]
26	입어봐도 됩니까?	May I try it on? [메이 아이 트라이 잇 온?]

ENGLISH

Shopping
영어 쇼핑

It makes **you** the **confident traveler**!
점원 사이즈 색상 주문

사이즈가 어떻게 되십니까?	What's your size? [왓츠 유어 사이즈?]	27
제 **치수**를 측정해 주시겠습니까?	Could you take my measurements? [쿠드 유 테이크 마이 메저먼츠?]	28
피팅룸은 어디입니까?	Where is the fitting room? [웨얼 이즈 더 피팅 룸?]	29
이것은 **몸**에 맞지 않습니다.	It doesn't fit. [잇 더즌 핏.]	30
이것은 너무 작습니다. (너무 큽니다, 너무 헐렁합니다, 조금 낍니다, 깁니다, 짧습니다)	This is too small. [디스 이즈 투 스몰.] (too big, too loose, a little tight, long, short) [투 빅, 투 루즈, 어 리틀 타이트, 롱, 숏]	31
더 큰 **사이즈**가 있습니까?	Do you have a larger size? [두 유 해브 어 라저 싸이즈?]	32
이것으로 주세요.	Give me this one, please. [기브 미 디스 원, 플리즈.]	33
이것으로 두 개 하겠습니다.	I'll take two of these. [아윌 테이크 투 오브 디즈.]	34
이것은 저에게 어울리지 않습니다.	It's not for me. [잇츠 낫 포 미.]	35
죄송합니다. 제가 딱 원하던 것이 아닙니다.	I'm sorry. This wasn't exactly what I wanted. [아임 쏘리. 디스 워즌 이그잭틀리 왓 아이 원티드.]	36

ENGLISH
영어
상황을 해결하는 핵심 표현들
쇼핑 Shopping

(37) **전부** 다 **얼마입니까?**
(이것은 **얼마입니까?**)

How much is it in total?
[하우 머취 이즈 잇 인 토틀?]
(How much is this?)
[하우 머취 이즈 디스?]

(38) 세금 **포함**입니까?

Does it include tax?
[더즈 잇 인클루드 탁스?]

(39) 저에게 좀 비쌉니다.

It's a little expensive for me.
[잇츠 어 리틀 익스펜시브 포 미.]

(40) **할인**해 주시겠습니까?

Could you give me a discount?
[쿠드 유 기브 미 어 디스카운트?]

(41) 이 **신용카드**를 사용해도 됩니까?

Can I use this credit card?
[캔 아이 유즈 디스 크레딧 카드?]

(42) **죄송**합니다만, **거스름돈**이 틀린 것 같습니다.

I'm sorry but I think the change is wrong.
[아임 쏘리 벗 아이 씽크 더 체인지 이즈 렁.]

(43) **계산서**를 다시 한번 **확인**해 주시겠습니까?

Would you check the bill again?
[우드 유 체크 더 빌 어게인?]

(44) **영수증**을 받을 수 있을까요?

May I have the receipt?
[메이 아이 해브 더 리시트?]

(45) **선물포장**을 해주시겠습니까?

Could you gift-wrap it please?
[쿠드 유 기프트-랍 잇 플리즈?]

Shopping 영어 쇼핑

It makes **you** the **confident traveler**!
구매 가격조정 지불방법 환불

| 따로따로 **포장**해 주시겠습니까? | Could you wrap them separately? [쿠드 유 랍 뎀 세프레틀리?] | 46 |

가격표를 떼어 주시겠습니까?
Could you take off the price tags, please?
[쿠드 유 테이크 오프 더 프라이스 탁스, 플리즈?]
47

포장하지 않아도 됩니다.
You don't need to wrap it.
[유 돈 니드 투 랍 잇.]
48

그것을 힐튼 호텔로 배달해 주시겠습니까?
Could you deliver it to the Hilton Hotel?
[쿠드 유 딜리버 잇 투 더 힐튼 호텔?]
49

이것을 반품하고 싶습니다.
I'd like to return this.
[아이드 라이크 투 리턴 디스.]
50

환불해 주시겠습니까?
May I have a refund?
[메이 아이 해브 어 리펀드?]
51

이것을 새 것으로 교환하고 싶습니다.
I'd like to exchange this for a new one.
[아이드 라이크 투 익스체인지 디스 포 어 뉴 원.]
52

여기에 흠집이 있습니다.
There's a defect here.
[데얼즈 어 디펙트 히얼.]
53

전혀 사용하지 않았습니다.
I haven't used it at all.
[아이 해븐트 유즈드 잇 앳 올.]
54

영수증 여기 있습니다.
Here is the receipt.
[히얼 이즈 더 리시트.]
55

It makes you a confident traveler, even in the places you've never been.

ENGLISH
영어
상황을 해결하는 핵심 표현들
전화 · 우편 · 은행

YOU the Confident Traveler 5+1

1. **공중전화**는 **어디**에 있습니까?
   Where can I find a public telephone?
   [웨얼 캔 아이 파인드 어 퍼블릭 텔레폰?]

2. **한국**으로 **수신자부담전화**를 하고 싶습니다.
   I'd like to make a reverse charge call to Korea.
   [아이드 라이크 투 메이크 어 리버스 차지 콜 투 코리아.]

3. **한국**으로 **국제전화**를 하고 싶습니다.
   I'd like to make an international call to Korea.
   [아이드 라이크 투 메이크 언 인터내셔널 콜 투 코리아.]

4. **번호**는 02 361 7351입니다.
   The number is 02 361 7351. [더 넘버 이즈 지로투 쓰리식스원 세븐쓰리파이브원.]

5. **전화**를 끊지 마시고 잠시 기다려주십시오.
   Don't hang up. Please wait a moment.
   [돈 행 업. 플리즈 웨이트 어 모먼트.]

6. **통화** 중입니다.
   The line is busy.
   [더 라인 이즈 비지.]

7. 여보세요. 저는 김입니다.
   Hello. This is Kim speaking.
   [헬로. 디스 이즈 킴 스피킹.]

8. 이 양과 **통화**하고 싶습니다.
   I'd like to speak to Ms. Lee.
   [아이드 라이크 투 스피크 투 미스. 리.]

9. **죄송**합니다. 제가 **전화**를 잘못 건 것 같습니다.
   Sorry. I've dialed the wrong number.
   [쏘리. 아이브 다이얼드 더 렁 넘버.]

It makes you a confident traveler, even in the places you've never been.

ENGLISH

Telephone
영어 전화

5+1  **전화 우편 은행**
It makes **you** the **confident traveler!**

가장 가까운 **우체국**은 어디입니까?	Where is the nearest post office? [웨얼 이즈 더 니어리스트 포스트 오피스?]	10
소포용 박스가 있습니까?	Do you have cardboard boxes for parcels? [두 유 해브 카드보드 복시스 포 파슬스?]	11
소포를 **한국**에 **항공편**으로 보내고 싶습니다.	I'd like to send a package to Korea by airmail. [아이드 라이크 투 센드 어 파키지 투 코리아 바이 에어메일.]	12
이것은 **우편요금**이 얼마입니까?	How much is the postage for this? [하우 머취 이즈 더 포스티지 포 디스?]	13
이 **근처**에 **은행**이 있습니까?	Is there a bank near here? [이즈 데얼 어 방크 니어 히얼?]	14
이 **여행자수표**를 **현금**으로 바꾸고 싶습니다.	I'd like to cash these traveller's checks. [아이드 라이크 투 캐쉬 디즈 트래블러스 첵스.]	15
환전해주세요.	I would like to exchange money. [아이 우드 라이크 투 익스체인지 머니.]	16
잔돈으로 주십시오. (**소액권**으로)	I'd like some small change. [아이드 라이크 썸 스몰 체인지.] (smaller bills) [스몰러 빌스]	17
현금자동인출기는 어디에 있습니까?	Where is the ATM? [웨얼 이즈 디 에이티엠?]	18

① **의사**를 만나고 싶습니다.
I'd like to see a doctor.
[아이드 라이크 투 씨 어 닥터.]

② 여기가 아픕니다.
It hurts here.
[잇 헛츠 히얼.]

③ **위통**이 있습니다.
(두통, 치통, 인후통, 열, 오한)
I have a stomachache.
[아이 해브 어 스토막에이크.]
(headache, toothache, sore throat, fever, chill)
[헤데익, 투쓰에익, 쏘어 쓰로트, 피버, 칠]

④ **팔목**을 삐었습니다.
(발목)
I have sprained my wrist.
[아이 해브 스프레인드 마이 리스트.]
(ankle) [앵클]

⑤ **감기**에 걸렸습니다.
I caught a cold.
[아이 코트 어 코올드.]

⑥ 속이 메스껍습니다.
(어지럽습니다.)
I feel nauseated.
[아이 필 노지에이티드.]
(dizzy) [디지]

⑦ **설사**를 합니다.
I have diarrhea.
[아이 해브 다이어리아.]

⑧ **임산부**입니다.
(당뇨병 환자)
I am pregnant.
[아이 엠 프레그넌트.]
(diabetic) [다이어비틱]

ENGLISH Emergency 영어 응급 E

 5+1   It makes **you** the **confident traveler!** **병원 약국**

알레르기가 있습니다.	I have allergies. [아이 해브 알러지스.]
최근에 **무엇**을 먹었습니까?	What have you eaten recently? [왓 해브 유 이튼 리센틀리?]
어떤 약을 **복용**하십니까?	What medicine do you take? [왓 메디슨 두 유 테이크?]
~을 **복용**합니다.	I regularly take ~. [아이 레귤러리 테이크 ~.]
여행을 계속할 수 있을까요?	Can I continue my trip? [캔 아이 컨티뉴 마이 트립?]
보험을 위해 **진단서**와 **영수증**을 받고 싶습니다.	I'd like a medical certificate and a receipt for my insurance. [아이드 라이크 어 메디컬 써티피켓 앤드 어 리시트 포 마이 인슈어런스.]
가장 가까운 **약국**을 말씀해 주시겠습니까?	Could you tell me where the nearest pharmacy is? [쿠드 유 텔 미 웨얼 더 니어리스트 파마시 이즈?]
처방전 없이 **약**을 살 수 있습니까?	Can I buy medicine without prescription? [캔 아이 바이 메디슨 위드아웃 프리스크립션?]
감기약을 좀 주시겠습니까?	I'd like some cold medicine, please. [아이드 라이크 썸 코올드 메디슨, 플리즈.]
어떻게 복용합니까?	How should I take this? [하우 슈드 아이 테이크 디스?]

It makes you a confident traveler, even in the places you've never been.

	한국어	English
⑲	**분실물센터**는 어디입니까?	Where is the lost and found office? [웨얼 이즈 더 로스트 앤드 파운드 오피스?]
⑳	**택시**에 제 **가방**을 두고 내렸습니다.	I left my bag in the taxi. [아이 레프트 마이 백 인 더 탁시.]
㉑	제 **지갑**을 **도난** 당했습니다.	I've been robbed of my wallet. [아이브 빈 로브드 오브 마이 월렛.]
㉒	**신용카드**를 **분실**했습니다.	I've lost my credit card. [아이브 로스트 마이 크레딧 카드.]
㉓	제 **카드**를 **정지** 시키고 싶습니다.	I'd like to cancel my card. [아이드 라이크 투 캔슬 마이 카드.]
㉔	**어디**에서 **분실**했는지 **확실**하지 않습니다.	I'm not sure where I lost it. [아임 낫 슈어 웨얼 아이 로스트 잇.]
㉕	찾으시면 가능한 한 빨리 **연락**해 주십시오.	Please call me as soon as you find it. [플리즈 콜 미 애즈 순 애즈 유 파인드 잇.]
㉖	이 **근처**에 **경찰서**가 있습니까?	Is there a police station near here? [이즈 데얼 어 폴리스 스테이션 니어 히얼?]
㉗	한국 **대사관**에 **전화**해 주세요.	Please call the Korean Embassy. [플리즈 콜 더 코리언 엠버시.]
㉘	**여권**을 **재발급** 받고 싶습니다.	I'd like to have my passport reissued. [아이드 라이크 투 해브 마이 파스포트 리이슈드.]

Emergency
영어 응급

 It makes **you** the **confident traveler!**
분실 위급상황

도난신고서 **사본**을 받고 싶습니다.	I'd like a copy of the theft declaration, please. [아이드 라이크 어 코피 오브 더 쎄프트 데클레레이션, 플리즈.]	29
경찰을 불러주세요.	Please call the police. [플리즈 콜 더 폴리스.]	30
구급차를 불러주세요.	Please call an ambulance. [플리즈 콜 언 암뷸런스.]	31
보험회사에 연결시켜 주세요.	Please contact the insurance company. [플리즈 콘택트 디 인슈어런스 컴퍼니.]	32
곤란에 처해 있습니다.	I'm in trouble. [아임 인 트러블.]	33
교통사고가 났습니다.	I've been in a traffic accident. [아이브 빈 인 어 트래픽 악시던트.]	34
움직일 수가 없습니다.	I can't move. [아이 캔트 무브.]	35
여기에 **부상**당한 사람이 있습니다.	There is an injured person here. [데얼 이즈 언 인저드 퍼슨 히얼.]	36
그것에 대해 저는 **책임**이 없습니다.	I'm not responsible for it. [아임 낫 리스폰시블 포 잇.]	37
사고보고서 사본을 주시겠습니까?	May I have a copy of the accident report? [메이 아이 해브 어 코피 오브 디 악시던트 리포트?]	38

It makes you a confident traveler, even in the places you've never been.

It makes you a confident traveler,
even in the places you've never been.

EXPRESSION 5
이것이 알찬 여행 독일어 핵심문형 베스트 5!

여행 중에 가장 많이 사용하는
완전 **대표적인 문형**,
5가지를 정리했습니다.
~ 부분에 원하는 단어를 넣어 말씀하세요.

①

EXPRESSION 5

~, 부탁합니다.
~, bitte.
[~, 비테.]

 5+1

②

EXPRESSION 5

~은 어디입니까?
Wo ist ~ ?
[보 이스트 ?]

5+1

It makes **you** a **confident traveler**,
even in the places you've never been.

It makes you a confident traveler, even in the places you've never been.

 # GERMAN*

부록부 **단어장**을 이용하여 원하는 **표현**을 **완성**하여 말씀해보세요.

③

EXPRESSION 5

당신은 ~을 가지고 있습니까?
Haben Sie ~?
[하벤 지 ?]

5+1

④

EXPRESSION 5

~해주시겠습니까?
Könnten Sie ~?
[켄텐 지 ~ ?]

5+1

⑤

EXPRESSION 5

저는 ~하고 싶습니다.
Ich möchte (gerne) ~.
[이히 뫼히테 (게르네) ~.]

5+1

It makes you a confident traveler, even in the places you've never been.

GERMAN
독일어
가장 중요하고, 당장 필요한
완전 기본 표현!

YOU
the Confident
Traveler
5+1

안녕하세요.	Hi. / Hallo. [하이. / 할로.]	01
어떻게 지내세요?	Wie geht es Ihnen? [비 게엣 에스 이넨?]	02
당신을 **만나서** **반갑습니다**.	Freut mich, Sie kennenzulernen. [프로이트 미히, 지 켄넨추레르넨.]	03
안녕하세요. (**아침** 인사)	Guten Morgen. [구텐 모르겐.]	04
안녕하세요. (**점심** 인사)	Guten Tag. [구텐 탁.]	05
안녕하세요. (**저녁** 인사)	Guten Abend. [구텐 아벤트.]	06
안녕히 주무세요. (**밤** 인사)	Gute Nacht. [구테 나흐트.]	07
안녕히 가세요.	Auf Wiedersehen. / Tschüss. [아우프 비더제엔. / 취쓰.]	08
나중에 **만나요**.	Bis später. [비스 슈페터.]	09
좋은 **여행** 되세요.	Gute Reise. [구테 라이제.]	10

It makes you a confident traveler, even in the places you've never been.

 # GERMAN * ... **Basic** 독어 기본

5+1 🇩🇪 💬 It makes **you** a **confident traveler**!
당장 필요한 **기본 표현** 모음

네. / 아니오.	Ja. / Nein. [야. / 나인.]	11
네, 부탁합니다.	Ja, bitte. [야, 비테.]	12
괜찮습니다.	Es ist ok. [에스 이스트 오케이.]	13
아니오, 됐습니다.	Nein, danke. [나인, 당케.]	14
문제 없습니다.	Kein Problem. [카인 플로블램.]	15
감사합니다.	Danke. [당케.]	16
천만에요.	Bitte. [비테.]	17
실례합니다.	Entschuldigung. [엔트슐디궁.]	18
죄송합니다.	Entschuldigung. [엔트슐디궁.]	19
미안합니다.	Es tut mir leid. [에스 투트 미어 라이트.]	20
알겠습니다.	Ich verstehe. [이히 페어슈테에.]	21

It makes **you** a **confident traveler**, even in the places you've never been. ***5+1*** 4

GERMAN 독일어
가장 중요하고, 당장 필요한
완전 기본 표현!

모르겠습니다.	**Ich weiß nicht.** [이히 바이쓰 니히트.]	22
뭐라고 하셨죠?	**Wie bitte?** [비 비테?]	23
이것은 **무슨 의미**입니까?	**Was bedeutet das?** [바스 베도이테트 다스?]	24
이것은 **독일어로 무엇**입니까?	**Wie nennt man das auf Deutsch?** [비 넨트 만 다스 아우프 도이취?]	25
이것은 **무엇**입니까?	**Was ist das?** [바스 이스트 다스?]	26
그곳은 **어디**입니까?	**Wo ist das?** [보 이스트 다스?]	27
이것은 **얼마**입니까?	**Wie viel kostet das?** [비 피일 코스테트 다스?]	28
몇 시입니까?	**Wie viel Uhr ist es?** [비 피일 우어 이스트 에스?]	29
화장실은 **어디**입니까?	**Wo ist die Toilette?** [보 이스트 디 토일레테?]	30
대단해요.	**Wunderbar.** [분더바.]	31

GERMAN* **Basic** 독어 기본

5+1   It makes **you** a **confident** traveler! 당장 필요한 **기본 표현** 모음

환상적이에요.	Fantastisch. [판타스티쉬.]	32
기뻐요.	Ich bin glücklich. [이히 빈 글뤼클리히.]	33
슬퍼요.	Ich bin traurig. [이히 빈 트라우리히.]	34
배가 고파요.	Ich bin hungrig. [이히 빈 훙리히.]	35
목이 말라요.	Ich bin durstig. [이히 빈 두르스티히.]	36
맛있네요.	Das war sehr lecker. [다스 바 제어 레커.]	37
피곤해요.	Ich bin müde. [이히 빈 뮈데.]	38
부탁합니다.	Bitte. [비테.]	39
한 번 더 부탁합니다.	Noch einmal, bitte. [노흐 아인말, 비테.]	40
여기에 **써주세요**.	Bitte schreiben Sie es hier auf. [비테 슈라이벤 지 에스 히어 아우프.]	41

It makes you a confident traveler, even in the places you've never been.

GERMAN
독일어
상황을 해결하는 핵심 표현들
공항 · 입국심사 · 귀국

YOU
the Confident
Traveler
5+1

① **안내소**는 어디입니까?
(공중전화, 버스터미널, 환전소)

Wo ist der Informationsschalter?
[보 이스트 데어 인포르마찌온스샬터?]
(ein öffentliches Telefon, der Busbahnhof, eine Wechselstube)
[아인 외펜틀리헤스 텔레폰, 데어 부스반호프, 아이네 벡셀슈투베]

② ~ **항공 카운터**는 어디입니까?

Wo ist der ~ Airlines-Schalter?
[보 이스트 데어 ~ 에어라인스-샬터?]

③ **여권**, 부탁합니다.

Ihren Pass, bitte.
[이어렌 파쓰, 비테.]

④ **탑승권**, 부탁합니다.

Ihre Bordkarte, bitte.
[이어레 보르트카르테, 비테.]

⑤ **창측, 복도측 어느 자리**로 하시겠습니까?

Möchten Sie am Fenster oder am Gang sitzen?
[뫼히텐 지 암 펜스터 오더 암 강 지첸?]

⑥ **창측 좌석**, 부탁합니다.
(복도측 좌석)

Einen Fensterplatz, bitte.
[아이넨 펜스터플라츠, 비테.]
(Einen Gangplatz) [아이넨 강플라츠]

⑦ 이것을 **기내**로 가져갈 수 있나요?

Kann ich das mit ins Flugzeug nehmen?
[칸 이히 다스 밋 인스 플룩초이크 네멘?]

⑧ 이 **짐**을 부쳐주세요.

Bitte senden Sie das als unbegleitetes Gepäck.
[비테 젠덴 지 다스 알스 운베글라이테테스 게펙.]

GERMAN* **Airport**  독어 공항

5+1  It makes **you** the **confident traveler!** 체크인 수하물 보딩 예약

체크인할 **가방**이 **2개** 있습니다.	Ich habe zwei Taschen, die ich aufgeben möchte. [이히 하베 츠바이 타쉔, 디 이히 아우프게벤 뫼히테.]	⑨
체크인할 **짐**이 **없습니다**.	Ich habe kein Gepäck, das ich aufgeben möchte. [이히 하베 카인 게펙, 다스 이히 아우프게벤 뫼히테.]	⑩
탑승 게이트는 **어디**입니까?	Wo ist der Flugsteig? [보 이스트 데어 플룩슈타이크?]	⑪
탑승은 **언제** **시작**합니까?	Wann können wir einsteigen? [반 쾨넨 비어 아인슈타이겐?]	⑫
출발은 **얼마나** **지연**될 것 같습니까?	Wie viel verspätet sich der Abflug? [비 피일 페어슈페테트 지히 데어 압플룩?]	⑬
예약을 **재확인**하고 싶습니다.	Ich möchte meine Reservierung bestätigen. [이히 뫼히테 마이네 레저비어룽 베슈테티겐.]	⑭
6월 18일 NW450 **인천행** **항공편**입니다.	Flugnummer NW450 am 18. Juni nach Incheon. [플룩눔머 엔베피어퓐프눌 암 아흐첸텐 유니 나흐 인천.]	⑮
항공편을 바꾸고 싶습니다.	Ich möchte gerne meinen Flug umbuchen. [이히 뫼히테 게르네 마이넨 플룩 움부헨.]	⑯
이용 가능한 **항공편** 은 **어떤** 것입니까?	Welcher Flug ist frei? [벨허 플룩 이스트 프라이?]	⑰

It makes you a confident traveler, even in the places you've never been.

GERMAN
독일어
상황을 해결하는 핵심 표현들
공항 · 입국심사 · 귀국

YOU the Confident Traveler 5+1

---

(18) 제 **자리**는 어디입니까?
Wo ist mein Platz?
[보 이스트 마인 플라츠?]

(19) 지나가게 해주세요.
Bitte lassen Sie mich durch.
[비테 라쎈 지 미히 두르히.]

(20) 이것은 제 **자리**인 것 같습니다.
Ich glaube, das ist mein Platz.
[이히 글라우베, 다스 이스트 마인 플라츠.]

(21) 제 **가방**을 위로 올려 주시겠습니까?
Könnten Sie mir bitte mit meiner Tasche helfen?
[켄텐 지 미어 비테 밋 마이너 타쉐 헬펜?]

(22) **자리**를 바꿔도 됩니까?
Kann ich den Sitzplatz wechseln?
[칸 이히 덴 지츠플라츠 벡셀른?]

(23) **창측 좌석**으로 바꿔도 됩니까? (복도측)
Kann ich auf den Fensterplatz wechseln?
[칸 이히 아우프 덴 펜스터플라츠 벡셀른?]
(Gangplatz) [강플라츠]

(24) **음료**는 무엇으로 하시겠습니까?
Was möchten Sie trinken?
[바스 뫼히텐 지 트링켄?]

(25) **커피, 부탁**합니다. (차, 주스, 맥주, 와인, 물)
Kaffee, bitte.
[카페, 비테.]
(Tee, Saft, Bier, Wein, Wasser)
[테, 자프트, 비어, 바인, 바써]

(26) **쇠고기**와 **생선**, **어떤 것**으로 하시겠습니까?
Möchten Sie Rindfleisch oder Fisch?
[뫼히텐 지 린트플라이쉬 오더 피쉬?]

GERMAN* **Airport** 독어 공항

 5+1    It makes **you** the **confident traveler**! 기내 좌석 기내 서비스 환승

쇠고기, 부탁합니다. (닭고기, 생선)	Rindfleisch, bitte. [린트플라이쉬, 비테.] (Hühnchen, Fisch) [휜헨, 피쉬]	27
베개와 **담요**를 주시겠습니까? (잡지, 신문, 약, 담요 한 장 더)	Kann ich ein Kissen und eine Decke bekommen? [칸 이히 아인 키쎈 운트 아이네 데케 베콤멘?] (Zeitschriften, eine Zeitung, eine Tablette, noch eine Decke) [차이트슈리프텐, 아이네 차이퉁, 아이네 타블레테, 노흐 아이네 데케]	28
헤드폰이 망가졌습니다.	Der Kopfhörer ist kaputt. [데어 코프회러 이스트 카푸트.]	29
입국신고서 한 장 주시겠습니까?	Könnten Sie mir ein Einreiseformular geben? [켄텐 지 미어 아인 아인라이제포물라르 게벤?]	30
제 **좌석**을 뒤로 눕혀도 될까요?	Kann ich mich zurücklehnen? [칸 이히 미히 추뤽레넨?]	31
좌석을 원위치로 해주시겠습니까? (테이블)	Bitte bringen Sie Ihre Rückenlehne in eine aufrechte Position. [비테 브링엔 지 이어레 뤼켄레네 인 아이네 아우프레히테 포지찌온.] (Tischchen) [티쉬헨]	32
블라인드를 내려 주시겠습니까?	Könnten Sie bitte die Fensterblende herunterziehen? [켄텐 지 비테 디 펜스터블렌데 헤룬터치이엔?]	33
이 **공항**에서 **얼마나** 머뭅니까?	Wie lange werden wir an diesem Flughafen zwischenlanden? [비 랑에 베르덴 비어 안 디이젬 플룩하펜 츠비션란덴?]	34

It makes you a confident traveler, even in the places you've never been.

㉟	**방문**의 **목적**은 **무엇**입니까?	Was ist der Zweck Ihrer Reise? [바스 이스트 데어 츠벡 이어러 라이제?]
㊱	**관광**입니다. (**비즈니스**, 유학, 휴가)	Besichtigungstour. [베지히티궁스투어.] (Geschäftsreise, Auslandsstudium, Vergnügungsreise) [게쉐프츠라이제, 아우스란츠슈투디움, 페어그뉘궁스라이제]
㊲	**얼마** 동안 머물 **예정**입니까?	Wie lange werden Sie bleiben? [비 랑에 베르덴 지 블라이벤?]
㊳	6일입니다. (**1주일**, 3주일)	Sechs Tage. [젝스 타게.] (Eine Woche, Drei Wochen) [아이네 보헤, 드라이 보헨]
㊴	**어디**에 머물 **예정**입니까?	Wo werden Sie übernachten? [보 베르덴 지 위버나흐텐?]
㊵	힐튼 **호텔**에요. (**친척집**에요, **친구**의 **집**에요.)	Im Hilton Hotel. [임 힐튼 호텔.] (Im Haus meiner Verwandten, Bei meinem Freund) [임 하우스 마이너 페어반텐, 바이 마이넴 프로인트]
㊶	**귀국 항공권**을 가지고 있습니까?	Haben Sie ein Rückflugticket? [하벤 지 아인 뤽플룩티켓?]
㊷	당신의 **직업**은 **무엇**입니까?	Was ist Ihr Beruf? [바스 이스트 이어 베루프?]

It makes you a confident traveler, even in the places you've never been.

 # GERMAN* **Airport**
독어 공항

 5+1   It makes **you** the **confident traveler!**
입국심사 수하물 찾기 세관

수하물 찾는 곳은 어디입니까?	Wo ist die Gepäckausgabe? [보 이스트 디 게펙아우스가베?]	�43
여기가 747편 **수하물**이 나오는 곳입니까?	Ist das die Gepäckausgabe für den Flug 747? [이스트 다스 디 게펙아우스가베 퓌어 덴 플룩 지벤피어지벤?]	�44
분실물센터는 어디입니까?	Wo ist das Fundbüro? [보 이스트 다스 푼트뷔로?]	�45
제 옷 **가방**을 못 찾겠습니다.	Ich kann meinen Koffer nicht finden. [이히 칸 마이넨 코퍼 니히트 핀덴.]	�46
이것이 제 **수하물** 확인증입니다.	Hier ist mein Gepäckabschnitt. [히어 이스트 마인 게펙압슈니트.]	�47
가방을 열어 주시겠습니까?	Könnten Sie bitte Ihre Tasche öffnen? [켄텐 지 비테 이어레 타쉐 외프넨?]	�48
이것은 **무엇**입니까?	Was ist das? [바스 이스트 다스?]	�49
개인 소지품들 입니다.	Das sind nur meine persönlichen Gegenstände. [다스 진트 누어 마이네 페르죈리헨 게겐슈텐데.]	�50
신고할 **물건**이 있습니까?	Haben Sie etwas zu verzollen? [하벤 지 에트바스 추 페어촐렌?]	�51
신고할 **물건**이 없습니다. (**위스키** 두 병이 있 습니다.)	Ich habe nichts zu verzollen. [이히 하베 니히츠 추 페어촐렌.] (zwei Flaschen Whisky) [츠바이 플라쉔 위스키]	�52

It makes **you** a **confident traveler**,
even in the places you've never been.

It makes you a confident traveler, even in the places you've never been.

① **체크인**을 하고 싶습니다.
Ich möchte einchecken.
[이히 뫼히테 아인체켄.]

② 제 **이름**은 ~입니다.
Mein Name ist ~.
[마인 나메 이스트 ~.]

③ 여기 **확인증**입니다.
Hier ist meine Reservierungsbestätigung.
[히어 이스트 마이네 레저비어룽스베슈테티궁.]

④ **오늘밤** 사용할 **방**이 있습니까?
Haben Sie Zimmer für heute Nacht?
[하벤 지 침머 퓌어 호이테 나흐트?]

⑤ **1인실, 부탁**합니다. (2인실)
Ein Einzelzimmer, bitte.
[아인 아인첼침머, 비테.]
(Ein Doppelzimmer) [아인 돕펠침머]

⑥ 하룻밤에 얼마입니까?
Wie viel kostet es pro Nacht?
[비 피일 코스테트 에스 프로 나흐트?]

⑦ 세금과 봉사료 포함입니까?
Sind Steuer und Servicegebühren inklusive?
[진트 슈토이어 운트 서비스게뷔렌 인클루지베?]

⑧ 아침식사 포함입니까?
Ist das Frühstück inklusive?
[이스트 다스 프뤼슈튁 인클루지베?]

⑨ **덜 비싼** 것이 있습니까?
Haben Sie etwas Günstigeres?
[하벤 지 에트바스 귄스티거레스?]

⑩ **추가 침대**를 **방**에 놓을 수 있습니까?
Könnten Sie ein Extrabett in mein Zimmer stellen?
[켄텐 지 아인 엑스트라베트 인 마인 침머 슈텔렌?]

GERMAN*

Hotel
독어 호텔

   체크인 호텔 프런트 편의시설

성씨의 **철자**를 말씀해 주시겠습니까? (**성**을, **이름**을)	Könnten Sie bitte Ihren Nachnamen buchstabieren? [켄텐 지 비테 이어렌 나흐나멘 부흐슈타비어렌?] (Familiennamen, Vornamen) [파밀리엔나멘, 포어나멘]	⑪
양식을 채워 주시겠습니까?	Könnten Sie bitte dieses Formular ausfüllen? [켄텐 지 비테 디제스 포물라르 아우스퓔렌?]	⑫
현금과 **카드**, **어떤 것**으로 **결제**하시겠습니까?	Wie möchten Sie zahlen, in bar oder mit Karte? [비 뫼히텐 지 찰렌, 인 바 오더 밋 카르테?]	⑬
당신의 **객실번호**는 604호입니다.	Ihre Zimmernummer ist 604. [이어레 침머눔머 이스트 젝스눌피어.]	⑭
저의 **귀중품**을 보관해 주시겠습니까?	Könnten Sie meine Wertgegenstände aufbewahren? [켄텐 지 마이네 베르트게겐슈텐데 아우프베바렌?]	⑮
아침식사는 **어디**에서 합니까?	Wo kann ich Frühstück bekommen? [보 칸 이히 프뤼슈튁 베콤멘?]	⑯
아침식사는 **몇 시** 부터 **시작**합니까?	Ab wieviel Uhr kann man Frühstück bekommen? [압 비피일 우어 칸 만 프뤼슈튁 베콤멘?]	⑰
비즈니스 센터가 있습니까? (**비즈니스 라운지**, **회의실**)	Haben Sie ein Business Center? [하벤 지 아인 비즈니스 센터?] (eine Business Lounge, einen Konferenzraum) [아이네 비즈니스 라운지, 아이넨 콘페렌츠라움]	⑱
호텔에는 어떤 **위락시설**이 있습니까?	Was für Serviceeinrichtungen gibt es im Hotel? [바스 퓌어 서비스아인리히퉁엔 깁트 에스 임 호텔?]	⑲

GERMAN
독일어
상황을 해결하는 핵심 표현들
호텔 Hotel

(20) **룸서비스** **부탁**합니다.
Zimmerservice, bitte.
[침머서비스, 비테.]

(21) **객실번호**를 **부탁** 드립니다.
Ihre Zimmernummer, bitte.
[이어레 침머눔머, 비테.]

(22) 303호실입니다.
Hier ist Zimmer 303.
[히어 이스트 침머 드라이눌드라이.]

(23) **무엇**을 원하십니까?
Was kann ich für Sie tun?
[바스 칸 이히 퓌어 지 툰?]

(24) **샌드위치** 하나와 **커피** 한 잔 **부탁** 드립니다. (**샴페인** 한 병)
Ich möchte ein Sandwich und eine Tasse Kaffee.
[이히 뫼히테 아인 샌드위치 운트 아이네 타쎄 카페.]
(eine Flasche Champagner)
[아이네 플라쉐 샴파니어]

(25) 7시에 **조식**을 제 **방**으로 가져다 주시면 좋겠습니다.
Ich möchte mein Frühstück um 7 Uhr aufs Zimmer bekommen.
[이히 뫼히테 마인 프뤼슈틱 움 지벤 우어 아웊스 침머 베콤멘.]

(26) **누구**세요?
Wer ist da?
[베어 이스트 다?]

(27) 들어오세요.
Herein.
[헤라인.]

(28) 잠시만 기다려 주세요.
Einen Moment, bitte.
[아이넨 모멘트, 비테.]

Hotel 독어 호텔

 **룸서비스 모닝콜**

| 모닝콜 부탁 드립니다. | Ich hätte gerne einen Weckruf. [이히 헤테 게르네 아이넨 벡루프.] | |

몇 **시**에 **모닝콜**을 원하십니까?
Um wieviel Uhr möchten Sie Ihren Weckruf bekommen?
[움 비필 우어 뫼히텐 지 이어렌 벡루프 베콤멘?]

6시에 **모닝콜** 해주시면 좋겠습니다.
Ich hätte gerne einen Weckruf um 6 Uhr.
[이히 헤테 게르네 아이넨 벡루프 움 젝스 우어.]

한국의 서울로 **전화**하고 싶습니다.
Ich möchte einen Anruf nach Seoul, Korea machen.
[이히 뫼히테 아이넨 안루프 나흐 서울, 코레아 마헨.]

깨끗한 **수건** 한 장 주시겠습니까?
Kann ich ein sauberes Handtuch bekommen?
[칸 이히 아인 자우버레스 한트투흐 베콤멘?]

다른 **담요**를 받고 싶습니다.
Ich hätte gerne noch eine Decke.
[이히 헤테 게르네 노흐 아이네 데케.]

세탁물이 좀 있습니다.
Ich habe Wäsche, die ich gerne gewaschen hätte.
[이히 하베 베쉐, 디 이히 게르네 게바쉔 헤테.]

제 **옷**을 **다림질** 했으면 좋겠습니다.
Ich möchte meine Kleider gerne bügeln lassen.
[이히 뫼히테 마이네 클라이더 게르네 뷔겔른 라쎈.]

제 **방**을 **청소**해 주시겠습니까?
Könnten Sie mein Zimmer sauber machen?
[켄텐 지 마인 침머 자우버 마헨?]

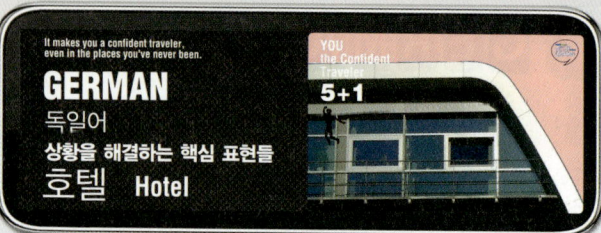

㊳	제 **짐**을 아직 못 받았습니다.	Ich habe mein Gepäck noch nicht bekommen. [이히 하베 마인 게펙 노흐 니히트 베콤멘.]
㊴	옆 **방**이 너무 시끄럽습니다.	Die Gäste im Nachbarzimmer sind sehr laut. [디 게스테 임 나흐바침머 진트 제어 라우트.]
㊵	**다른 방**으로 바꾸고 싶습니다.	Ich möchte in ein anderes Zimmer umziehen. [이히 뫼히테 인 아인 안더레스 침머 움치엔.]
㊶	**방**이 너무 춥습니다. (덥습니다)	In meinem Zimmer ist es zu kalt. [인 마이넴 침머 이스트 에스 추 칼트.] (warm) [바름]
㊷	**화장실**이 **고장** 났습니다.	Die Toilette funktioniert nicht. [디 토일레테 풍치오니어트 니히트.]
㊸	**온수**가 나오지 않습니다.	Es gibt kein warmes Wasser. [에스 깁트 카인 바르메스 바써.]
㊹	지금 이것을 고쳐 주시겠습니까?	Könnten Sie es sofort in Ordnung bringen? [켄텐 지 에스 조포르트 인 오르트눙 브링엔?]
㊺	**죄송**합니다만, **키**를 **방**에 두었습니다.	Entschuldigung, ich habe meinen Schlüssel auf dem Zimmer vergessen. [엔트슐디궁, 이히 하베 마이넨 쉴뤼쎌 아우프 뎀 침머 페어게쎈.]
㊻	**죄송**합니다만, **룸 키**를 잃어버렸습니다.	Entschuldigung, ich habe meinen Schlüssel verloren. [엔트슐디궁, 이히 하베 마이넨 쉴뤼쎌 페어로렌.]

GERMAN* **Hotel** 독어 호텔

5+1 It makes **you** the **confident traveler!** 객실 문제상황 체크아웃

죄송합니다만, **방 번호**를 잊어버렸습니다.	Entschuldigung, ich habe meine Zimmernummer vergessen. [엔트슐디궁, 이히 하베 마이네 침머눔머 페어게쎈.]	47
체크아웃 하고 싶습니다.	Ich möchte auschecken. [이히 뫼히테 아우스체켄.]	48
하룻밤 더 묵고 싶습니다.	Ich möchte eine Nacht länger bleiben. [이히 뫼히테 아이네 나흐트 렝어 블라이벤.]	49
짐을 내리도록 사람을 보내주십시오.	Bitte schicken Sie mir jemanden, der mir mit meinem Gepäck helfen kann. [비테 쉬켄 지 미어 예만덴, 데어 미어 밋 마이넴 게펙 헬펜 칸.]	50
이 **금액**은 **무엇**입니까?	Wie hoch ist die Gebühr dafür? [비 호흐 이스트 디 게뷔어 다퓌어?]	51
신용카드로 **지불**하고 싶습니다. (**현금**으로, **여행자수표**로)	Ich möchte mit Kreditkarte bezahlen. [이히 뫼히테 밋 크레디트카르테 베찰렌.] (bar, mit Reiseschecks) [바, 밋 라이제쉑스]	52
제 **귀중품**을 돌려 받고 싶습니다.	Ich möchte meine Wertgegenstände abholen. [이히 뫼히테 마이네 베르트게겐슈텐데 압홀렌.]	53
저녁까지 제 **짐**을 **보관**해 주시겠습니까?	Könnten Sie mein Gepäck bis heute Abend aufbewahren? [켄텐 지 마인 게펙 비스 호이테 아벤트 아우프베바렌?]	54
택시를 불러 주시겠습니까?	Könnten Sie mir ein Taxi rufen? [켄텐 지 미어 아인 탁시 루펜?]	55

GERMAN
독일어
상황을 해결하는 핵심 표현들
교통 Transport

①	~행 **좌석**을 **예약**하고 싶습니다.	Ich möchte einen Platz nach ~ reservieren. [이히 뫼히테 아이넨 플라츠 나흐 ~ 레저비어렌.]
②	3월 8일 ~행 **항공편**이 있습니까?	Gibt es einen Flug nach ~ am 8.März? [깁트 에스 아이넨 플룩 나흐 ~ 암 아흐텐 메르츠?]
③	바로 탈 수 있는 **항공편**이 있습니까?	Gibt es einen Flug, den ich sofort nehmen kann? [깁트 에스 아이넨 플룩, 덴 이히 조포르트 네멘 칸?]
④	저의 **항공편**을 재**확인**하고 싶습니다.	Ich möchte meinen Flug bestätigen. [이히 뫼히테 마이넨 플룩 베슈테티겐.]
⑤	저의 **항공편 예약**을 변경하고 싶습니다.	Ich möchte meinen Flug umbuchen. [이히 뫼히테 마이넨 플룩 움부헨.]
⑥	저의 **항공편**을 **취소**하고 싶습니다.	Ich möchte meinen Flug stornieren. [이히 뫼히테 마이넨 플룩 슈토니어렌.]
⑦	저의 **예약번호**는 ~입니다.	Meine Reservierungsnummer ist ~. [마이네 레저비어룽스눔머 이스트 ~.]
⑧	**택시 정류장**은 **어디**입니까?	Wo ist der Taxistand? [보 이스트 데어 탁시슈탄트?]
⑨	**트렁크**를 열어 주시겠습니까?	Könnten Sie bitte den Kofferraum öffnen? [쾬텐 지 비테 덴 코퍼라움 외프넨?]

It makes you a confident traveler, even in the places you've never been.

GERMAN*

Transport
독어 교통

5+1 It makes **you** the **confident traveler!**
비행기 택시

어디로 가십니까?	Wo möchten Sie hin? [보 뫼히텐 지 힌?]

시내로,
부탁합니다.
(**갤러리, 극장,**
도서관, 기념관,
동물원, 수족관)

In die Innenstadt, bitte.
[인 디 인넨슈타트, 비테.]
(zur Gallerie, zum Theater,
zur Bibliothek, zum Denkmal, zum Zoo,
zum Aquarium)
[추어 겔러리, 춤 테아터, 추어 비블리오테크, 춤 뎅크말, 춤 초, 춤 아쿠아리움]

이 **주소**로
가주세요.

Bitte bringen Sie mich zu dieser Adresse.
[비테 브링엔 지 미히 추 디저 아드레쎄.]

가장 **가까운 역**은
어디입니까?

Wo ist der nächste Bahnhof?
[보 이스트 데어 네히스테 반호프?]

공항까지는
얼마나 걸립니까?

Wie lange dauert es, zum Flughafen
zu fahren? [비 랑에 다우어트 에스,
춤 플룩하펜 추 파렌?]

서둘러
주시겠습니까?

Könnten Sie sich ein bisschen beeilen?
[켄텐 지 지히 아인 비쓰헨 베아일렌?]

다음 **신호**에
세워주세요.

Bitte halten Sie an der nächsten Ampel an.
[비테 할텐 지 안 데어 네히스텐 암펠 안.]

여기에 세워
주세요.

Bitte halten Sie hier an.
[비테 할텐 지 히어 안.]

요금은
얼마입니까?

Wie viel kostet es?
[비 피일 코스테트 에스?]

감사합니다.
잔돈은 가지세요.

Danke. Behalten Sie das Wechselgeld.
[당케. 베할텐 지 다스 벡셀겔트.]

It makes **you** a **confident traveler,**
even in the places you've never been.

GERMAN
독일어
상황을 해결하는 핵심 표현들
교통 Transport

⑳	~행 **버스정류장**은 어디입니까?	Wo ist die Haltestelle für den Bus nach ~? [보 이스트 디 할테슈텔레 퓌어 덴 부스 나흐 ~?]
㉑	**어떤 버스**가 **시내**로 갑니까?	Welcher Bus fährt in die Innenstadt? [벨허 부스 페르트 인 디 인넨슈타트?]
㉒	**어떤 버스**를 타야 합니까?	Welchen Bus muss ich nehmen? [벨헨 부스 무쓰 이히 네멘?]
㉓	~행 **버스**는 **몇 번**입니까?	Welche Nummer hat der Bus nach ~? [벨헤 눔머 하트 데어 부스 나흐 ~?]
㉔	그 **버스**는 **여기**에 **언제** 옵니까?	Wann kommt der Bus? [반 콤트 데어 부스?]
㉕	저 **버스**가 힐튼 **호텔**에 갑니까?	Fährt der Bus zum Hilton Hotel? [페르트 데어 부스 춤 힐튼 호텔?]
㉖	힐튼 **호텔**은 **어느 정류장**에서 내려야 합니까?	An welcher Bushaltestelle muss ich aussteigen, wenn ich zum Hilton Hotel möchte? [안 벨허 부스할테슈텔레 무쓰 이히 아우스슈타이겐, 벤 이히 춤 힐튼 호텔 뫼히테?]
㉗	~까지 **몇 정거장**입니까?	Wie viele Haltestellen sind es bis ~? [비 피일레 할테슈텔렌 진트 에스 비스 ~?]
㉘	다음 **정류장**은 **어디**입니까?	Was ist die nächste Haltestelle? [바스 이스트 디 네히스테 할테슈텔레?]
㉙	다음 **정류장**에서 내리겠습니다.	Ich steige an der nächsten Haltestelle aus. [이히 슈타이게 안 데어 네히스텐 할테슈텔레 아우스.]

GERMAN*

Transport
독어 교통

It makes **you** the **confident traveler!**
버스

저 내리겠습니다.	Ich steige aus. [이히 슈타이게 아우스.]	30
티켓은 어디에서 살 수 있습니까?	Wo kann ich einen Fahrschein kaufen? [보 칸 이히 아이넨 파르샤인 카우펜?]	31
시간표를 주시겠습니까?	Kann ich einen Fahrplan bekommen? [칸 이히 아이넨 파르플란 베콤멘?]	32
버스 노선표를 주시겠습니까?	Kann ich einen Liniennetzplan bekommen? [칸 이히 아이넨 리니엔네츠플란 베콤멘?]	33
~행 다음 버스는 **언제** 떠납니까?	Wann fährt der nächste Bus nach ~? [반 페르트 데어 네히스테 부스 나흐 ~?]	34
~행 **마지막 버스**는 **언제** 떠납니까?	Wann geht der letzte Bus nach ~? [반 게에트 데어 레츠테 부스 나흐 ~?]	35
거기까지 가는데 **얼마나** 걸립니까? (공항)	Wie lange dauert es, dorthin zu kommen? [비 랑에 다우어트 에스, 도르트힌 추 콤멘?] (zum Flughafen) [춤 플룩하펜]	36
버스로 2시간 정도입니다.	Etwa zwei Stunden mit dem Bus. [에트바 츠바이 슈툰덴 밋 뎀 부스.]	37
~에는 **언제**쯤 **도착**합니까?	Wann kommen wir an ~ an? [반 콤멘 비어 안 ~ 안?]	38
그곳에 **도착**하면 저에게 알려 주시겠습니까?	Könnten Sie mir bitte sagen, wenn wir dort ankommen? [켄텐 지 미어 비테 자겐, 벤 비어 도르트 안콤멘?]	39

교통 Transport

40 **가장 가까운 지하철 역**은 **어디입니까?**
Wo ist der nächste U-Bahnhof?
[보 이스트 데어 네히스테 우-반호프?]

41 **매표소**는 **어디입니까?**
Wo ist der Fahrkartenschalter?
[보 이스트 데어 파르카르텐샬터?]

42 **지하철 노선도**를 얻을 수 있습니까?
Könnte ich einen U-Bahnplan bekommen?
[켄테 이히 아이넨 우-반플란 베콤멘?]

43 ~에 가려면 **어떤 역**에서 내려야 합니까?
An welcher Station muss ich aussteigen, wenn ich nach ~ möchte?
[안 벨허 슈타찌온 무쓰 이히 아우스슈타이겐, 벤 이히 나흐 ~ 뫼히테?]

44 ~에 가는 것은 **몇 호선**입니까?
Welche Linie geht nach ~?
[벨헤 리니에 게에트 나흐 ~?]

45 1일권 주세요.
Eine Tageskarte, bitte.
[아이네 타게스카르테, 비테.]

46 **요금**은 **얼마입니까?**
Wie hoch ist der Fahrpreis?
[비 호흐 이스트 데어 파르프라이스?]

47 ~에 가려면 **어떤 출구**로 나가야 합니까?
Welchen Ausgang muss ich nehmen zu ~?
[벨헨 아우스강 무쓰 이히 네멘 추 ~?]

48 ~행 **편도표** 2매 주세요.
Zwei einfache Fahrkarten nach ~, bitte.
[츠바이 아인파헤 파르카르텐 나흐 ~, 비테.]

GERMAN*

Transport
독어 교통

   지하철 기차

~행 **왕복표** 2매 주세요.	Ich möchte gerne zwei Hin- und Rückfahrkarten nach ~. [이히 뫼히테 게르네 츠바이 힌- 운트 뤽파르카르텐 나흐 ~.]
~행 **어른 둘,** **아이** 하나, 주세요.	Zwei Erwachsene und ein Kind nach ~, bitte. [츠바이 에어박세네 운트 아인 킨트 나흐 ~, 비테.]
1등칸, 주세요. (**2등칸**)	1. Klasse, bitte. [에르스테 클라쎄, 비테.] (2. Klasse) [츠바이테 클라쎄]
어떤 역에서 갈아타야 합니까?	An welchem Bahnhof muss ich umsteigen? [안 벨헴 반호프 무쓰 이히 움슈타이겐?]
~행 **열차**는 **어떤 플랫폼**에서 **출발**합니까?	An welchem Bahnsteig fährt der Zug nach ~ ab? [안 벨헴 반슈타이크 페르트 데어 추크 나흐 ~ 압?]
이 **열차** ~에 갑니까?	Fährt der Zug nach ~? [페르트 데어 추크 나흐 ~?]
식당칸은 **어디**입니까?	Wo ist der Speisewagen? [보 이스트 데어 슈파이제바겐?]
다음 역은 **어디**입니까?	Was ist der nächste Bahnhof? [바스 이스트 데어 네히스테 반호프?]
내릴 곳을 지나쳤습니다.	Ich habe meinen Bahnhof verpasst. [이히 하베 마이넨 반호프 페어파쓰트.]
기차를 놓쳤습니다.	Ich habe meinen Zug verpasst. [이히 하베 마이넨 추크 페어파쓰트.]

 49
 50
51
52
 53
 54
 55
 56
 57
 58

GERMAN
독일어
상황을 해결하는 핵심 표현들
교통 Transport

㉕ 한국에서 예약했습니다.
Ich habe von Korea aus eine Reservierung gemacht.
[이히 하베 폰 코레아 아우스 아이네 레저비어룽 게마흐트.]

㉖ 차를 5일간 렌트하고 싶습니다. (1주일간)
Ich möchte ein Auto für fünf Tage mieten. [이히 뫼히테 아인 아우토 퓌어 퓐프 타게 미텐.]
(eine Woche) [아이네 보헤]

㉑ 어떤 종류의 차가 있습니까?
Was für Fahrzeugtypen haben Sie?
[바스 퓌어 파르초이크튀펜 하벤 지?]

㉒ 저는 오토매틱만 운전이 가능합니다. (수동)
Ich kann nur Automatik fahren.
[이히 칸 누어 아우토마틱 파렌.]
(Handschaltung) [한트샬퉁]

㉓ 차를 봐도 됩니까?
Kann ich das Auto sehen?
[칸 이히 다스 아우토 제엔?]

㉔ 하루 사용료가 어떻게 됩니까?
Was ist der Tagessatz?
[바스 이스트 데어 타게스자츠?]

㉕ 보증금은 얼마입니까?
Wie hoch ist die Kaution?
[비 호흐 이스트 디 카우찌온?]

㉖ 이 차를 렌트하겠습니다.
Ich möchte dieses Auto mieten.
[이히 뫼히테 디제스 아우토 미텐.]

㉗ 모든 보험을 다 들고 싶습니다.
Ich nehme Vollkasko.
[이히 네메 폴카스코.]

Transport
독어 교통

   It makes **you** the **confident traveler!**
렌터카 문제상황

차는 어디에 **반납**합니까?	Wo kann ich das Auto zurückgeben? [보 칸 이히 다스 아우토 추뤽게벤?]	68
비상시에는 **누구**에게 **연락**해야 합니까?	An wen kann ich mich im Notfall wenden? [안 벤 칸 이히 미히 임 노트팔 벤덴?]	69
주유소가 이 **근처**에 있습니까?	Ist hier in der Nähe eine Tankstelle? [이스트 히어 인 데어 네헤 아이네 탕크슈텔레?]	70
레귤러로 가득 채워주세요.	Bitte tanken Sie mit normalem Benzin. [비테 탕켄 지 밋 노르말렘 벤친.]	71
오일과 **타이어**를 **점검**해 주시겠습니까?	Könnten Sie das Öl und die Reifen überprüfen? [켄텐 지 다스 욀 운트 디 라이펜 위버프뤼펜?]	72
제 **차**가 **고장** 났습니다.	Mein Auto hat eine Panne. [마인 아우토 하트 아이네 판네.]	73
시동이 걸리지 않습니다.	Der Motor startet nicht. [데어 모토어 슈타르테트 니히트.]	74
배터리가 **방전**되었습니다.	Die Batterie ist leer. [디 바테리 이스트 레어.]	75
타이어가 펑크 났습니다.	Ich habe einen Platten. [이히 하베 아이넨 플라텐.]	76
키를 **차** 안에 두고 내렸습니다.	Ich habe die Schlüssel im Auto eingeschlossen. [이히 하베 디 쉴뤼쎌 임 아우토 아인게쉴로쎈.]	77
저는 ~ **근처**에 있습니다.	Ich bin in der Nähe von ~. [이히 빈 인 데어 네헤 폰 ~.]	78

GERMAN
독일어
상황을 해결하는 핵심 표현들
식당   Restaurant

① **유명**한 **식당**을 **추천**해 주시겠습니까?
Könnten Sie mir ein beliebtes Restaurant empfehlen? [쾬텐 지 미어 아인 베립테스 레스토랑 엠프펠렌?]

② **괜찮은 식당**이 **어디**입니까? (**저렴한 식당**)
Wo kann ich ein gutes Restaurant finden? [보 칸 이히 아인 구테스 레스토랑 핀덴?]
(ein günstiges Restaurant) [아인 귄스티게스 레스토랑]

③ 이 **식당**은 **어디**입니까?
Wo ist dieses Restaurant? [보 이스트 디제스 레스토랑?]

④ **예약**을 해야 합니까?
Brauchen wir eine Reservierung? [브라우헨 비어 아이네 레저비어룽?]

⑤ 오늘밤 6시에 세 사람 **예약**하고 싶습니다. (내일 7시에 두 사람)
Ich möchte einen Tisch für drei für heute Abend um sechs Uhr reservieren. [이히 뫼히테 아이넨 티쉬 퓌어 드라이 퓌어 호이테 아벤트 움 젝스 우어 레저비어렌.]
(einen Tisch für zwei für morgen um sieben Uhr) [아이넨 티쉬 퓌어 츠바이 퓌어 모르겐 움 지벤 우어]

⑥ **죄송**합니다. 그때는 만석입니다.
Tut mir leid, wir sind zu der Uhrzeit ausgebucht. [투트 미어 라이트, 비어 진트 추 데어 우어차이트 아우스게부흐트.]

⑦ **예약**하셨습니까?
Haben Sie eine Reservierung? [하벤 지 아이네 레저비어룽?]

GERMAN* 💬 Restaurant
독어 식당

   It makes **you** the **confident traveler**!
식당 찾기 예약 좌석 스낵

7시로 **예약**했습니다.	Ich habe eine Reservierung für 7 Uhr. [이히 하베 아이네 레저비어룽 퓌어 지벤 우어.]	⑧
예약은 하지 않았습니다.	Ich habe keine Reservierung. [이히 하베 카이네 레저비어룽.]	⑨
테이블이 있습니까?	Haben Sie einen freien Tisch? [하벤 지 아이넨 프라이엔 티쉬?]	⑩
얼마나 기다려야 합니까?	Wie lange ist die Wartezeit? [비 랑에 이스트 디 바르테차이트?]	⑪
창쪽 테이블로 부탁 드립니다.	Einen Tisch am Fenster, bitte. [아이넨 티쉬 암 펜스터, 비테.]	⑫
흡연석이면 더 좋겠습니다.	Ein Tisch im Raucher-Bereich wäre mir lieber. [아인 티쉬 임 라우허-베라이히 베레 미어 리버.]	⑬
치즈버거 하나, **프라이** 라지 하나 그리고 **콜라** 작은 것 주세요.	Ein Cheeseburger, große Pommes Frites und eine kleine Cola, bitte. [아인 치즈버거, 그로쎄 폼 프리츠 운트 아이네 클라이네 콜라, 비테.]	⑭
여기서 드십니까, **포장**이십니까?	Für hier oder zum Mitnehmen? [퓌어 히어 오더 춤 밋네멘?]	⑮
여기서 먹겠습니다. (**포장**입니다.)	Für hier. [퓌어 히어.] (Zum Mitnehmen.) [춤 밋네멘.]	⑯

GERMAN
독일어
상황을 해결하는 핵심 표현들
식당 Restaurant

17. 영어로 된 **메뉴판**이 있습니까?
Haben Sie eine Speisekarte auf Englisch?
[하벤 지 아이네 슈파이제카르테 아우프 엥리쉬?]

18. **주문**하고 싶습니다.
Ich möchte bitte bestellen.
[이히 뫼히테 비테 베슈텔렌.]

19. **어떤 것을 추천**해 주시겠습니까?
Was würden Sie empfehlen?
[바스 뷔르덴 지 엠프펠렌?]

20. **오늘의 특별요리**가 있습니까?
Haben Sie ein Tagesgericht?
[하벤 지 아인 타게스게리히트?]

21. **지역 특별요리**는 **무엇**입니까?
Was ist die Spezialität dieser Region?
[바스 이스트 디 슈페치알리테트 디저 레기온?]

22. **쇠고기 메뉴**들이 있습니까?
(**닭고기**, **샐러드**, **디저트**, **지역음식**)
Haben Sie Rindfleischgerichte auf ihrer Speisekarte?
[하벤 지 린트플라이쉬게리히테 아우프 이어러 슈파이제카르테?]
(Hühnchen, Salat, Desserts, lokales Essen)
[휜헨, 잘라트, 데써츠, 로칼레스 에쎈]

23. 이 **요리**는 **무엇**입니까?
Was ist das für ein Gericht?
[바스 이스트 다스 퓨어 아인 게리히트?]

24. **이것**으로 하겠습니다.
Ich hätte gerne das hier.
[이히 헤테 게르네 다스 히어.]

25. 저분들과 같은 **요리**로 주세요.
Ich hätte gerne das Gleiche wie die Leute da drüben. [이히 헤테 게르네 다스 글라이헤 비 디 로이테 다 드뤼벤.]

GERMAN* **Restaurant**
독어 식당

   It makes **you** the **confident traveler!**
메뉴 주문 식사 선택사항

이것은 여자분께, 이것은 제게 주세요.	Das hier für sie und das hier für mich. [다스 히어 퓌어 지 운트 다스 히어 퓌어 미히.]	26
주문을 바꾸고 싶습니다.	Ich möchte meine Bestellung ändern. [이히 뫼히테 마이네 베슈텔룽 엔더른.]	27
드레싱은 **어떤 것으로** 하시겠습니까?	Was für ein Dressing möchten Sie? [바스 퓌어 아인 드레싱 뫼히텐 지?]	28
이탈리안 **드레싱**으로 주세요. (프렌치, 저지방, 사우전아일랜드)	Italienisches Dressing, bitte. [이탈리에니쉐 드레싱, 비테.] (French Dressing, Fettarmes Dressing, Thousand-Island-Dressing) [프렌치 드레싱, 페트아르메스 드레싱, 사운전-아일랜-드레싱]	29
스테이크는 어떻게 해드릴까요?	Wie möchten Sie Ihr Steak? [비 뫼히텐 지 이어 스테이크?]	30
중간으로 해주세요. (덜 익혀, 중간 보다 덜 익혀, 완전히 익혀)	Halb durch, bitte. [할프 두르히, 비테.] (Leicht durchgebraten, Leicht bis halb durch, Durch) [라이히트 두르히게브라텐, 라이히트 비스 할프 두르히, 두르히]	31
계란은 **어떻게** 해드릴까요?	Wie möchten Sie das Ei? [비 뫼헤텐 지 다스 아이?]	32
삶아 주세요. (한쪽만 **프라이**, **스크램블**, **프라이**)	Ich möchte ein gekochtes Ei. [이히 뫼히테 아인 게코흐테스 아이.] (Spiegelei, Rührei, ein auf beiden Seiten gebratenes Ei) [슈피겔라이, 뤼어라이, 아인 아우프 바이덴 자이텐 게브라테네스 아이]	33

It makes you a confident traveler, even in the places you've never been.

GERMAN
독일어

상황을 해결하는 핵심 표현들
식당 Restaurant

(34) **저녁식사**와 함께 **무슨 음료**를 드시겠습니까?
Was möchten Sie zum Essen trinken?
[바스 뫼히텐 지 춤 에쎈 트링켄?]

(35) **레드 와인** 한 잔 주세요.
(**화이트 와인** 한 병, **맥주** 큰 잔으로, **수돗물**, **탄산수**)
Ein Glas Rotwein, bitte.
[아인 글라스 로트바인, 비테.]
(Eine Flasche Weißwein, Ein großes Bier, Leitungswasser, Mineralwasser)
[아이네 플라쉐 바이쓰바인, 아인 그로쎄스 비어, 라이퉁스바써, 미네랄바써]

(36) **디저트**로는 **무엇**이 있습니까?
Was für Desserts haben Sie?
[바스 퓌어 데써츠 하벤 지?]

(37) 그냥 **커피** 주세요.
Nur Kaffee, bitte.
[누어 카페, 비테.]

(38) **이것**은 어떻게 먹습니까?
Wie isst man das?
[비 이쓰트 만 다스?]

(39) 제 **요리**가 아직 안 나왔습니다.
Ich habe mein Essen noch nicht bekommen.
[이히 하베 마인 에쎈 노흐 니히트 베콤멘.]

(40) 이것은 제가 **주문**한 것이 아닙니다.
Das habe ich nicht bestellt.
[다스 하베 이히 니히트 베슈텔트.]

(41) **이것**은 너무 짭니다.
(탔습니다, 덜 익었습니다)
Das Essen ist sehr salzig.
[다스 에쎈 이스트 제어 잘치히.]
(verbrannt, nicht durch)
[페어브란트, 니히트 두르히]

GERMAN* Restaurant
독어 식당

 5+1   It makes you the confident traveler!
음료 디저트 문제상황 계산

제 **나이프**를 떨어뜨렸습니다.	Ich habe mein Messer fallen gelassen. [이히 하베 마인 메써 팔렌 게라쎈.]	42
다른 **포크**를 주시겠습니까?	Könnte ich bitte eine andere Gabel bekommen? [켄테 이히 비테 아이네 안더레 가벨 베콤멘?]	43
실례합니다. **물** 좀 주시겠습니까?	Entschuldigung, könnte ich etwas Wasser bekommen? [엔트슐디궁, 켄테 이히 에트바스 바써 베콤멘?]	44
빵을 좀 더 주시겠습니까?	Könnte ich noch etwas Brot bekommen? [켄테 이히 노흐 에트바스 브로트 베콤멘?]	45
담배를 피워도 됩니까?	Darf ich hier rauchen? [다르프 이히 히어 라우헨?]	46
이것 좀 치워 주시겠습니까?	Könnten Sie das bitte mitnehmen? [켄텐 지 다스 비테 밋네멘?]	47
계산하겠습니다.	Ich möchte bezahlen. [이히 뫼히테 베찰렌.]	48
제가 내겠습니다.	Das geht auf mich. [다스 게에트 아우프 미히.]	49
봉사료 포함입니까?	Ist der Service inklusive? [이스트 데어 서비스 인클루시베?]	50
계산이 잘못되었습니다.	Die Rechnung stimmt so nicht. [디 레히눙 슈팀트 조 니히트.]	51
영수증을 주시겠습니까?	Könnte ich bitte die Quittung haben? [켄테 이히 비테 디 크비퉁 하벤?]	52

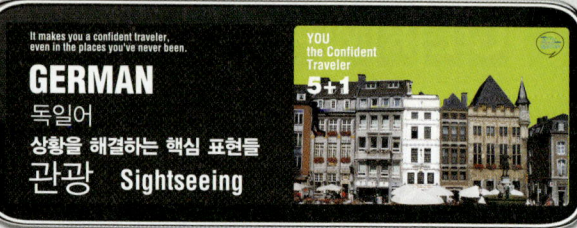

관광 Sightseeing

1 관광 안내소는 어디입니까?
Wo ist die Touristeninformation?
[보 이스트 디 투리스텐인포르마찌온?]

2 지금 **어떤 축제**가 있습니까?
Gibt es im Moment irgendwelche Festivals?
[깁트 에스 임 모멘트 이르겐트벨헤 페스티벌스?]

3 **벼룩시장**이 있습니까?
Gibt es hier einen Flohmarkt?
[깁트 에스 히어 아이넨 플로마르크트?]

4 **시내** 전체를 **구경**할 만한 **장소**가 있습니까?
Gibt es einen Ort, an dem man eine schöne Aussicht über die ganze Stadt hat?
[깁트 에스 아이넨 오르트, 안 뎀 만 아이네 쉐네 아우스지히트 위버 디 간체 슈타트 하트?]

5 **무료 지도**가 있습니까? (**관광안내서**)
Haben Sie einen kostenlosen Stadtplan?
[하벤 지 아이넨 코스트로젠 슈타트플란?]
(die Tourbroschüre) [디 투어브로쉬레]

6 **관광 투어**가 있습니까? (**시내관광, 1일 관광**)
Haben Sie Besichtigungstouren?
[하벤 지 베지히티궁스투어렌?]
(Stadttouren, Tagestouren)
[슈타트투어렌, 타게스투어렌]

7 **어떤 것**이 가장 **인기** 있는 **투어**입니까?
Was ist die beliebteste Tour?
[바스 이스트 디 베립테스테 투어?]

8 **한국어**를 하는 **가이드**가 있는 **투어**가 있습니까?
Gibt es Touren mit koreanischsprechenden Fremdenführern?
[깁트 에스 투어렌 밋 코레아니쉬슈프레헨덴 프렘덴퓌러른?]

GERMAN* Sightseeing / 독어 관광

 5+1   It makes **you** the **confident traveler!** / 관광 안내소 시내 투어

이 **투어**는 매일 있습니까?	Haben Sie diese Tour jeden Tag? [하벤 지 디이제 투어 예덴 탁?]	⑨
투어는 **시간**이 얼마나 소요됩니까?	Wie lange dauert die Tour? [비 랑에 다우어트 디 투어?]	⑩
가격은 얼마입니까?	Wie viel kostet das? [비 피일 코스테트 다스?]	⑪
식사 포함입니까?	Sind die Mahlzeiten inklusive? [진트 디 말차이텐 인클루지베?]	⑫
몇 시에 떠납니까?	Wann fahren Sie ab? [반 파렌 지 압?]	⑬
어디에서 만나야 합니까?	Wo ist der Treffpunkt? [보 이스트 데어 트렙풍크트?]	⑭
몇 시에 돌아옵니까?	Um wieviel Uhr kommen wir zurück? [움 비피일 우어 콤멘 비어 추뤽?]	⑮
호텔에서 픽업해 주실 수 있습니까?	Können Sie mich am Hotel abholen? [쾨넨 지 미히 암 호텔 압홀렌?]	⑯
~에서 **자유시간**을 가질 수 있습니까?	Haben wir in ~ Zeit zur freien Verfügung? [하벤 비어 인 ~ 차이트 추어 프라이엔 페어퓌궁?]	⑰
예약을 하고 싶습니다.	Ich würde gerne eine Reservierung machen. [이히 뷔르데 게르네 아이네 레저비어룽 마헨.]	⑱

관광 Sightseeing

(19) ~에서 유명한 것은 무엇입니까?
Wofür ist ~ bekannt?
[보퓌어 이스트 ~ 베칸트?]

(20) 뭐 좀 물어봐도 되겠습니까?
Darf ich Sie etwas fragen?
[다르프 이히 지 에트바스 프라겐?]

(21) **여기는 무슨 거리입니까?**
Welche Straße ist das?
[벨헤 슈트라쎄 이스트 다스?]

(22) 이 **주소가 여기** 근처입니까?
Ist diese Adresse hier in der Nähe?
[이스트 디제 아드레쎄 히어 인 데어 네에?]

(23) 이 **근처에** 백화점이 있습니까?
(슈퍼마켓, 약국, 경찰서, 우체국, 은행)
Ist ein Kaufhaus hier in der Nähe?
[이스트 아인 카우프하우스 히어 인 데어 네에?]
(ein Supermarkt, eine Apotheke, eine Polizeistation, eine Post, eine Bank)
[아인 주퍼마르크트, 아이네 아포테케, 아이네 폴리차이슈타찌온, 아이네 포스트, 아이네 방크]

(24) 공중화장실이 이 근처에 있습니까?
(공중전화)
Ist hier in der Nähe eine öffentliche Toilette?
[이스트 히어 인 데어 네에 아이네 외펜틀리헤 토일레테?]
(ein öffentliches Telefon)
[아인 외펜틀리헤스 텔레폰]

(25) **거기에는 어떻게** 갑니까?
Wie komme ich dorthin?
[비 콤메 이히 도르트힌?]

(26) 이 **주소는 어떻게** 갈 수 있습니까?
Wie komme ich zu dieser Adresse?
[비 콤메 이히 추 디저 아드레쎄?]

GERMAN*

Sightseeing
독어 관광

   **시내관광 위치 사진 촬영**

It makes **you** the **confident traveler**!

걸어서 얼마나 걸립니까?	Wie lange dauert es, wenn man zu Fuß geht? [비 랑에 다우어트 에스, 벤 만 추 푸쓰 게에트?]	27
여기에서 ~ **광장**까지 **얼마나** 멉니까?	Wie weit ist der ~ platz von hier? [비 바이트 이스트 데어 ~ 플라츠 폰 히어?]	28
길을 잃었습니다.	Ich habe mich verlaufen. [이히 하베 미히 페어라우펜.]	29
제가 이 **지도**에서 **어디**에 있나요?	Können Sie mir auf dieser Karte zeigen, wo ich bin? [쾨넨 지 미어 아우프 디저 카르테 차이겐, 보 이히 빈?]	30
괜찮으시면 저를 그곳에 데려다 주시겠습니까?	Könnten Sie mich vielleicht dorthin bringen? [켄텐 지 미히 필라이히트 도르트힌 브링엔?]	31
박물관은 이 **길**로 가는 것이 맞습니까?	Ist das der richtige Weg zum Museum? [이스트 다스 데어 리히티게 벡 춤 무제움?]	32
여기에서 **사진**을 찍어도 됩니까?	Darf ich hier fotografieren? [다르프 이히 히어 포토그라피어렌?]	33
실례합니다만, **사진** 좀 찍어 주시겠습니까?	Entschuldigung, könnten Sie ein Foto von uns machen? [엔트슐디궁, 켄텐 지 아인 포토 폰 운스 마헨?]	34
그냥 **버튼**만 누르면 됩니다.	Drücken Sie einfach auf den Knopf. [드뤼켄 지 아인파흐 아우프 덴 크노프.]	35

36

GERMAN
독일어
상황을 해결하는 핵심 표현들
관광 Sightseeing

(36) 어떤 종류의 **쇼**가 **오늘밤**에 있습니까?
Was für eine Aufführung gibt es heute Abend?
[바스 퓌어 아이네 아우프퓌룽 깁트 에스 호이테 아벤트?]

(37) **어떤 팀**이 **경기**를 합니까?
Welche Teams spielen?
[벨헤 팀스 슈필렌?]

(38) **프로그램**과 **가격표**를 봐도 됩니까?
Kann ich das Programm und die Preisliste sehen?
[칸 이히 다스 프로그람 운트 디 프라이스리스테 제엔?]

(39) 그것은 **몇 시**에 **시작**합니까?
Um wieviel Uhr fängt es an?
[움 비피일 우어 펭트 에스 안?]

(40) 이 **공연**은 **시간**이 얼마나 소요됩니까?
(뮤지컬, 오페라, 콘서트, 발레, 경기)
Wie lange dauert das Theaterstück?
[비 랑에 다우어트 다스 테아터슈튁?]
(das Musical, die Oper, das Konzert, das Ballet, das Spiel)
[다스 뮤지컬, 디 오퍼, 다스 콘체르트, 다스 발레트, 다스 슈필]

(41) **입장권**은 **어디**에서 살 수 있습니까?
Wo kann ich Eintrittskarten kaufen?
[보 칸 이히 아인트리츠카르텐 카우펜?]

(42) **오늘 티켓**이 있습니까?
Haben Sie Karten für heute?
[하벤 지 카르텐 퓌어 호이테?]

(43) **어떤 좌석**이 있습니까?
Was für Plätze haben Sie?
[바스 퓌어 플레체 하벤 지?]

GERMAN

Sightseeing
독어 관광

It makes you the confident traveler!
공연 티켓구매 장소질문

입장료는 얼마입니까? (**할인석**은, **일일권**은)	Wie viel kostet der Eintritt? [비 피일 코스테트 데어 아인트리트?] (eine Karte im Vorverkauf, eine Tageskarte) [아이네 카르테 임 포어페어카우프, 아이네 타게스카르테]	㊹
가장 싼 **티켓**은 **얼마**입니까?	Wie viel kostet die günstigste Karte? [비 피일 코스테트 디 귄스틱스테 카르테?]	㊺
성인 둘에 **아이** 하나입니다.	Zwei Erwachsene und ein Kind, bitte. [츠바이 에어박세네 운트 아인 킨트, 비테.]	㊻
이 **티켓**으로 다 볼 수 있습니까?	Kann ich mit dieser Karte alles ansehen? [칸 이히 밋 디저 카르테 알레스 안제엔?]	㊼
무료 팸플릿이 있습니까?	Haben Sie eine kostenlose Broschüre? [하벤 지 아이네 코스텐로제 브로쉬레?]	㊽
저의 **가방**을 맡겨 놓을 곳이 있습니까?	Kann ich meine Tasche irgendwo abgeben? [칸 이히 마이네 타쉐 이르겐트보 압게벤?]	㊾
선물가게는 **어디**에 있습니까?	Wo ist der Souvenirladen? [보 이스트 데어 수베니어라덴?]	㊿
입구는 **어디**입니까?	Wo ist der Eingang? [보 이스트 데어 아인강?]	�51
들어가도 됩니까?	Kann ich hineingehen? [칸 이히 힌아인게엔?]	�52
이 **좌석**은 **어디**입니까?	Wo ist dieser Platz? [보 이스트 디저 플라츠?]	�53
출구는 **어디**입니까?	Wo ist der Ausgang? [보 이스트 데어 아우스강?]	�54

It makes you a confident traveler, even in the places you've never been.

GERMAN
독일어

상황을 해결하는 핵심 표현들
쇼핑   Shopping

① **지역특산물**은 무엇입니까?
Was ist die lokale Spezialität?
[바스 이스트 디 로칼레 슈페치알리테트?]

② **기념품**은 **어디**에서 살 수 있습니까?
Wo kann ich Souvenirs einkaufen?
[보 칸 이히 수베니어스 아인카우펜?]

③ ~ **가게**는 **어디**입니까?
Wo ist die ~ Boutique?
[보 이스트 디 ~ 부틱?]

④ **면세점**은 **어디**입니까?
(**쇼핑가, 백화점**)
Wo ist der Duty-Free-Shop?
[보 이스트 데어 듀티-프리-숍?]
(die Einkaufsgegend, das Kaufhaus)
[디 아인카웁스게겐트, 다스 카우프하우스]

⑤ **쇼핑센터**는 어느 **방향**입니까?
(**식료 잡화점, 선물가게**)
In welche Richtung ist das Einkaufszentrum?
[인 벨헤 리히퉁 이스트 다스 아인카웁스첸트룸?]
(der Lebensmittelladen, der Souvenirladen)
[데어 레벤스미텔라덴, 데어 수베니어라덴]

⑥ 이 근처에 **면세점**이 있습니까?
Ist hier in der Nähe ein Duty-Free-Shop?
[이스트 히어 인 데어 네에 아인 듀티-프리-숍?]

⑦ **여권**을 보여 주시겠습니까?
Kann ich Ihren Pass sehen?
[칸 이히 이어렌 파쓰 제엔?]

⑧ 저를 위해 **면세양식**을 작성해 주시겠습니까?
Könnten Sie das Duty-Free-Formular für mich ausfüllen? [켄텐 지 다스 듀티-프리-포물라 퓌어 미히 아우스퓔렌?]

⑨ **구경**하려고요, 고맙습니다.
Ich sehe mich nur um. Danke.
[이히 제에 미히 누어 움. 당케.]

GERMAN*

Shopping
독어 쇼핑

5+1 🇩🇪 It makes **you** the **confident traveler!**
상점 면세점 의류 선물

남성복 매장은 어디입니까? (**여성복**)	Wo ist die Herrenabteilung? [보 이스트 디 헤렌압타일룽?] (Damenabteilung) [다멘압타일룽]	⑩
몇 층이 **의류**입니까?	In welchem Stock kann ich Bekleidungsartikel finden? [인 벨헴 슈톡 칸 이히 베클라이둥스아르티켈 핀덴?]	⑪
점퍼를 원합니다. (**아이들** 것을, **기념품**을)	Ich suche einen Pullover. [이히 주헤 아이넨 풀오버.] (etwas für Kinder, ein Souvenir) [에트바스 퓌어 킨더, 아인 수베니어]	⑫
스포츠웨어를 사고 싶습니다. (**수영팬티, 비키니**)	Ich möchte Sportbekleidung kaufen. [이히 뫼히테 슈포르트베클라이둥 카우펜.] (eine Badehose, einen Bikini) [아이네 바데호제, 아이넨 비키니]	⑬
신발을 찾고 있습니다. (**재킷**을, **스커트**를, **가방**을)	Ich suche ein Paar Schuhe. [이히 주헤 아인 파르 슈에.] (ein Jackett, einen Rock, eine Tasche) [아인 쟈켙, 아이넨 록, 아이네 타쉐]	⑭
작은 **선물**로 괜찮은 것이 있습니까?	Haben Sie etwas Hübsches für ein kleines Geschenk? [하벤 지 에트바스 휩세스 퓌어 아인 클라이네스 게쉥크?]	⑮
50유로 정도의 **물건**이면 좋겠습니다.	Ich suche etwas um die 50 Euro. [이히 주헤 에트바스 움 디 퓐프치히 오이로.]	⑯
세일은 언제 **시작**합니까?	Wann beginnt der Schlussverkauf? [반 베긴트 데어 쉴루쓰페어카우프?]	⑰

GERMAN
독일어
상황을 해결하는 핵심 표현들
쇼핑   Shopping

18. 저것 좀 볼 수 있을까요?
Kann ich das bitte sehen?
[칸 이히 다스 비테 제엔?]

19. **진열장**에 있는 것을 저에게 보여 주시겠습니까?
Könnten Sie mir das aus dem Fenster zeigen? [켄텐 지 미어 다스 아우스 뎀 펜스터 차이겐?]

20. 이거 다른 **색상**으로 있습니까?
Haben Sie das Gleiche in einer anderen Farbe? [하벤 지 다스 글라이헤 인 아이너 안더렌 파르베?]

21. 이거 다른 **스타일**로 있습니까?
Haben Sie etwas Ähnliches in einem anderen Stil? [하벤 지 에트바스 엔리헤스 인 아이넴 안더렌 슈틸?]

22. 다른 것을 보여 주시겠습니까?
Könnten Sie mir ein Anderes zeigen? [켄텐 지 미어 아인 안더레스 차이겐?]

23. **재질**은 **무엇**입니까?
Woraus wurde das hergestellt? [보라우스 부르데 다스 헤어게슈텔트?]

24. 면입니다. (가죽, 순모, 실크, 금, 은, 백금)
Das ist Baumwolle. [다스 이스트 바움볼레.] (Leder, reine Wolle, Seide, Gold, Silber, Platin) [레더, 라이네 볼레, 자이데, 골트, 질버, 플라틴]

25. 만져봐도 됩니까?
Darf ich es anfassen? [다르프 이히 에스 안파쎈?]

26. 입어봐도 됩니까?
Kann ich es anprobieren? [칸 이히 에스 안프로비어렌?]

GERMAN*

Shopping
독어 쇼핑

5+1  It makes **you** the **confident traveler!**
점원 사이즈 색상 주문

| 사이즈가 어떻게 되십니까? | Welche Größe haben Sie?
[벨헤 그뢰쎄 하벤 지?] | 27 |

제 **치수**를 **측정**해 주시겠습니까? | Könnten Sie meine Maße nehmen?
[켄텐 지 마이네 마쎄 네멘?] | 28

피팅룸은 **어디**입니까? | Wo ist die Umkleidekabine?
[보 이스트 디 움클라이데카비네?] | 29

이것은 **몸**에 맞지 않습니다. | Es passt nicht.
[에스 파쓰트 니히트.] | 30

이것은 너무 작습니다.
(너무 큽니다,
너무 헐렁합니다,
조금 낍니다,
깁니다, 짧습니다) | Es ist zu klein.
[에스 이스트 추 클라인.]
(zu groß, zu weit, ein bisschen eng, lang, kurz)
[추 그로쓰, 추 바이트, 아인 비쓰헨 엥, 랑, 쿠르츠] | 31

더 큰 **사이즈**가 있습니까? | Haben Sie eine größere Größe?
[하벤 지 아이네 그뢰쎄레 그뢰쎄?] | 32

이것으로 주세요. | Bitte geben Sie mir dieses hier.
[비테 게벤 지 미어 디제스 히어.] | 33

이것으로 두 개 하겠습니다. | Ich nehme zwei von diesen.
[이히 네메 츠바이 폰 디젠.] | 34

이것은 저에게 어울리지 않습니다. | Das steht mir nicht.
[다스 슈테트 미어 니히트.] | 35

죄송합니다.
제가 딱 원하던 것이 아닙니다. | Tut mir leid. Das ist nicht genau das, was ich suche.
[투트 미어 라이트. 다스 이스트 니히트 게나우 다스, 바스 이히 주헤.] | 36

It makes you a confident traveler, even in the places you've never been.

GERMAN 독일어
상황을 해결하는 핵심 표현들
쇼핑 Shopping

---

(37) **전부 다 얼마**입니까?
(이것은 **얼마**입니까?)

Wie viel kostet das zusammen?
[비 피일 코스테트 다스 추잠멘?]
(Wie viel kostet das?)
[비 피일 코스테트 다스?]

(38) **세금 포함**입니까?

Ist die Steuer inklusive?
[이스트 디 슈토이어 인클루지베?]

(39) 저에게 좀 비쌉니다.

Es ist ein bisschen zu teuer für mich.
[에스 이스트 아인 비쓰헨 추 토이어 퓌어 미히.]

(40) **할인**해 주시겠습니까?

Könnten Sie mir einen Rabatt geben?
[켄텐 지 미어 아이넨 라바트 게벤?]

(41) 이 **신용카드**를 사용해도 됩니까?

Kann ich diese Kreditkarte benutzen?
[칸 이히 디제 크레디트카르테 베누첸?]

(42) **죄송**합니다만, **거스름돈**이 틀린 것 같습니다.

Entschuldigung, aber ich glaube das Wechselgeld stimmt nicht.
[엔트슐디궁, 아버 이히 글라우베 다스 벡셀겔트 슈팀트 니히트.]

(43) **계산서**를 다시 한번 **확인**해 주시겠습니까?

Könnten Sie die Rechnung noch einmal überprüfen? [켄텐 지 디 레히눙 노흐 아인말 위버프뤼펜?]

(44) **영수증**을 받을 수 있을까요?

Kann ich die Quittung haben?
[칸 이히 디 크비퉁 하벤?]

(45) **선물포장**을 해주시겠습니까?

Könnten Sie es bitte als Geschenk einpacken? [켄텐 지 에스 비테 알스 게쉥크 아인파켄?]

GERMAN* **Shopping**
독어 쇼핑

5+1 구매 가격조정 지불방법 환불

| 따로따로 **포장**해 주시겠습니까? | Könnten Sie sie bitte einzeln verpacken?
[켄텐 지 지 비테 아인첼른 페어파켄?] | 46 |

| **가격표**를 떼어 주시겠습니까? | Könnten Sie bitte den Preis abmachen?
[켄텐 지 비테 덴 프라이스 압마헨?] | 47 |

| **포장**하지 않아도 됩니다. | Sie müssen es nicht einpacken.
[지 뮈쎈 에스 니히트 아인파켄.] | 48 |

| 그것을 힐튼 **호텔**로 배달해 주시겠습니까? | Könnten Sie das bitte ins Hilton Hotel liefern?
[켄텐 지 다스 비테 인스 힐튼 호텔 리퍼른?] | 49 |

| 이것을 **반품**하고 싶습니다. | Ich möchte das hier zurückgeben.
[이히 뫼히테 다스 히어 추뤽게벤.] | 50 |

| **환불**해 주시겠습니까? | Kann ich mein Geld zurückbekommen?
[칸 이히 마인 겔트 추뤽베콤멘?] | 51 |

| 이것을 새 것으로 **교환**하고 싶습니다. | Ich möchte es für ein Neues eintauschen.
[이히 뫼히테 에스 퓌어 아인 노이에스 아인타우쉔.] | 52 |

| 여기에 **흠집**이 있습니다. | Es hat hier einen Fehler.
[에스 하트 히어 아이넨 펠러.] | 53 |

| 전혀 사용하지 않았습니다. | Ich habe es noch gar nicht benutzt.
[이히 하베 에스 노흐 가 니히트 베누츠트.] | 54 |

| **영수증** 여기 있습니다. | Hier ist die Quittung.
[히어 이스트 디 크비퉁.] | 55 |

It makes you a confident traveler, even in the places you've never been.

GERMAN
독일어
상황을 해결하는 핵심 표현들
전화 · 우편 · 은행

① **공중전화**는 **어디**에 있습니까?
Wo kann ich eine Telefonzelle finden?
[보 칸 이히 아이네 텔레폰첼레 핀덴?]

② **한국**으로 **수신자부담전화**를 하고 싶습니다.
Ich möchte ein R-Gespräch nach Korea führen. [이히 뫼히테 아인 에르-게슈프레히 나흐 코레아 퓌렌.]

③ **한국**으로 **국제전화**를 하고 싶습니다.
Ich möchte ein internationales Gespräch nach Korea führen.
[이히 뫼히테 아인 인터나찌오날레스 게슈프레히 나흐 코레아 퓌렌.]

④ **번호**는 02 361 7351입니다.
Die Nummer ist 02 361 7351.
[디 눔머 이스트 눌츠보 드라이젝스아인스 지벤드라이퓐프아인스.]

⑤ **전화**를 끊지 마시고 잠시 기다려주십시오.
Legen Sie nicht auf.
Bitte warten Sie einen Moment.
[레겐 지 니히트 아우프.
비테 바르텐 지 아이넨 모멘트.]

⑥ **통화** 중입니다.
Es ist besetzt.
[에스 이스트 베제츠트.]

⑦ 여보세요. 저는 김입니다.
Hallo. Hier ist Kim.
[할로. 히어 이스트 킴.]

⑧ 이 양과 **통화**하고 싶습니다.
Ich möchte mit Frau Lee sprechen.
[이히 뫼히테 밋 프라우 리 슈프레헨.]

GERMAN* Telephone
독어 전화

5+1  It makes **you** the **confident traveler!**
전화 우편 은행

죄송합니다. 제가 **전화**를 잘못 건 것 같습니다.	Tut mir leid, ich habe mich verwählt. [투트 미어 라이트, 이히 하베 미히 베어벨트.]	⑨
가장 가까운 **우체 국**은 어디입니까?	Wo ist die nächste Post? [보 이스트 디 네히스테 포스트?]	⑩
소포용 박스가 있습니까?	Haben Sie Paketboxen? [하벤 지 파케트복센?]	⑪
소포를 **한국**에 **항공편**으로 보내고 싶습니다.	Ich möchte ein Päckchen per Luftpost nach Korea schicken. [이히 뫼히테 아인 펙헨 페르 루프트포스트 나흐 코레아 쉬켄.]	⑫
이것은 **우편요금**이 얼마입니까?	Wie hoch ist das Porto dafür? [비 호흐 이스트 다스 포르토 다퓌어?]	⑬
이 **근처**에 **은행**이 있습니까?	Ist eine Bank hier in der Nähe? [이스트 아이네 방크 히어 인 데어 네에?]	⑭
이 **여행자수표**를 **현금**으로 바꾸고 싶습니다.	Ich möchte diese Reiseschecks eintauschen. [이히 뫼히테 디제 라이제쉑스 아인타우쉔.]	⑮
환전해주세요.	Ich möchte Geld wechseln. [이히 뫼히테 겔트 벡셀른.]	⑯
잔돈으로 주십시오. (**소액권**으로)	Ich hätte gerne ein paar Münzen. [이히 헤테 게르네 아인 파르 뮌첸.] (kleine Scheine) [클라이네 샤이네]	⑰
현금자동인출기는 어디에 있습니까?	Wo ist der Geldautomat? [보 이스트 데어 겔트아우토마트?]	⑱

It makes you a confident traveler, even in the places you've never been.

GERMAN
독일어
상황을 해결하는 핵심 표현들
응급상황 Emergency

① **의사**를 만나고 싶습니다.
Ich hätte gerne einen Arzttermin.
[이히 헤테 게르네 아이넨 아르츠트테르민.]

② 여기가 아픕니다.
Hier tut es weh.
[히어 투트 에스 베.]

③ **위통**이 있습니다.
(**두통, 치통, 인후통, 열, 오한**)
Ich habe Magenschmerzen.
[이히 하베 마겐슈메르첸.]
(Kopfschmerzen, Zahnschmerzen, Halsschmerzen, Fieber, Schüttelfrost)
[코프슈메르첸, 찬슈메르첸, 할스슈메르첸, 피버, 쉬텔프로스트]

④ **팔목**을 삐었습니다.
(**발목**)
Ich habe mein Handgelenk verstaucht.
[이히 하베 마인 한트게렝크 페어슈타우흐트.]
(meinen Knöchel) [마이넨 크뇌헬]

⑤ **감기**에 걸렸습니다.
Ich habe mich erkältet.
[이히 하베 미히 에어켈테트.]

⑥ 속이 매스껍습니다.
(어지럽습니다.)
Mir ist übel.
[미어 이스트 위벨.]
(schwindelig) [슈빈델리히]

⑦ **설사**를 합니다.
Ich habe Durchfall.
[이히 하베 두르히팔.]

⑧ **임산부**입니다.
(**당뇨병 환자**)
Ich bin schwanger.
[이히 빈 슈방어.]
(Diabetiker) [디아베티커]

It makes you a confident traveler, even in the places you've never been.

 # GERMAN* Emergency
독어 응급

 5+1   It makes **you** the confident traveler!
병원 약국

알레르기가 있습니다.	Ich habe Allergien. [이히 하베 알레르기엔.]	9
최근에 **무엇**을 먹었습니까?	Was haben Sie in letzter Zeit gegessen? [바스 하벤 지 인 레처 차이트 게게쎈?]	10
어떤 약을 **복용**하십니까?	Welche Medikamente nehmen Sie ein? [벨헤 메디카멘테 네멘 지 아인?]	11
~을 **복용**합니다.	Ich nehme regelmäßig ~. [이히 네메 레겔메씨히 ~.]	12
여행을 계속할 수 있을까요?	Kann ich meine Reise fortsetzen? [칸 이히 마이네 라이제 포르트제첸?]	13
보험을 위해 **진단서**와 **영수증**을 받고 싶습니다.	Ich hätte gerne den Befund und die Quittung für meine Versicherung. [이히 헤테 게르네 덴 베푼트 운트 디 크비퉁 퓌어 마이네 페어지허룽.]	14
가장 가까운 **약국**을 말씀해 주시겠습니까?	Könnten Sie mir sagen, wo die nächste Apotheke ist? [켄텐 지 미어 자겐, 보 디 네히스테 아포테케 이스트?]	15
처방전 없이 **약**을 살 수 있습니까?	Kann ich ohne Rezept Medikamente kaufen? [칸 이히 오네 레쩹트 메디카멘테 카우펜?]	16
감기약을 좀 주시겠습니까?	Ich hätte gerne Grippetabletten. [이히 헤테 게르네 그립페타블레텐.]	17
어떻게 **복용**합니까?	Wie muss ich das einnehmen? [비 무쓰 이히 다스 아인네멘?]	18

It makes you a confident traveler, even in the places you've never been.

GERMAN 독일어
상황을 해결하는 핵심 표현들
응급상황 Emergency

(19) **분실물센터**는 어디입니까?
Wo ist das Fundbüro?
[보 이스트 다스 푼트뷔로?]

(20) **택시**에 제 **가방**을 두고 내렸습니다.
Ich habe meine Tasche im Taxi vergessen.
[이히 하베 마이네 타쉐 임 탁시 페어게쎈.]

(21) 제 **지갑**을 **도난** 당했습니다.
Mein Geldbeutel wurde gestohlen.
[마인 겔트보이텔 부르데 게슈톨렌.]

(22) **신용카드**를 **분실**했습니다.
Ich habe meine Kreditkarte verloren.
[이히 하베 마이네 크레디트카르테 페어롤렌.]

(23) 제 **카드**를 **정지** 시키고 싶습니다.
Ich möchte meine Karte sperren lassen.
[이히 뫼히테 마이네 카르테 슈페렌 라쎈.]

(24) **어디**에서 **분실**했는지 **확실**하지 않습니다.
Ich weiß nicht genau, wo ich sie verloren habe.
[이히 바이쓰 니히트 게나우, 보 이히 지 베어롤렌 하베.]

(25) 찾으시면 가능한 한 빨리 **연락**해 주십시오.
Bitte rufen Sie mich so bald wie möglich an, wenn Sie es finden.
[비테 루펜 지 미히 조 발트 비 뫼글리히 안, 벤 지 에스 핀덴.]

(26) 이 **근처**에 **경찰서**가 있습니까?
Ist hier in der Nähe eine Polizei?
[이스트 히어 인 데어 네에 아이네 폴리차이?]

(27) **한국 대사관**에 **전화**해 주세요.
Bitte rufen Sie die koreanische Botschaft an.
[비테 루펜 지 디 코레아니쉐 보트샤프트 안.]

It makes you a confident traveler, even in the places you've never been.

 # GERMAN* Emergency 독어 응급

 5+1   It makes **you** the **confident traveler!** 분실 위급상황

여권을 **재발급** 받고 싶습니다.	Ich möchte einen neuen Pass beantragen. [이히 뫼히테 아이넨 노이엔 파쓰 베안트라겐.]	28
도난신고서 사본을 받고 싶습니다.	Ich möchte eine Kopie der Diebstahlserklärung haben. [이히 뫼히테 아이네 코피 데어 딥슈탈스에어클레룽 하벤.]	29
경찰을 불러주세요.	Bitte rufen Sie die Polizei. [비테 루펜 지 디 폴리차이.]	30
구급차를 불러주세요.	Bitte rufen Sie einen Krankenwagen. [비테 루펜 지 아이넨 크랑켄바겐.]	31
보험회사에 연결시켜 주세요.	Bitte kontaktieren Sie die Versicherung. [비테 콘탁티어렌 지 디 페어지허룽.]	32
곤란에 처해 있습니다.	Ich habe ein Problem. [이히 하베 아인 프로블렘.]	33
교통사고가 났습니다.	Ich hatte einen Autounfall. [이히 하테 아이넨 아우토운팔.]	34
움직일 수가 없습니다.	Ich kann mich nicht bewegen. [이히 칸 미히 니히트 베베겐.]	35
여기에 **부상**당한 사람이 있습니다.	Hier ist ein Verletzter. [히어 이스트 아인 페어레츠터.]	36
그것에 대해 저는 **책임**이 없습니다.	Es war nicht meine Schuld. [에스 바르 니히트 마이네 슐트.]	37
사고보고서 사본을 주시겠습니까?	Kann ich eine Kopie des Unfallberichts bekommen? [칸 이히 아이네 코피 데스 운팔베리히츠 베콤멘?]	38

It makes you a confident traveler, even in the places you've never been.

It makes you a confident traveler,
even in the places you've never been.

EXPRESSION 5
이것이 알찬 **여행 프랑스어**
핵심문형 베스트 5!

여행 중에 가장 많이 사용하는
완전 **대표적인 문형**,
5가지를 정리했습니다.
~ 부분에 원하는 단어를 넣어 말씀하세요.

①

EXPRESSION 5

~, 부탁합니다.
~, s'il vous plaît.
[씰 부 쁠레.]

②

EXPRESSION 5

~은 어디입니까?
Où se trouve ~?
[우 스 트루브?]

1　It makes **you** a **confident traveler**,
even in the places you've never been.

It makes you a confident traveler, even in the places you've never been.

 # FRENCH*

③

부록부 **단어장**을 이용하여 원하는 **표현**을 **완성**하여 말씀해보세요.

EXPRESSION 5

당신은 ~을 가지고 있습니까?
Est-ce que vous avez ~ ?
[에스 끄 부 자베?]

5+1

④

EXPRESSION 5

~해주시겠습니까?
**Pouvez-vous ~,
s'il vous plaît?**
[뿌베-부 ~, 씰 부 쁠레?]

5+1

⑤

EXPRESSION 5

저는 ~하고 싶습니다.
Je voudrais ~.
[주 부드레 ~.]

5+1

It makes **you** a **confident traveler**,
even in the places you've never been.   *5+1 ?

FRENCH
프랑스어
가장 중요하고, 당장 필요한
완전 기본 표현!

YOU the Confident Traveler 5+1

안녕하세요.	**Bonjour.** [봉주흐.]	01
어떻게 지내세요?	**Comment allez-vous?** [꼬망딸레부?]	02
당신을 **만나서 반갑습니다.**	**Je suis heureux(se) de faire votre connaissance.** [주 수이 에훼(즈) 드 페흐 보트르 꼬네썽스.]	03
안녕하세요. (아침 인사)	**Bonjour.** [봉주흐.]	04
안녕하세요. (점심 인사)	**Bonjour.** [봉주흐.]	05
안녕하세요. (저녁 인사)	**Bonsoir.** [봉스와흐.]	06
안녕히 주무세요. (밤 인사)	**Bonne nuit.** [본느 뉘.]	07
안녕히 가세요.	**Au revoir.** [오 흐브와흐.]	08
나중에 **만나요.**	**À plus tard.** [아 쁠뤼 따흐.]	09
좋은 **여행** 되세요.	**Bon voyage.** [봉 브와야즈.]	10

FRENCH* Basic 불어 기본

 It makes **you** a **confident traveler**!
당장 필요한 **기본 표현** 모음

네. / 아니오.	**Oui. / Non.** [위. / 농.]	11
네, 부탁합니다.	**Oui, merci.** [위, 메흐씨.]	12
괜찮습니다.	**Ça va.** [싸바.]	13
아니오, 됐습니다.	**Non, merci.** [농, 메흐씨.]	14
문제 없습니다.	**Pas de problème.** [빠 드 프로블램.]	15
감사합니다.	**Merci.** [메흐씨.]	16
천만에요.	**Il n'y a pas de quoi.** [인 니 아 빠 드 꾸아.]	17
실례합니다.	**Excusez-moi.** [엑스뀌제-모아.]	18
죄송합니다.	**Excusez-moi.** [엑스뀌제-모아.]	19
미안합니다.	**Je suis désolé(e).** [주 수이 데졸레.]	20
알겠습니다.	**Je vois.** [주 부아.]	21

FRENCH
프랑스어

가장 중요하고, 당장 필요한 완전 기본 표현!

YOU the Confident Traveler 5+1

모르겠습니다.	**Je ne sais pas.** [주 느 쎄 빠.]	22
뭐라고 하셨죠?	**Pardon?** [빠흐동?]	23
이것은 **무슨 의미**입니까?	**Qu'est-ce que ça veut dire?** [께스 끄 싸 부 디흐?]	24
이것은 **프랑스어로 무엇**입니까?	**Qu'est-ce que c'est en français?** [께스끄 쎄 엉 프렁쎄?]	25
이것은 **무엇**입니까?	**Qu'est ce que c'est?** [께 스 끄 쎄?]	26
그곳은 **어디**입니까?	**Où ça se trouve?** [우 싸 스 트루브?]	27
이것은 **얼마**입니까?	**Combien est-ce que ça coûte?** [꽁비앙 에스 끄 싸 꾸뜨?]	28
몇 시입니까?	**Quelle heure est-il?** [깰 레흐 에 띨?]	29
화장실은 **어디**입니까?	**Où se trouvent les toilettes?** [우 스 트루브 레 뚜와레뜨?]	30
대단해요.	**Merveilleux.** [메흐베이유.]	31

    It makes **you** a confident traveler! 당장 필요한 **기본 표현** 모음

환상적이에요.	**Fantastique.** [팡따스띠끄.]	32
기뻐요.	**Je suis heureux.** [주 수이 웨흐.]	33
슬퍼요.	**Je suis triste.** [주 수이 트리스트.]	34
배가 **고파요**.	**J'ai faim.** [제 팽.]	35
목이 **말라요**.	**J'ai soif.** [제 스와프.]	36
맛있네요.	**C'est délicieux.** [쎄 델리씨유.]	37
피곤해요.	**Je suis fatigué(e).** [주 수이 파띠게.]	38
부탁합니다.	**S'il vous plaît.** [씰 부 쁠레.]	39
한 번 더 부탁합니다.	**Encore une fois, s'il vous plaît.** [엉꼬흐 윈느 프와, 씰 부 쁠레.]	40
여기에 **써주세요**.	**Pouvez-vous l'écrire, s'il vous plaît?** [뿌베 부 레크리흐, 씰 부 쁠레?]	41

It makes you a confident traveler, even in the places you've never been.

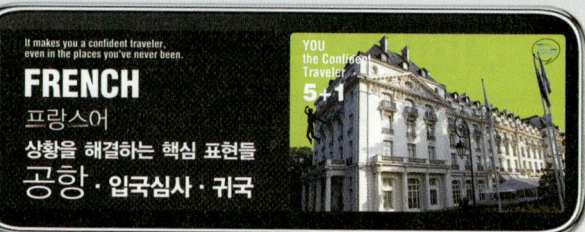

FRENCH
프랑스어

상황을 해결하는 핵심 표현들
공항 · 입국심사 · 귀국

① **안내소**는 **어디입니까?**
(공중전화, 버스터미널, 환전소)

Où se trouve le comptoir d'information?
[우 스 트루브 르 꽁뚜와흐 댕포흐마씨옹?]
(la cabine téléphonique, la gare routière, le bureau de change)
[라 꺄빈느 뗄레포니끄, 라 갸흐 후띠에흐, 르 뷔호 드 샹즈]

② ~ **항공 카운터**는 **어디입니까?**

Où se trouve le comptoir de ~?
[우 스 트루브 르 꽁뚜와흐 드 ~?]

③ **여권**, **부탁**합니다.

Passeport, s'il vous plaît.
[빠스뽀흐, 씰 부 쁠레.]

④ **탑승권**, **부탁**합니다.

Carte d'embarquement, s'il vous plaît.
[꺄흐뜨 덩바흐끄멍, 씰 부 쁠레.]

⑤ **창측, 복도측 어느 자리**로 하시겠습니까?

Une place côté fenêtre ou côté couloir?
[윈느 쁠라스 꼬떼 프네트르 우 꼬떼 꿀르와흐?]

⑥ **창측 좌석, 부탁**합니다.
(복도측 좌석)

Une place côté fenêtre, s'il vous plaît.
[윈느 쁠라스 꼬떼 프네트르, 씰 부 쁠레.]
(Une place côté couloir)
[윈느 쁠라스 꼬떼 꿀르와흐]

⑦ 이것을 **기내**로 가져갈 수 있나요?

Est-ce que je peux prendre ça dans l'avion?
[에스 끄 주 뿌 프렁드흐 싸 덩 라비옹?]

⑧ 이 **짐**을 **부쳐주세요**.

Envoyez ça en bagage non accompagné, s'il vous plaît.
[엉브와이에 싸 엉 바갸즈 농 아꽁빠녜, 씰 부 쁠레.]

FRENCH*

 Airport
불어 공항

   It makes **you** the **confident traveler**!
체크인 수하물 보딩 예약

체크인할 **가방**이 **2개** 있습니다.	J'ai deux bagages enregistrés. [제 두 바갸즈 엉흐지스트레.]	⑨
체크인할 **짐**이 **없**습니다.	Je n'ai pas de bagage à enregistrer. [주 네 빠 드 바갸즈 아 엉흐지스트레.]	⑩
탑승 게이트는 **어디**입니까?	Où se trouve la porte d'embarquement? [우 스 트루브 라 뽀흐뜨 덩바흐끄멍?]	⑪
탑승은 **언제 시작**합니까?	À quelle heure débute l'embarquement? [아 껠 레흐 데뷔뜨 렁바흐끄멍?]	⑫
출발은 **얼마나 지연**될 것 같습니까?	De combien de temps est retardé le départ? [드 꽁비앙 드 떵 에 흐따흐데 르 데빠흐?]	⑬
예약을 **재확인**하고 싶습니다.	J'aimerais confirmer ma réservation. [젬므레 꽁피흐메 마 헤제흐바씨옹.]	⑭
6월 18일 NW450 **인천행 항공편**입니다.	C'est le 18 juin, le numéro de vol est NW450 pour Incheon. [쎄 르 디즈 위뜨 주앵, 르 뉘메호 드 볼 에 엔두블르베꺄트르썽쌩껑뜨 뿌흐 인천.]	⑮
항공편을 바꾸고 싶습니다.	J'aimerais changer de vol, s'il vous plaît. [젬므레 샹제 드 볼, 씰 부 쁠레.]	⑯
이용 가능한 **항공편**은 **어떤** 것입니까?	Quels sont les vols disponibles? [껠 쏭 레 볼 디스뽀니블?]	⑰

It makes you a confident traveler, even in the places you've never been.

FRENCH
프랑스어
상황을 해결하는 핵심 표현들
공항 · 입국심사 · 귀국

(18) 제 **자리**는 **어디**입니까?
Où est ma place?
[우 에 마 쁠라스?]

(19) 지나가게 해주세요.
J'aimerais passer, s'il vous plaît.
[젬므레 빠쎄, 씰 부 쁠레.]

(20) 이것은 제 **자리**인 것 같습니다.
Je pense que c'est ma place.
[주 뻥스 끄 쎄 마 쁠라스.]

(21) 제 **가방**을 위로 올려 주시겠습니까?
Pouvez-vous m'aider à monter mon sac s'il vous plaît?
[뿌베-부 메데 아 몽떼 몽 싹 씰 부 쁠레?]

(22) **자리**를 바꿔도 됩니까?
Est-ce que je peux changer de place?
[에스 끄 주 뿌 샹제 드 쁠라스?]

(23) **창측 좌석**으로 바꿔도 됩니까?
(**복도측**)
Est-ce que je peux changer pour la place côté fenêtre? [에스 끄 주 뿌 샹제 뿌흐 라 쁠라스 꼬테 프네트르?]
(côté couloir) [꼬떼 꿀루와흐]

(24) **음료**는 **무엇으로** 하시겠습니까?
Que puis-je vous offrir à boire?
[끄 쀠주 부 조프리흐 아 브와흐?]

(25) **커피, 부탁**합니다.
(**차, 주스, 맥주, 와인, 물**)
Un café, s'il vous plaît.
[앵 꺄페, 씰 부 쁠레.]
(Un thé, Un jus de fruit, Une bière, Du vin, De l'eau) [앵 떼, 앵 주 드 프뤼, 윈느 비에흐, 뒤뱅, 드 로]

(26) **쇠고기**와 **생선, 어떤 것으로** 하시겠습니까?
Vous préférez boeuf ou poisson?
[부 프레페레 베프 우 뿌아쏭?]

FRENCH* **Airport** 불어 공항

기내 좌석 기내 서비스 환승

쇠고기, **부탁**합니다. (**닭고기, 생선**)	Boeuf, s'il vous plaît. [베프, 씰 부 쁠레.] (Poulet, Poisson) [뿔레, 뿌아쏭]	27
베개와 **담요**를 주시겠습니까? (**잡지, 신문, 약, 담요 한 장 더**)	Pouvez-vous me donner un coussin et une couverture, s'il vous plaît? [뿌베-부 므 도네 앙 꾸쌩 에 윈느 꾸베흐뛰흐, 씰 부 쁠레?] (des magazines, un journal, des médicaments, une couverture supplémentaire) [데 마가진, 앙 주흐널, 데 메디까멍, 윈느 꾸베흐뛰흐 쒸쁠레멍떼흐]	28
헤드폰이 망가졌습니다.	Cet écouteur est cassé. [쎄 떼꾸떼흐 에 꺄쎄.]	29
입국신고서 한 장 주시겠습니까?	Pouvez-vous me donner une carte d'immigration? [뿌베-부 므 도네 윈느 꺄흐뜨 디미그라씨옹?]	30
제 **좌석**을 뒤로 눕혀도 될까요?	Est-ce que je peux incliner mon siège? [에스 끄 주 뿌 앵끌리네 몽 씨에즈?]	31
좌석을 원위치로 해주시겠습니까? (**테이블**)	Pouvez-vous rabattre votre siège? [뿌베-부 하바트르 보트르 씨에즈?] (la tablette) [라 따블레뜨]	32
블라인드를 내려 주시겠습니까?	Pouvez-vous descendre le rideau? [뿌베-부 데썽드흐 르 히도?]	33
이 **공항**에서 **얼마나** 머뭅니까?	Combien de temps reste-t-on à cet aéroport? [꽁비앙 드 떵 헤스트 똥 아 쎄 따애호뽀흐?]	34

FRENCH
프랑스어
상황을 해결하는 핵심 표현들
공항 · 입국심사 · 귀국

(35) **방문의 목적**은 무엇입니까?
Quel est l'objet de votre visite?
[깰 에 로브제 드 보트르 비지트?]

(36) **관광**입니다. (**비즈니스**, **유학**, **휴가**)
Vacances.
[바껑스.]
(Travail, Études, Vacances)
[트라바이, 에뛰드, 바껑스]

(37) **얼마** 동안 머물 **예정**입니까?
Combien de temps allez-vous rester?
[꽁비앙 드 떵 알레 부 헤스떼?]

(38) 6일입니다. (**1주일**, 3주일)
Six jours.
[씨스 주흐.]
(Une semaine, Trois semaines)
[윈느 스멘느, 트루와 스멘느]

(39) **어디**에 머물 **예정**입니까?
Où est-ce que vous allez loger?
[우 에스 끄 부 잘레 로제?]

(40) 힐튼 **호텔**이에요. (**친척집**이에요, **친구의 집**이에요.)
À l'hôtel Hilton.
[아 로뗄 힐튼.]
(chez ma famille, chez mes amis)
[쉐 마 파미으, 쉐 메 자미]

(41) **귀국 항공권**을 가지고 있습니까?
Est-ce que vous avez un billet retour?
[에스 끄 부 자베 앙 비에 흐뚜흐?]

(42) 당신의 **직업**은 무엇입니까?
Quelle est votre profession?
[깰 레 보트르 프로페씨옹?]

FRENCH* ... **Airport** 불어 공항 F

 5+1  It makes **you** the **confident traveler**!
입국심사 수하물 찾기 세관

수하물 찾는 곳은 어디입니까?	Où se trouve le retrait des bagages? [우 스 트루브 르 흐트레 데 바가즈?]	43
여기가 747편 **수하물**이 나오는 곳입니까?	Est-ce que c'est ici le retrait des bagages du vol 747? [에스 끄 쎄 이씨 르 흐트레 데 바가즈 뒤 볼 쎕뜨꺄트르쎕뜨?]	44
분실물센터는 어디입니까?	Où se trouve le bureau des objets perdus? [우 스 트루브 르 뷔호 데 조브제 뻬흐뒤?]	45
제 옷 **가방**을 못 찾겠습니다.	Je ne trouve pas ma valise. [주 느 트루브 빠 마 발리즈.]	46
이것이 제 **수하물 확인증**입니다.	Voici mon étiquette de bagage. [부아씨 몽 에띠께뜨 드 바가즈.]	47
가방을 열어 주시겠습니까?	Pouvez-vous ouvrir votre sac, s'il vous plait? [뿌베-부 우브리흐 보트르 싹, 씰 부 쁠레?]	48
이것은 **무엇**입니까?	Qu'est-ce que c'est? [께스 끄 쎄?]	49
개인 소지품들 입니다.	Juste mes affaires personnelles. [쥐스뜨 메 자페흐 뻬흐쏘넬르.]	50
신고할 물건이 있습니까?	Avez-vous quelque chose à déclarer? [아베-부 깰끄 쇼즈 아 데끌라헤?]	51
신고할 물건이 없습니다. (**위스키** 두 병이 있 습니다.)	Rien à déclarer. [히앙 나 데끌라헤.] (Deux bouteilles de whisky.) [두 부떼이으 드 위스키.]	52

It makes **you** a **confident traveler**, even in the places you've never been. *5+1 12

It makes you a confident traveler, even in the places you've never been.

FRENCH 프랑스어
상황을 해결하는 핵심 표현들
호텔 Hotel

① **체크인**을 하고 싶습니다.
J'ai réservé une chambre.
[제 헤제흐베 윈느 샹브흐.]

② 제 **이름은** ~입니다.
Mon nom est ~.
[몽 농 에 ~.]

③ 여기 **확인증**입니다.
Voilà ma confirmation.
[부알라 마 꽁피흐마씨옹.]

④ **오늘밤** 사용할 **방**이 있습니까?
Est-ce que vous avez une chambre libre pour ce soir?
[에스 끄 부 자베 윈느 샹브흐 리브흐 뿌흐 스 스와흐?]

⑤ **1인실, 부탁**합니다. (2인실)
Une chambre pour une personne, s'il vous plaît.
[윈느 샹브흐 뿌흐 윈느 뻬흐쏜느, 씰 부 쁠레.]
(Une chambre double) [윈느 샹브흐 두블르]

⑥ **하룻밤**에 **얼마**입니까?
Quel est le prix d'une nuit?
[껠 에 르 프리 뒨느 뉘?]

⑦ **세금과 봉사료 포함**입니까?
Est-ce que le service et les taxes sont inclus?
[에스 끄 르 쎄흐비스 에 레 딱스 쏭 땡끌뤼?]

⑧ **아침식사 포함**입니까?
Est-ce que le petit-déjeuner est inclus?
[에스 끄 르 쁘띠-데주네 에 땡끌뤼?]

⑨ **덜 비싼** 것이 있습니까?
Est-ce que vous avez quelque chose de moins cher?
[에스 끄 부 자베 껠끄 쇼즈 드 므앵 쉐흐?]

⑩ **추가 침대**를 **방**에 놓을 수 있습니까?
Pouvez-vous rajouter un lit supplémentaire dans la chambre?
[뿌베 부 하주떼 앵 리 쒸쁠레멍떼흐 덩 라 샹브흐?]

13 *It makes **you** a **confident traveler**, even in the places you've never been.*

Hotel 불어 호텔

     체크인 호텔 프런트 편의시설

성씨의 **철자**를 말씀해 주시겠습니까? (**성**을, **이름**을)	Pouvez-vous épelez votre nom, s'il vous plaît? [뿌베–부 에쁠레 보트르 농, 씰 부 쁠레?] (nom de famille, prénom) [농 드 파미으, 프레농] ⑪
양식을 채워 주시겠습니까?	Pouvez-vous remplir ce formulaire, s'il vous plaît? [뿌베–부 헝쁠리츠 스 포흐뮬레호, 씰 부 쁠레?] ⑫
현금과 카드, 어떤 것으로 **결제**하시겠습니까?	Comment allez-vous payer, en espèces ou en carte? [꺼멍 알레–부 뻬이에, 엉 에스뻬스 우 엉 꺄흐뜨?] ⑬
당신의 **객실번호**는 604호입니다.	Votre numéro de chambre est le 604. [보트르 뉘메호 드 샹브흐 에 르 씨쓰 썽 꺄트르.] ⑭
저의 **귀중품**을 보관해 주시겠습니까?	Pouvez-vous garder mes objets de valeur, s'il vous plaît? [뿌베–부 갸흐데 메 조브제 드 발레흐, 씰 부 쁠레?] ⑮
아침식사는 **어디**에서 합니까?	Où est la salle du petit-déjeuner? [우 에 라 쌀르 뒤 쁘띠–데주네?] ⑯
아침식사는 **몇 시** 부터 **시작**합니까?	À quelle heure commencez-vous à servir le petit-déjeuner? [아 깰 레흐 꺼멍쎄–부 아 쎄흐비흐 르 쁘띠–데주네?] ⑰
비즈니스 센터가 있습니까? (**비즈니스 라운지, 회의실**)	Est-ce que vous avez un centre d'affaire? [에스 끄 부 자베 앵 썽트르 다페흐?] (un centre d'affaire, une salle de conférence) [앵 썽트르 다페흐, 윈느 쌀르 드 꽁페렁스] ⑱
호텔에는 어떤 **위락시설**이 있습니까?	Quelles activités sur place proposez-vous? [깰 악띠비떼 쉬흐 쁠라스 프로뽀제–부?] ⑲

It makes you a confident traveler, even in the places you've never been.

FRENCH
프랑스어
상황을 해결하는 핵심 표현들
호텔 Hotel

⑳ **룸서비스**
부탁합니다.
Le room service, s'il vous plaît.
[르 룸 쎄흐비스, 씰 부 쁠레.]

㉑ **객실번호**를
부탁 드립니다.
Votre numéro de chambre,
s'il vous plaît.
[보트르 뉘메호 드 샹브흐, 씰 부 쁠레.]

㉒ 303호실입니다.
C'est la chambre 303.
[쎄 라 샹브흐 트루와 썽 트루와.]

㉓ **무엇**을
원하십니까?
Que puis-je faire pour vous?
[끄 쀠주 페흐 뿌흐 부?]

㉔ **샌드위치** 하나와
커피 한 잔
부탁 드립니다.
(**샴페인** 한 병)
J'aimerais un sandwich et un café.
[젬므레 앵 쌍드위치 에 앵 꺄페.]
(une bouteille de champagne)
[윈느 부떼이으 드 샹빤느]

㉕ 7시에 **조식**을 제
방으로 가져다
주시면 좋겠습니다.
J'aimerais prendre mon petit-déjeuner
en chambre à sept heures.
[젬므레 프렁드흐 몽 쁘띠-데주네 엉 샹브흐 아 쎄 떼흐.]

㉖ **누구**세요?
C'est qui?
[쎄 끼?]

㉗ 들어오세요.
Entrez, je vous en prie.
[엉트레, 주 부 정 프리.]

㉘ 잠시만 기다려
주세요.
Un moment, s'il vous plaît.
[앵 머멍, 씰 부 쁠레.]

FRENCH* **Hotel** 불어 호텔

   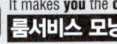 룸서비스 모닝콜

| 모닝콜 부탁 드립니다. | J'aimerais que vous m'appeliez pour me réveiller. [젬므레 끄 부 마쁠리에 뿌흐 므 헤베이에.] | 29 |

| 몇 시에 모닝콜을 원하십니까? | À quelle heure souhaitez-vous être reveillé(e)? [아 깰 레흐 수에떼-부 제트르 헤베이에?] | 30 |

| 6시에 모닝콜 해주시면 좋겠습니다. | J'aimerais être réveillé(e) à 6 heures. [젬므레 제트르 헤베이에 아 씨 제흐.] | 31 |

| 한국의 서울로 전화하고 싶습니다. | J'aimerais passer un appel international à Séoul, en Corée. [젬므레 빠쎄 앵 나뺄 앵떼흐나씨오날 아 세울, 엉 꼬레.] | 32 |

| 깨끗한 수건 한 장 주시겠습니까? | Est-ce que je peux avoir une serviette propre? [에스 끄 주 뿌 아부와흐 윈느 쎄흐비에뜨 프로프흐?] | 33 |

| 다른 담요를 받고 싶습니다. | J'aimerais une autre couverture, s'il vous plaît. [젬므레 윈느 오트르 꾸베흐뛰흐, 씰 부 쁠레.] | 34 |

| 세탁물이 좀 있습니다. | J'aimerais faire nettoyer mes vêtements. [젬므레 페흐 네뚜와이에 메 배뜨멍.] | 35 |

| 제 옷을 다림질 했으면 좋겠습니다. | J'aimerais faire repasser mes vêtements. [젬므레 페흐 흐빠쎄 메 배뜨멍.] | 36 |

| 제 방을 청소해 주시겠습니까? | Pouvez-vous faire ma chambre? [뿌베-부 페흐 마 샹브흐?] | 37 |

FRENCH
프랑스어
상황을 해결하는 핵심 표현들
호텔 Hotel

(38) 제 **짐**을 아직 못 받았습니다.
Je n'ai pas encore eu mes bagages.
[주 네 빠 정꼬흐 위 메 바갸즈.]

(39) 옆 **방**이 너무 시끄럽습니다.
La chambre d'à-côté est bruyante.
[라 샹브흐 다꼬 떼 에 브휘엉뜨.]

(40) **다른 방**으로 바꾸고 싶습니다.
J'aimerais changer de chambre.
[젬므레 샹제 드 샹브흐.]

(41) **방**이 너무 춥습니다. (덥습니다)
Ma chambre est trop froide.
[마 샹브흐 에 트로 프흐와드.]
(chaude) [쇼드]

(42) **화장실**이 **고장** 났습니다.
Les toilettes ne marchent pas.
[레 뚜와레뜨 느 마흐쉬 빠.]

(43) **온수**가 나오지 않습니다.
Il n'y a pas d'eau chaude.
[인 니 아 빠 도 쇼드.]

(44) 지금 이것을 고쳐 주시겠습니까?
Est-ce que vous pouvez le réparer maintenant?
[에스 끄 부 뿌베 르 헤빠레 멩뜨넝?]

(45) **죄송**합니다만, **키**를 **방**에 두었습니다.
Excusez-moi, j'ai oublié ma clé dans la chambre.
[엑스뀌제-모아, 제 우블리에 마 끌레 덩 라 샹브흐.]

(46) **죄송**합니다만, **룸 키**를 잃어버렸습니다.
Excusez-moi, j'ai perdu ma clé.
[엑스뀌제-모아, 제 뻬흐뒤 마 끌레.]

Hotel
불어 호텔

     객실 문제상황 체크아웃

죄송합니다만, **방 번호**를 잊어버렸습니다.	Excusez-moi, j'ai oublié mon numéro de chambre. [엑스뀨제-모아, 제 우블리레 몽 뉘메호 드 샹브흐.]	47
체크아웃 하고 싶습니다.	J'aimerais régler la note. [젬므레 헤글레 라 노뜨.]	48
하룻밤 더 묵고 싶습니다.	J'aimerais rester une nuit supplémentaire. [젬므레 헤스떼 윈느 뉘 쒸쁠레멍떼흐.]	49
짐을 내리도록 사람을 보내주십시오.	Est-ce que quelqu'un peut m'aider à descendre mes bagages? [에스 끄 깰깽 뿌 메데 아 데썽드흐 메 바갸즈?]	50
이 **금액**은 **무엇**입니까?	À quoi correspond ce coût? [아 꾸아 꼬레스뽕 스 꾸?]	51
신용카드로 **지불**하고 싶습니다. (**현금으로**, **여행자수표로**)	J'aimerais régler en carte de crédit. [젬므레 헤글레 엉 꺄흐뜨 드 크레디.] (en espèces, en chèque de voyage) [엉 에스뻬스, 엉 쉐끄 드 브와야즈]	52
제 **귀중품**을 돌려 받고 싶습니다.	J'aimerais récupérer mes objets de valeur. [젬므레 헤뀌뻬레 메 조브제 드 발레흐.]	53
저녁까지 제 **짐**을 **보관**해 주시겠습니까?	Pouvez-vous garder mes bagages jusqu'à ce soir, s'il vous plaît? [뿌베-부 갸흐데 메 바갸즈 쥐스까 스 스와흐, 씰 부 쁠레?]	54
택시를 불러 주시겠습니까?	Pouvez-vous m'appeler un taxi? [뿌베-부 마쁠레 앵 택씨?]	55

교통 Transport

① ~행 **좌석**을 **예약**하고 싶습니다.
J'aimerais réserver un billet d'avion pour ~.
[젬므레 헤제흐베 앵 비이에 다비옹 뿌흐 ~.]

② 3월 8일 ~행 **항공편**이 있습니까?
Est-ce qu'il y a un vol pour ~ le 8 Mars?
[에스 낄 리 아 앵 볼 뿌흐 ~ 르 위뜨 마흐스?]

③ 바로 탈 수 있는 **항공편**이 있습니까?
Y a-t-il un vol que je peux prendre tout de suite?
[이 아 띨 앵 볼 끄 주 뿌 프헝드흐 뚜 드 스위뜨?]

④ 저의 **항공편**을 **재확인**하고 싶습니다.
J'aimerais confirmer mon vol.
[젬므레 꽁피흐메 몽 볼.]

⑤ 저의 **항공편 예약**을 변경하고 싶습니다.
J'aimerais changer ma réservation de vol.
[젬므레 샹제 마 헤제흐바씨옹 드 볼.]

⑥ 저의 **항공편**을 **취소**하고 싶습니다.
J'aimerais annuler mon vol.
[젬므레 아뉠레 몽 볼.]

⑦ 저의 **예약번호**는 ~입니다.
Mon numéro de réservation est ~.
[몽 뉘메호 드 헤제흐바씨옹 에 ~.]

⑧ **택시 정류장**은 **어디**입니까?
Où se trouve la borne de taxi?
[우 스 트후브 라 보흐느 드 택씨?]

⑨ **트렁크**를 열어 주시겠습니까?
Pouvez-vous ouvrir le coffre, s'il vous plaît?
[뿌베-부 주브리흐 르 꼬프흐, 씰 부 쁠레?]

It makes you a confident traveler, even in the places you've never been.

 # FRENCH* 💬 Transport
불어 교통

 5+1   It makes **you** the **confident traveler!**
비행기 택시

어디로 가십니까?	Où allez-vous? [우 알레-부?]	⑩
시내로, **부탁**합니다. (**갤러리, 극장, 도서관, 기념관, 동물원, 수족관**)	Au centre-ville, s'il vous plaît. [오 썽트르-빌, 씰 부 쁠레.] (galerie, théâtre, bibliothèque, mémorial, zoo, aquarium) [갤러리, 떼아트르, 비빌리오떼끄, 메모리알, 주, 아꾸아리움]	⑪
이 **주소**로 가주세요.	Conduisez-moi à cette adresse, s'il vous plaît. [꽁뒤제-모아 아 쎄뜨 아드레스, 씰 부 쁠레.]	⑫
가장 **가까운** 역은 **어디**입니까?	Où se trouve la gare la plus proche? [으 스 트루브 라 갸호 라 쁠뤼 프로쉬?]	⑬
공항까지는 얼마나 걸립니까?	Combien de temps cela va prendre pour aller à l'aéroport? [꽁비앙 드 떵 슬라 바 프렁드흐 뿌흐 알레 아 라에호뽀흐?]	⑭
서둘러 주시겠습니까?	Pouvez-vous aller plus vite, s'il vous plaît? [뿌베-부 쟐레 쁠뤼 비뜨, 씰 부 쁠레?]	⑮
다음 **신호**에 세워주세요.	Laissez-moi au prochain feu. [레쎄-모아 오 프로쉥 푸.]	⑯
여기에 세워 주세요.	Laissez-moi ici, s'il vous plaît. [레쎄-모아 이씨, 씰 브 쁠레.]	⑰
요금은 **얼마**입니까?	Quel est le tarif? [깰 에 르 따리프?]	⑱
감사합니다. **잔돈**은 가지세요.	Merci. Gardez la monnaie. [메흐씨. 갸흐데 라 모네.]	⑲

It makes you a confident traveler, even in the places you've never been.

FRENCH
프랑스어
상황을 해결하는 핵심 표현들
교통 Transport

20 ~행 **버스정류장**은 어디입니까?
Où se trouve l'arrêt de bus pour ~?
[우 스 트루브 라헤 드 뷔스 뿌흐 ~?]

21 **어떤 버스**가 **시내**로 갑니까?
Quels sont les bus allant au centre-ville?
[껠 쏭 레 뷔스 알렁 오 썽트르-빌?]

22 **어떤 버스**를 타야 합니까?
Quel bus je dois prendre?
[껠 뷔스 주 드와 프렁드흐?]

23 ~행 **버스**는 **몇 번**입니까?
Quel est le numéro de bus pour ~?
[껠 에 르 뉘메호 드 뷔스 뿌흐 ~?]

24 그 **버스**는 **여기**에 **언제** 옵니까?
Quand est-ce que le bus arrive ici?
[껑 떼스 끄 르 뷔스 아히베 이씨?]

25 저 **버스**가 힐튼 **호텔**에 갑니까?
Est-ce que ce bus va à l'hôtel Hilton?
[에스 끄 스 뷔스 바 아 로뗄 힐튼?]

26 힐튼 **호텔**은 **어느 정류장**에서 내려야 합니까?
Où est-ce que je dois descendre pour aller à l'hôtel Hilton?
[우 에스끄 주 드와 데썽드흐 뿌흐 알레 아 로뗄 힐튼?]

27 ~까지 **몇 정거장**입니까?
Combien d'arrêts pour ~?
[꽁비앙 다레 뿌흐 ~?]

28 **다음 정류장**은 **어디**입니까?
Quel est le prochain arrêt?
[껠 에 르 프로쉥 아레?]

29 **다음 정류장**에서 내리겠습니다.
Je vais descendre au prochain arrêt.
[주 베 데썽드흐 오 프로쉥 아레.]

Transport
FRENCH*
불어 교통

 5+1   It makes **you** the **confident traveler!**
버스

저 내리겠습니다.	Je vais descendre. [주 베 데썽드흐.]	30
티켓은 어디에서 살 수 있습니까?	Où est-ce que je peux acheter un billet? [우 에스 끄 주 뿌 아쉬떼 앵 비이에?]	31
시간표를 주시겠습니까?	Est-ce que je peux avoir les horaires? [에스 끄 주 뿌 아부와흐 레 조레흐?]	32
버스 노선표를 주시겠습니까?	Est-ce que je peux avoir l'itinéraire du bus? [에스 끄 주 뿌 아부와흐 리띠네레흐 뒤 뷔스?]	33
~행 **다음 버스**는 **언제** 떠납니까?	Quand est-ce que le prochain bus pour ~ part? [껑 떼스 끄 르 프러쉥 뷔스 뿌흐~빠흐?]	34
~행 **마지막 버스** 는 **언제** 떠납니까?	Quand est-ce que le dernier bus pour ~ part? [껑 떼스끄 르 데흐니에 뷔스 뿌흐~빠흐?]	35
거기까지 가는데 **얼마나** 걸립니까? (공항)	Combien de temps cela va prendre pour aller là-bas? [꽁비앙 드 떵 슬라 바 프헝드흐 뿌흐 알레 라-바?] (aéroport) [아에호뽀흐]	36
버스로 2시간 정도입니다.	Environ deux heures en bus. [엉비홍 두 제흐 엉 뷔스.]	37
~에는 **언제**쯤 **도착**합니까?	À quelle heure est-ce qu'on arrive à ~? [아 껠 레흐 에스 꽁 아히브 아 ~?]	38
그곳에 **도착**하면 저에게 알려 주시겠습니까?	Pouvez-vous me prévenir quand on arrive, s'il vous plaît? [뿌베-부 므 프레브니흐 껑 똥 아히브, 씰 부 쁠레?]	39

It makes you a confident traveler, even in the places you've never been.

FRENCH
프랑스어
상황을 해결하는 핵심 표현들
교통 Transport

40 | **가장 가까운 지하철 역은** 어디입니까? | Où est la station de métro la plus proche? [우 에 라 스따씨옹 드 메트호 라 쁠뤼 프로쉬?]

41 | **매표소는** 어디입니까? | Où se trouve le guichet? [우 스 트루브 르 기쉐?]

42 | **지하철 노선도를** 얻을 수 있습니까? | Est-ce que je peux avoir le plan du métro? [에스 끄 주 뿌 아부와호 르 쁠랑 뒤 메트호?]

43 | ~에 가려면 **어떤 역에서** 내려야 합니까? | À quelle station je dois descendre pour ~? [아 껠 스따씨옹 주 드와 데썽드흐 뿌흐 ~?]

44 | ~에 가는 것은 **몇 호선**입니까? | Quelle ligne va à ~? [껠 린느 바 아 ~?]

45 | 1일권 주세요. | Un pass pour 1 jour, s'il vous plaît. [앵 빠스 뿌흐 앵 주흐, 씰 부 쁠레.]

46 | **요금은** 얼마입니까? | Quel est le tarif? [껠 에 르 따리프?]

47 | ~에 가려면 **어떤 출구로** 나가야 합니까? | Quelle sortie je dois prendre pour ~? [껠 쏘흐띠 주 드와 프헝드흐 뿌흐 ~?]

48 | ~행 **편도표** 2매 주세요. | J'aimerais deux billets aller simple pour ~, s'il vous plaît. [젬므레 두 비이에 알레 쌩쁠르 뿌흐 ~, 씰 부 쁠레.]

23 | It makes **you** a **confident traveler**, even in the places you've never been.

FRENCH* Transport
불어 교통

    It makes **you** the **confident traveler**!
지하철 기차

~행 **왕복표** 2매 주세요.	J'aimerais 2 billets aller-retour pour ~, s'il vous plaît. [젬므레 두 비이에 알레-흐뚜흐 뿌흐 ~, 씰 부 쁠레.]	49
~행 **어른 둘, 아이 하나,** 주세요.	Deux adultes et un enfant pour ~, s'il vous plaît. [두 자뒬트 에 앵 넝펑 뿌흐~, 씰 부 쁠레.]	50
1등칸, 주세요. (**2등칸**)	En première classe, s'il vous plaît. [엉 프흐미에흐 끌라스, 씰 부 쁠레.] (En classe économique) [엉 끌라스 에꼬노미끄]	51
어떤 역에서 갈아타야 합니까?	À quelle gare je dois changer de train? [아 껠 갸흐 주 드와 셩제 드 트랭?]	52
~행 **열차**는 **어떤 플랫폼**에서 **출발**합니까?	De quel quai part le train pour ~? [드 껭 께 빠흐 르 트랭 뿌흐 ~?]	53
이 **열차** ~에 갑니까?	Est-ce que ce train va à ~? [에스 끄 스 트랭 바 아 ~?]	54
식당칸은 **어디**입니까?	Où se trouve le wagon-bar? [우 스 트루브 르 와공-바흐?]	55
다음 역은 **어디**입니까?	Quelle est la prochaine gare? [껠 에 라 프로쉔느 갸흐?]	56
내릴 곳을 지나쳤습니다.	J'ai manqué mon arrêt. [제 멍께 몽 나레.]	57
기차를 놓쳤습니다.	J'ai manqué mon train. [제 멍께 몽 트랭.]	58

FRENCH
프랑스어
상황을 해결하는 핵심 표현들
교통 Transport

59 한국에서 **예약**했습니다.
J'ai fait une réservation de Corée.
[제 페 윈느 헤제흐바씨옹 드 꼬레.]

60 **차**를 5일간 **렌트**하고 싶습니다. (1주일간)
J'aimerais louer une voiture pour 5 jours.
[젬므레 루에 윈느 브와뛰흐 뿌흐 쌩끄 주흐.]
(une semaine) [윈느 스멘느]

61 어떤 종류의 **차**가 있습니까?
Quels types de voitures avez-vous?
[깰 띠프 드 브와뛰흐 아베-부?]

62 저는 **오토매틱**만 **운전**이 가능합니다. (수동)
Je sais seulement conduire les voitures à boîtier automatique.
[주 쎄 셀므멍 꽁뒤흐 레 브와뛰흐 아 브와띠에 오또마띠끄.]
(boîtier manuel) [브와띠에 마뉘엘]

63 **차**를 봐도 됩니까?
Est-ce que je peux voir la voiture?
[에스 끄 주 뿌 브와흐 라 브와뛰흐?]

64 하루 사용료가 어떻게 됩니까?
Quel est le tarif journalier?
[깰 에 르 따리프 주흐날리에?]

65 **보증금**은 얼마입니까?
De combien est la caution?
[드 꽁비앙 에 라 꼬씨옹?]

66 이 **차**를 **렌트**하겠습니다.
Je vais louer cette voiture.
[주 베 루에 쎄뜨 브와뛰흐.]

67 모든 **보험**을 다 들고 싶습니다.
Je vais prendre l'assurance tout-risque.
[주 베 프렁드흐 라쒸렁쓰 뚜-히스끄.]

FRENCH* Transport
불어 교통

렌터카 문제상황

차는 어디에 반납합니까?	Où est-ce que je peux rendre la voiture? [우 에스 끄 주 뿌 헝드흐 라 브와뛰흐?]
비상시에는 누구에게 연락해야 합니까?	Qui dois-je contacter en cas d'urgence? [끼 두와-주 꽁딱떼 엉 꺄 뒤흐정스?]
주유소가 이 근처에 있습니까?	Est-ce qu'il y a une station d'essence près d'ici? [에스 낄 리 아 윈느 스따씨옹 데썽스 프래 디씨?]
레귤러로 가득 채워주세요.	Le plein d'essence, s'il vous plaît. [르 쁠랭 데썽쓰, 씰 부 쁠레.]
오일과 타이어를 점검해 주시겠습니까?	Pouvez-vous vérifier l'huile et les pneus? [뿌베-부 베리피에 륄르 에 레 쁘뉘?]
제 차가 고장 났습니다.	Ma voiture est en panne. [마 브와뛰흐 에 떵 빤느.]
시동이 걸리지 않습니다.	Le moteur ne démarre pas. [르 모떼흐 느 데마흐 빠.]
배터리가 방전되었습니다.	La batterie est morte. [라 바트리 에 모흐뜨.]
타이어가 펑크 났습니다.	J'ai un pneu crevé. [제 앵 쁘뉘 크르베.]
키를 차 안에 두고 내렸습니다.	J'ai enfermé les clés dans la voiture. [제 엉페흐메 레 끌레 덩 라 브와뛰흐.]
저는 ~ 근처에 있습니다.	Je suis près de ~. [주 수이 프레 드 ~.]

It makes you a confident traveler, even in the places you've never been.

FRENCH
프랑스어
상황을 해결하는 핵심 표현들
식당 Restaurant

① **유명**한 **식당**을 **추천**해 주시겠습니까?
Pouvez-vous me conseiller un restaurant connu, s'il vous plaît?
[뿌베-부 므 꽁세이에 앙 레스또헝 꼬뉘, 씰 부 쁠레?]

② **괜찮은 식당**이 **어디입니까?**
(**저렴한 식당**)
Où est-ce que je peux trouver un bon restaurant?
[우 에스 끄 주 뿌 트루베 앙 봉 레스또헝?]
(un restaurant pas cher)
[앙 레스또헝 빠 쉐흐]

③ 이 **식당**은 **어디입니까?**
Où se trouve ce restaurant?
[우 스 트루부 스 레스또헝?]

④ **예약**을 해야 합니까?
Est-ce qu'il faut réserver?
[에스 낄 포 헤제흐베?]

⑤ 오늘밤 6시에 세 사람 **예약**하고 싶습니다.
(**내일** 7시에 두 사람)
J'aimerais réserver une table pour trois personnes, ce soir à six heures.
[젬므레 헤제흐베 윈느 따블르 뿌흐 트루와 뻬흐쏜느, 스 스와흐 아 씨 제흐.]
(pour deux personnes à sept heures, demain)
[뿌흐 두 뻬흐쏜느 아 쎄 떼흐, 드맹]

⑥ **죄송**합니다. 그때는 만석입니다.
Désolé(e) mais nous sommes complets à cette heure.
[데줄레 메 누 썸므 꽁쁠레 아 쎄 떼흐.]

⑦ **예약**하셨습니까?
Est-ce que vous avez une réservation?
[에스 끄 부 자베 윈느 헤제흐바씨옹?]

27 It makes **you** a **confident traveler**, even in the places you've never been.

FRENCH* Restaurant
불어 **식당**

 5+1   It makes **you** the **confident traveler**!
식당 찾기 예약 좌석 스낵

7시로 **예약**했습니다.	J'ai une réservation pour sept heures. [제 윈느 헤제호바씨옹 뿌흐 쎄 떼흐.]	8
예약은 하지 않았습니다.	Je n'ai pas de réservation. [주 네 빠 드 헤제호바씨옹.]	9
테이블이 있습니까?	Est-ce que vous avez une table de libre? [에스 끄 부자베 윈느 따블르 드 리브흐?]	10
얼마나 기다려야 합니까?	L'attente est de combien de temps? [라떵뜨 에 드 꽁비앙 드 떵?]	11
창쪽 테이블로 부탁 드립니다.	Peut-on avoir une table près de la fenêtre, s'il vous plaît? [뿌-똥 아부와흐 윈느 따블르 프레 드 라 프네트르, 씰 부 쁠레?]	12
흡연석이면 더 좋겠습니다.	J'aimerais une table, en fumeur. [젬므레 윈느 따블르, 엉 퓌메흐.]	13
치즈버거 하나, **프라이** 라지 하나 그리고 **콜라** 작은 것 주세요.	Un cheese burger, une large frite et un petit Coca-cola/Pepsi, s'il vous plaît. [앵 치즈버거, 윈느 라흐즈 프리뜨 에 앵 쁘띠 코카-콜라/펩시, 씰 부 쁠레.]	14
여기서 드십니까, **포장**이십니까?	Sur place ou à emporter? [쒸흐 쁠라스 우 아 엉뽀흐떼?]	15
여기서 먹겠습니다. (**포장**입니다.)	Sur place. [쒸흐 쁠라스.] (À emporter.) [아 엉뽀흐떼.]	16

FRENCH
프랑스어
상황을 해결하는 핵심 표현들
식당 Restaurant

⑰ **영어**로 된 **메뉴판**이 있습니까?
Est-ce que vous avez un menu en anglais?
[에스 끄 부 자베 앵 므뉘 엉 낭글레?]

⑱ **주문**하고 싶습니다.
J'aimerais commander, s'il vous plaît.
[젬므레 꼬멍데, 씰 부 쁠레.]

⑲ **어떤 것**을 **추천**해 주시겠습니까?
Que me conseillez-vous?
[끄 므 꽁쎄이에-부?]

⑳ **오늘**의 **특별요리**가 있습니까?
Est-ce que vous avez le plat du jour?
[에스 끄 부 자베 르 쁠라 뒤 주흐?]

㉑ **지역 특별요리**는 무엇입니까?
Quelle est la spécialité locale?
[깰 에 라 스페씨알리떼 로깔르?]

㉒ **쇠고기 메뉴**들이 있습니까?
(**닭고기**, **샐러드**, **디저트**, **지역음식**)
Est-ce qu'il y a du boeuf au menu?
[에스 낄 리 아 뒤 베프 오 므뉘?]
(poulet, salade, dessert, spécialité locale)
[뿔레, 쌀라드, 데쎄흐, 스페씨알리떼 로깔르]

㉓ 이 **요리**는 **무엇**입니까?
Quel est ce plat?
[깰 에 스 쁠라?]

㉔ **이것**으로 하겠습니다.
Je vais prendre ça.
[주 베 프렁드흐 싸.]

㉕ 저분들과 같은 **요리**로 주세요.
Je vais prendre la même chose qu'eux.
[주 베 프렁드흐 라 멤므 쇼즈 뀨.]

 **Restaurant** 불어 **식당** F

  It makes **you** the **confident traveler**!
메뉴 주문 식사 선택사항

이것은 여자분께, 이것은 제게 주세요.	Ça pour madame et ça pour moi. [사 뿌흐 마담므 에 사 뿌흐 모아.]	26
주문을 바꾸고 싶습니다.	J'aimerais changer ma commande. [쥄므레 샹제 마 꺼멍드.]	27
드레싱은 **어떤 것**으로 하시겠습니까?	Quelle sauce souhaitez-vous? [꿸 쏘스 수에떼-부?]	28
이탈리안 **드레싱**으로 주세요. (프랜치, 저지방, 사우전아일랜드)	Sauce italienne, s'il vous plaît. [쏘스 이딸리엔느, 씰 부 쁠레.] (française, allégée, salsa) [프랑쎄즈, 알레제, 쌀사]	29
스테이크는 어떻게 해드릴까요?	Comment souhaitez-vous votre bifteck? [꺼멍 수에떼-부 보트르 비프테크?]	30
중간으로 해주세요. (덜 익혀, 중간보다 덜 익혀, 완전히 익혀)	À point, s'il vous plaît. [아 쁘앙, 씰 부 쁠레.] (Saignant, À point, Bien cuit) [쎄녕, 아 쁘앙, 비앙 뀌]	31
계란은 **어떻게** 해드릴까요?	Comment souhaitez-vous vos oeufs? [꺼멍 수에떼-부 보 제?]	32
삶아 주세요. (한쪽만 **프라이**, **스크램블**, **프라이**)	Je les veux à la coque. [주 레 부 아 라 꼬끄.] (frits, brouillés, frits des deux côtés) [프리, 브후이에, 프리 데 두 꼬떼]	33

It makes you a confident traveler, even in the places you've never been.

FRENCH
프랑스어

상황을 해결하는 핵심 표현들
식당 Restaurant

34 **저녁식사**와 함께 **무슨 음료**를 드시겠습니까?
Que souhaitez-vous boire?
[깰 수에떼-부 부와흐?]

35 **레드 와인** 한 잔 주세요.
(**화이트 와인** 한 병, **맥주** 큰 잔으로, **수돗물**, **탄산수**)
Un verre de vin rouge, s'il vous plaît.
[앵 배흐 드 뱅 후즈, 씰 부 쁠레.]
(Une bouteille de vin blanc, Une grande chope de bière, De l'eau du robinet, De l'eau gazeuse)
[윈느 부떼이으 드 뱅 블랑, 윈느 그헝드 쇼쁘 드 비에흐, 드 로 뒤 호비네, 드 로 가쥬즈]

36 **디저트**로는 **무엇**이 있습니까?
Qu'est-ce que vous avez comme dessert?
[께스 끄 부 자베 꼼므 데쎄흐?]

37 그냥 **커피** 주세요.
Juste un café, s'il vous plaît.
[쥐스뜨 앵 꺄페, 씰 부 쁠레.]

38 **이것**은 어떻게 먹습니까?
Comment ça se mange?
[꼬멍 싸 스 멍즈?]

39 제 **요리**가 아직 안 나왔습니다.
Mon plat n'est pas encore là.
[몽 쁠라 네 빠 정꼬흐 라.]

40 이것은 제가 **주문**한 것이 아닙니다.
Ce n'est pas ce que j'ai commandé.
[스 네 빠 스 끄 제 꼬멍데.]

41 **이것**은 너무 짭니다.
(탔습니다, 덜 익었습니다)
C'est trop salé.
[쎄 트로 쌀레.]
(brûlé, pas assez cuit)
[브륄레, 빠 아쎄 뀌]

FRENCH* Restaurant 불어 식당 F

음료 디저트 문제상황 계산

| 제 **나이프를** 떨어뜨렸습니다. | J'ai fait tomber mon couteau.
[제 페 똥베 몽 꾸또.] | 42 |

| 다른 **포크를** 주시겠습니까? | Est-ce que je peux avoir une autre fourchette, s'il vous plaît? [에스 끄 주 뿌 아부와호 윈느 오트르 푸흐쉐뜨, 씰 부 쁠레?] | 43 |

| **실례**합니다. **물** 좀 주시겠습니까? | Excusez-moi, est-ce que je peux avoir de l'eau?
[엑스뀌제-모아, 에스 끄 주 뿌 자부아흐 드로?] | 44 |

| **빵을** 좀 더 주시겠습니까? | Est-ce que je peux avoir plus de pain?
[에스 끄 주 뿌 자부아흐 쁠뤼 드 뺑?] | 45 |

| **담배를** 피워도 됩니까? | Est-ce que je peux fumer?
[에스 끄 주 뿌 퓌메?] | 46 |

| **이것** 좀 치워 주시겠습니까? | Est-ce que vous pouvez prendre ca?
[에스 끄 부 뿌베 프흥드흐 싸?] | 47 |

| **계산**하겠습니다. | J'aimerais régler.
[젬므레 헤글레.] | 48 |

| 제가 내겠습니다. | C'est pour moi.
[쎄 뿌흐 모아.] | 49 |

| **봉사료 포함**입니까? | Est-ce que le service est inclus?
[에스 끄 르 쎄흐비스 에 땡끌뤼?] | 50 |

| **계산**이 잘못되었습니다. | Il y a une erreur dans l'addition.
[일 리 아 윈느 에레흐 덩 라디씨옹.] | 51 |

| **영수증을** 주시겠습니까? | Est-ce que je peux avoir le reçu, s'il vous plaît?
[에스 끄 주 뿌 자부아흐 르 호쒸, 씰 부 쁠레?] | 52 |

It makes you a confident traveler, even in the places you've never been.

관광 Sightseeing

1. **관광 안내소**는 어디입니까?
   Où se trouve l'office du tourisme?
   [우 스 트루브 로피스 뒤 뚜리씀므?]

2. 지금 **어떤 축제**가 있습니까?
   En ce moment, est-ce qu'il y a des festivals?
   [엉 스 머멍, 에스 낄 리 아 데 페스티벌?]

3. **벼룩시장**이 있습니까?
   Est-ce qu'il y a un marché aux puces?
   [에스 낄 리 아 앵 마흐쉐 오 쀠스?]

4. **시내** 전체를 **구경**할 만한 **장소**가 있습니까?
   Est-ce qu'il y a un endroit d'où je peux avoir une belle vue de toute la ville?
   [에스 낄 리 아 앵 엉드르와 두 주 뿌 아부와흐 윈느 벨르 뷔 드 뚜뜨 라 빌르?]

5. **무료 지도**가 있습니까? (**관광안내서**)
   Est-ce qu'il y a des plans gratuits?
   [에스 낄 리 아 데 쁠렁 그라뛰?]
   (office du tourisme)
   [오피스 뒤 뚜리씀므]

6. **관광 투어**가 있습니까? (**시내관광, 1일 관광**)
   Est-ce qu'il y a des excursions?
   [에스 낄 리 아 데 엑스뀌흐씨옹?]
   (excursions en ville, excursions d'un jour)
   [엑스뀌흐씨옹 엉 빌, 엑스뀌흐씨옹 댕 주흐]

7. **어떤 것**이 가장 **인기** 있는 **투어**입니까?
   Quelle est l'excursion la plus populaire?
   [껠 에 렉스뀌흐씨옹 라 쁠뤼 뽀뻴레흐?]

8. **한국어**를 하는 **가이드**가 있는 **투어**가 있습니까?
   Est-ce qu'il y a des excursions avec des guides parlant coréen?
   [에스 낄 리 아 데 젝스쒸흐씨옹 아베끄 데 기드 빠흘렁 꼬레앙?]

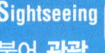 Sightseeing
불어 관광

   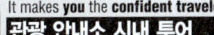 관광 안내소 시내 투어

이 **투어**는 매일 있습니까?	Est-ce qu'il y a cette excursion tous les jours? [에스 낄 리 아 쎄뜨 엑스뀌흐씨옹 뚤레주흐?]	⑨
투어는 **시간**이 **얼마나 소요**됩니까?	Combien de temps dure l'excursion? [꽁비앙 드 떵 뒤흐 렉스뀌흐씨옹?]	⑩
가격은 **얼마**입니까?	Combien ça coûte? [꽁비앙 싸 꾸뜨?]	⑪
식사 포함입니까?	Est-ce que les repas sont inclus? [에스 끄 레 흐빠 쏭 땡끌뤼?]	⑫
몇 시에 떠납니까?	À quelle heure part-on? [아 깰 레흐 빠흐-똥?]	⑬
어디에서 만나야 합니까?	Ou se trouve le point de rendez-vous? [우 스 트루브 르 쁘앵 드 헝데-부?]	⑭
몇 시에 돌아옵니까?	À quelle heure va-t-on rentrer? [아 깰 레흐 바 똥 헝트레?]	⑮
호텔에서 픽업해 주실 수 있습니까?	Est-ce que vous pouvez passer me prendre à l'hôtel? [에스 끄 부 뿌베 빠세 므 프렁드흐 아 로뗄?]	⑯
~에서 **자유시간**을 가질 수 있습니까?	Est-ce que l'on aura du temps libre à ~? [에스 끄 롱 오하 뒤 떵 리브흐 아 ~?]	⑰
예약을 하고 싶습니다.	J'aimerais faire une réservation, s'il vous plaît. [젬므레 페흐 윈느 헤제흐바씨옹, 씰 부 쁠레.]	⑱

It makes you a confident traveler, even in the places you've never been.

FRENCH
프랑스어
상황을 해결하는 핵심 표현들
관광 Sightseeing

YOU, the Confident Traveler 5-1

19	~에서 유명한 것은 무엇입니까?	Pour quoi ~ est reputé? [뿌흐 꾸와 ~ 에 헤쀼떼?]
20	뭐 좀 물어봐도 되겠습니까?	Est-ce que je peux vous demander quelque chose? [에스 끄 주 뿌 부 드멍데 껠끄 쇼즈?]
21	**여기**는 무슨 **거리**입니까?	Quelle est cette rue? [껠 에 쎄뜨 휘?]
22	이 **주소**가 **여기** 근처입니까?	Est-ce que cette adresse est près d'ici? [에스 끄 쎄뜨 아드레스 에 프레 디씨?]
23	이 **근처**에 백화점이 있습니까? (**슈퍼마켓, 약국, 경찰서, 우체국, 은행**)	Est-ce qu'il y a un centre commercial près d'ici? [에스 낄 리 아 앵 썽트르 꼬메흐씨알 프레 디씨?] (supermarché, pharmacie, poste de police, poste, banque) [쒸뻬흐마흐쉐, 파흐마씨, 뽀스뜨 드 뽈리스, 뽀스뜨, 방끄]
24	**공중화장실**이 이 **근처**에 있습니까? (**공중전화**)	Est-ce qu'il y a des toilettes publiques près d'ici? [에스 낄 리 아 데 뚜와레뜨 쀠블리끄 프레 디씨?] (téléphone) [뗄레폰느]
25	**거기**에는 **어떻게** 갑니까?	Comment est-ce que je peux y aller? [꺼멍 에스 끄 주 뿌 이 알레?]
26	이 **주소**는 어떻게 갈 수 있습니까?	Comment faire pour aller à cette adresse? [꺼멍 페흐 뿌흐 알레 아 쎄뜨 아드레스?]

FRENCH* Sightseeing / 불어 관광

 5+1   It makes **you** the **confident traveler!** 시내관광 위치 사진 촬영

걸어서 얼마나 걸립니까?	Combien de temps cela prend à pied? [꽁비앙 드 떵 슬라 프렁드흐 아 삐에?]
여기에서 ~ **광장**까지 **얼마나** 멉니까?	À quelle distance est la place ~ d'ici? [아 깰 디스떵스 에 라 쁠라스 ~ 디씨?]
길을 잃었습니다.	Je me suis perdu(e). [주 므 수이 뻬흐뒤.]
제가 이 **지도**에서 **어디**에 있나요?	Où est-ce que je me trouve sur le plan? [우 에스 끄 주 므 트루브 쒸흐 르 쁠랑?]
괜찮으시면 저를 그곳에 데려다 주시겠습니까?	Pouvez-vous m'y accompagner, si cela ne vous dérange pas? [뿌베-부 미 아꽁빠녜, 씨 슬라 느 부 데헝즈 빠?]
박물관은 이 **길**로 가는 것이 맞습니까?	Est-ce la bonne direction pour aller au musée? [에스 라 본느 디렉씨옹 뿌흐 알레 오 뮤제?]
여기에서 **사진**을 찍어도 됩니까?	Est-ce que je peux prendre des photos ici? [에스 끄 주 뿌 프렁드흐 데 포또 이씨?]
실례합니다만, **사진** 좀 찍어 주시겠습니까?	Excusez-moi, est-ce que vous pouvez nous prendre en photo? [엑스뀌제-모아, 에스 끄 부 뿌베 누 프렁드흐 엉 포또?]
그냥 **버튼**만 누르면 됩니다.	Vous avez juste à pousser le bouton. [부 자베 쥐스뜨 아 뿌쎄 르 부똥.]

FRENCH
프랑스어
상황을 해결하는 핵심 표현들
관광 Sightseeing

(36) 어떤 종류의 **쇼**가
오늘밤에 있습니까?

Quelle sorte de spectacle y a-t-il ce soir?
[껠 쏘흐뜨 드 스빽따끌르 이 아 띨 스 스와흐?]

(37) **어떤 팀**이
경기를 합니까?

Qui joue?
[끼 주?]

(38) **프로그램**과 **가격표**
를 봐도 됩니까?

Est-ce que je peux voir le programme et la liste des prix?
[에스 끄 주 뿌 부와흐 르 프로그람므 에 라 리스뜨 데 프리?]

(39) **그것은 몇 시**에
시작합니까?

A quelle heure ça commence?
[아 껠 레흐 싸 꺼멍스?]

(40) 이 **공연**은 시간이
얼마나 **소요**됩니까?
(뮤지컬, 오페라,
콘서트, 발레, 경기)

Combien de temps dure ce spectacle?
[꽁비앙 드 떵 뒤흐 스 스빽따끌르?]
(comédie musicale, opéra, concert, ballet, match)
[꼬메디 뮤지꺌르, 오뻬라, 꽁쎄흐, 발레, 마춰]

(41) **입장권**은 **어디**에서
살 수 있습니까?

Où est-ce que je peux acheter un billet d'entrée?
[우 에스 끄 주 뿌 아쉬떼 앵 비이에 덩트레?]

(42) **오늘 티켓**이
있습니까?

Est-ce que vous avez des billets pour aujourd'hui?
[에스 끄 부 자베 데 비이에 뿌흐 오주흐드위?]

(43) **어떤 좌석**이
있습니까?

Qu'est-ce que vous avez comme place?
[께스 끄 부 자베 껌므 쁠라스?]

FRENCH* Sightseeing 불어 관광

 5+1   공연 티켓구매 장소질문

입장료는 **얼마**입니까? (**할인석**은, **일일권**은)	Quel est le tarif d'entrée? [껠 에 르 따리프 덩트레?] (billet à prix réduit, billet d'aujourd'hui) [비이에 아 피리 헤뒤, 비이에 도주흐드위]	44
가장 싼 **티켓**은 **얼마**입니까?	Combien coûte le billet le moins cher? [꽁비앙 꾸뜨 르 비이에 르 므앵 쉐흐?]	45
성인 둘에 **아이** 하나입니다.	Deux adultes et un enfant, s'il vous plaît. [두 자뒬뜨 에 앵 넝펑, 씰 부 쁠레.]	46
이 **티켓**으로 다 볼 수 있습니까?	Est-ce que je peux tout voir avec ce billet? [에스 끄 주 뿌 뚜 부와흐 아베끄 스 비이에?]	47
무료 팸플릿이 있습니까?	Est-ce que vous avez une brochure gratuite? [에스 끄 부 자베 윈느 브로쉬흐 그라뛰뜨?]	48
저의 **가방**을 맡겨 놓을 곳이 있습니까?	Est-ce que je peux laisser mon sac quelquepart? [에스 끄 주 뿌 레쎄 몽 싹 껠끄빠흐?]	49
선물가게는 **어디**에 있습니까?	Où se trouve le magasin de souvenir? [우 스 트루브 르 마가쟁 드 수브니흐?]	50
입구는 **어디**입니까?	Où se trouve l'entrée? [우 스 트루브 렁트레?]	51
들어가도 됩니까?	Est-ce que je peux entrer? [에스 끄 주 뿌 정트레?]	52
이 **좌석**은 **어디**입니까?	Où se trouve cette place? [우 스 트루브 쎄뜨 쁠라스?]	53
출구는 **어디**입니까?	Où se trouve la sortie? [우 스 트루브 라 쏘흐띠?]	54

1. **지역특산물**은 무엇입니까?
Quelle est la specialité locale?
[꿸 에 라 스페씨알리떼 로꺌르?]

2. **기념품**은 **어디**에서 살 수 있습니까?
Où est-ce que je peux acheter des souvenirs?
[우 에스 끄 주 뿌 아쉬떼 데 수브니흐?]

3. ~ 가게는 **어디**입니까?
Où se trouve la boutique ~?
[우 스 트루브 라 부띠끄 ~?]

4. **면세점**은 **어디**입니까? (**쇼핑가, 백화점**)
Où se trouve le magasin duty-free?
[우 스 트루브 르 마가쟁 뒤티-프리?]
(zone commerciale, centre commercial)
[존 꼬메흐씨알르, 썽트르 꼬메흐씨알]

5. **쇼핑센터**는 어느 **방향**입니까? (**식료 잡화점, 선물가게**)
Dans quelle direction se trouve le centre commercial? [덩 꿸르 디렉씨옹 스 트루브 르 썽트르 꼬메흐씨알?]
(épicerie, magasin de souvenir)
[에삐쓰리, 마가쟁 드 수브니흐]

6. 이 근처에 **면세점**이 있습니까?
Est-ce qu'il y a un magasin duty-free près d'ici?
[에스 낄 리 아 앵 마가쟁 뒤티-프리 프레 디씨?]

7. **여권**을 보여 주시겠습니까?
Est-ce que je peux prendre votre passeport, s'il vous plaît? [에스 끄 주 뿌 프헝드흐 보트르 빠스뽀흐, 씰 부 쁠레?]

8. 저를 위해 **면세양식**을 **작성**해 주시겠습니까?
Pouvez-vous remplir le formulaire de détaxe pour moi? [뿌베-부 헝쁠리흐 르 포흐뮬레흐 드 데딱스 뿌흐 모아?]

9. **구경**하려고요, 고맙습니다.
Non, je regarde uniquement. Merci.
[농, 주 흐갸흐드 유니끄멍. 메흐씨.]

FRENCH* — Shopping / 불어 쇼핑

상점 면세점 의류 선물

남성복 매장은 **어디**입니까? (**여성복**)	Où se trouvent les vêtements pour homme? [우 스 트루브 레 배뜨멍 뿌흐 옴므?] (vêtements pour femme) [배뜨멍 뿌흐 팜므]
몇 층이 **의류**입니까?	À quel étage se trouvent les vêtements? [아 껠 에따즈 스 트루브 레 배뜨멍?]
점퍼를 원합니다. (**아이들** 것을, **기념품**을)	J'aimerais un pull-over. [젬므레 앵 뻴-오버.] (quelquechose pour un enfant, un souvenir) [깰끄쇼즈 푸흐 앵 넝펑, 앵 수브니흐]
스포츠웨어를 사고 싶습니다. (**수영팬티**, **비키니**)	J'aimerais acheter des vêtements de sport. [젬므레 아쉬떼 데 배뜨멍 드 스뽀흐.] (un maillot de bain, un bikini) [앵 마이오 드 벵, 앵 비키니]
신발을 찾고 있습니다. (**재킷**을, **스커트**를, **가방**을)	Je cherche des chaussures. [주 쉐흐쉬 데 쇼쒸흐.] (une veste, une jupe, un sac) [윈느 베스트, 윈느 쥐쁘, 앵 싹]
작은 **선물**로 괜찮은 것이 있습니까?	Est-ce que vous avez quelque chose de joli pour faire un petit cadeau? [에스 끄 부 자베 깰끄 쇼즈 드 졸리 뿌흐 페흐 앵 쁘띠 꺄도?]
50유로 정도의 **물건**이면 좋겠습니다.	J'aimerais quelque chose pour cinquante euros. [젬므레 깰끄 쇼즈 뿌흐 쌩껑뜨 유로.]
세일은 언제 **시작**합니까?	Quand est-ce que les soldes commencent? [껑 떼스 끄 레 솔드 꺼멍스?]

It makes you a confident traveler, even in the places you've never been.

FRENCH
프랑스어

상황을 해결하는 핵심 표현들
쇼핑   Shopping

---

18 저것 좀 볼 수 있을까요?
Est-ce que je peux voir ça, s'il vous plaît?
[에스 끄 주 뿌 부아흐 싸, 씰 부 쁠레?]

19 **진열장**에 있는 것을 저에게 보여 주시겠습니까?
Pouvez-vous me montrer celui(celle) en vitrine, s'il vous plaît?
[뿌베-부 므 몽트레 슬루이(쎌) 엉 비트린느, 씰 부 쁠레?]

20 이거 다른 **색상**으로 있습니까?
Est-ce que vous l'avez dans une autre couleur?
[에스 끄 부 라베 덩 쥔느 오트르 꿀레흐?]

21 이거 다른 **스타일**로 있습니까?
Est-ce que vous l'avez dans un autre style?
[에스 끄 부 라베 덩 쟁 오트르 스틸?]

22 다른 것을 보여 주시겠습니까?
Pouvez-vous m'en montrer un(e) autre?
[뿌베-부 멍 몽트레 앵(윈느) 오트르?]

23 **재질**은 **무엇**입니까?
En quoi c'est fait?
[엉 꾸아 쎄 페?]

24 **면**입니다.
(**가죽, 순모, 실크, 금, 은, 백금**)
C'est du coton.
[쎄 뒤 꼬똥.]
(cuir, pure laine, soie, or, argent, platine)
[뀌흐, 쀠흐 렌느, 수아, 오흐, 아흐정, 쁠라띤느]

25 만져봐도 됩니까?
Est-ce que je peux toucher?
[에스 끄 주 뿌 뚜쉐?]

26 입어봐도 됩니까?
Est-ce que je peux l'essayer?
[에스 끄 주 뿌 레쎄이에?]

It makes **you** a **confident traveler,** even in the places you've never been.

 **Shopping**
불어 쇼핑

    It makes **you** the **confident traveler**!
점원 사이즈 색상 주문

사이즈가 어떻게 되십니까?	Quelle est votre taille? [껠 에 보트르 따이으?]	
제 **치수**를 측정해 주시겠습니까?	Pouvez-vous prendre mes mesures? [뿌베-부 프렁드흐 메 므쥐르?]	
피팅룸은 어디입니까?	Où se trouve la cabine d'essayage? [우 스 트루브 라 꺄빈느 데쎄이야즈?]	
이것은 **몸**에 맞지 않습니다.	Ça ne va pas. [싸 느 바 빠.]	
이것은 너무 작습니다. (너무 큽니다, 너무 헐렁합니다, 조금 낍니다, 깁니다, 짧습니다)	C'est trop petit. [쎄 트로 쁘띠.] (trop grand, trop ample, un peu serré, long, court) [트로 그렁, 트로 앙쁠, 앵 뿌 쎄레, 롱, 꾸흐]	
더 큰 **사이즈**가 있습니까?	Est-ce que vous avez une taille plus grande? [에스 끄 부 자베 윈느 따이으 플뤼 그렁드?]	
이것으로 주세요.	Donnez-moi celui-là, s'il vous plaît. [도네-모아 슬루이-라, 씰 부 쁠레.]	
이것으로 두 개 하겠습니다.	Je vais prendre ces deux. [주 베 프렁드흐 쎄 두.]	
이것은 저에게 어울리지 않습니다.	Ça ne me va pas. [싸 느 므 바 빠.]	
죄송합니다. 제가 딱 원하던 것이 아닙니다.	Je suis désolé(e), ce n'est pas ce que je cherche. [주 수이 데졸레, 스 네빠 스 끄 주 쉐흐슈.]	

쇼핑 Shopping

(37) **전부** 다 **얼마**입니까?
(이것은 **얼마**입니까?)

Quel est le total?
[껠 에 르 또딸?]
(Combien ça coûte?)
[꽁비앙 사 꾸뜨?]

(38) **세금 포함**입니까?

Est-ce que ça inclut les taxes?
[에스 끄 싸 앵끌뤼 레 딱스?]

(39) 저에게 좀 비쌉니다.

C'est un peu cher pour moi.
[쎄 땡 뿌 쉐흐 뿌흐 모아.]

(40) **할인**해 주시겠습니까?

Pouvez-vous me faire un rabais, s'il vous plaît?
[뿌베-부 므 페흐 앵 하베, 씰 부 쁠레?]

(41) 이 **신용카드**를 사용해도 됩니까?

Est-ce que je peux utiliser cette carte de crédit?
[에스 끄 주 뿌 위띨리제 쎄뜨 꺄흐뜨 드 크레디?]

(42) **죄송**합니다만, **거스름돈**이 틀린 것 같습니다.

Je suis désolé(e) mais je crois que ce n'est pas le bon change. [주 수이 데졸레 메 주 크루아 끄 스네빠 르 봉 샹즈.]

(43) **계산서**를 다시 한번 **확인**해 주시겠습니까?

Pouvez-vous revérifier l'addition?
[뿌베-부 흐베리피에 라디씨옹?]

(44) **영수증**을 받을 수 있을까요?

Est-ce que je peux avoir le reçu?
[에스 끄 주 뿌 아부아흐 르 흐쒸?]

(45) **선물포장**을 해주시겠습니까?

Pouvez-vous faire un papier-cadeau, s'il vous plaît?
[뿌베-부 페흐 앵 빠삐에-까도, 씰 부 쁠레?]

FRENCH* Shopping 불어 쇼핑

   It makes **you** the confident traveler! 구매 가격조정 지불방법 환불

따로따로 **포장**해 주시겠습니까?	Pouvez-vous les envelopper séparément, s'il vous plaît? [뿌베-부 레 정블로뻬 쎄빠래멍, 씰 부 쁠레?]	46
가격표를 떼어 주시겠습니까?	Pouvez-vous enlever les prix, s'il vous plaît? [뿌베-부 엉르베 레 프리, 씰 부 쁠레?]	47
포장하지 않아도 됩니다.	Pas besoin de l'envelopper. [빠 브주앵 드 렁블로뻬.]	48
그것을 힐튼 **호텔**로 **배달**해 주시겠습니까?	Pouvez-vous livrer à l'hôtel Hilton, s'il vous plaît? [뿌베-부 리브헤 아 로뗄 힐튼, 씰 부 쁠레?]	49
이것을 **반품**하고 싶습니다.	J'aimerais retourner ça. [젬므레 흐뚜흐네 싸.]	50
환불해 주시겠습니까?	Est-ce que je peux être remboursé? [에스 끄 주 쁘 에트르 헝부흐쎄?]	51
이것을 새 것으로 **교환**하고 싶습니다.	J'aimerais échanger ça pour un nouveau. [젬므레 에샹제 싸 뿌흐 앵 누보.]	52
여기에 **흠집**이 있습니다.	Il y a un defaut ici. [일 리 아 앵 데포 이씨.]	53
전혀 사용하지 않았습니다.	Je ne l'ai pas utilisé. [주 느 레 빠 위띨리제.]	54
영수증 여기 있습니다.	Voilà le reçu. [부알라 르 흐쒸.]	55

It makes you a confident traveler, even in the places you've never been.

1. **공중전화는 어디**에 있습니까?

   Où est-ce que je peux trouver un téléphone public?
   [우 에스 끄 주 뽀 트루베 앵 뗄레폰느 쀠블릭?]

2. **한국**으로 **수신자부담전화를** 하고 싶습니다.

   J'aimerais appeler en Corée en PCV.
   [젬므레 아쁠레 엉 꼬레 엉 뻬쎄베.]

3. **한국**으로 **국제전화**를 하고 싶습니다.

   J'aimerais faire un appel international en Corée.
   [젬므레 페호 앵 나뻴 앵떼흐나씨오날 엉 꼬레.]

4. **번호**는 02 361 7351입니다.

   Le numero de téléphone est le 02 361 7351.
   [르 뉘메호 드 뗄레폰느 에 르 제로두 트루와씨쓰앵 쎄뜨트루와쌩끄앵.]

5. **전화**를 끊지 마시고 잠시 기다려주십시오.

   Ne quittez pas. Attendez un moment, je vous prie.
   [느 끼떼 빠. 아떵떼 앵 모멍, 주 부 프리.]

6. **통화** 중입니다.

   La ligne est occupée.
   [라 린느 에 오뀌뻬.]

7. 여보세요. 저는 김입니다.

   Bonjour. Kim à l'appareil.
   [봉주흐. 김 아 라빠헤이.]

8. 이 양과 **통화**하고 싶습니다.

   J'aimerais parler à Madame Lee.
   [젬므레 빠흘레 아 마담 리.]

FRENCH* **Telephone**
불어 전화

 5+1
It makes **you** the **confident traveler!**
전화 우편 은행

죄송합니다. 제가 **전화**를 잘못 건 것 같습니다.	Desolé(e), vous n'avez pas fait le bon numero. [데졸레, 부 나베 빠 페 르 봉 뉘메호.]	⑨
가장 가까운 **우체국**은 어디입니까?	Où se trouve le bureau de poste le plus proche? [우 스 트루브 르 뷔호 드 뽀스뜨 르 쁠뤼 프로쉬?]	⑩
소포용 박스가 있습니까?	Est-ce que vous avez des boîtes en carton pour un colis? [에스 끄 부 자베 데 부와뜨 엉 꺄흐똥 뿌흐 앵 꼴리?]	⑪
소포를 **한국**에 **항공편**으로 보내고 싶습니다.	J'aimerais envoyer ce colis en Corée par avion. [젬므레 엉브와이에 스 꼴리 엉 꼬레 빠흐 아비옹.]	⑫
이것은 **우편요금**이 얼마입니까?	Combien coûte l'envoi? [꽁비앙 꾸뜨 렁브와?]	⑬
이 **근처**에 **은행**이 있습니까?	Y a-t-il une banque près d'ici? [이 아 띨 윈느 방끄 프레 디씨?]	⑭
이 **여행자수표**를 **현금**으로 바꾸고 싶습니다.	J'aimerais changer ces chèques voyage. [젬므레 샹제 쎄 쉐끄 브와야즈.]	⑮
환전해주세요.	J'aimerais changer de l'argent. [젬므레 샹제 드 라흐정.]	⑯
잔돈으로 주십시오. (**소액권**으로)	J'aimerais le change en petites coupures. [젬므레 르 샹즈 앙 쁘띠뜨 꾸삐흐.] (plus petites coupures) [쁠뤼 쁘띠뜨 꾸삐흐]	⑰
현금자동인출기는 어디에 있습니까?	Où se trouve le distributeur de billet? [우 스 트루브 르 디스트리뷔떼흐 드 비이에?]	⑱

	한국어	프랑스어
1	**의사**를 만나고 싶습니다.	J'aimerais voir un docteur. [젬므레 부와흐 앵 독떼흐.]
2	여기가 아픕니다.	J'ai très mal ici. [제 트레 말 이씨.]
3	**위통**이 있습니다. (**두통, 치통, 인후통, 열, 오한**)	J'ai mal au ventre. [제 말 오 벙트르.] (mal à la tête, mal aux dents, la gorge sèche, de la fièvre, froid) [말 아 라 떼뜨, 말 오 덩, 라 고흐즈 쎄슈, 드 라 피에브흐, 프흐와]
4	**팔목**을 삐었습니다. (**발목**)	J'ai tordu mon poignet. [제 또흐뒤 몽 쁘와녜.] (cheville) [쉬비이]
5	**감기**에 걸렸습니다.	J'ai attrapé froid. [제 아트라뻬 프흐와.]
6	속이 매스껍습니다. (어지럽습니다.)	J'ai des nausées. [제 데 노제.] (vertiges) [베흐티즈]
7	**설사**를 합니다.	J'ai la diarrhée. [제 라 디아레.]
8	**임산부**입니다. (**당뇨병 환자**)	Je suis enceinte. [주 수이 엉쌩뜨.] (diabétique) [디아베띠끄]

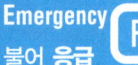

Emergency
불어 응급

병원 약국

알레르기가 있습니다.	Je suis allergique. [주 수이 알레흐지끄.]	⑨
최근에 **무엇**을 먹었습니까?	Qu'avez-vous mangé récemment? [꺄베-부 멍제 헤쓰멍?]	⑩
어떤 약을 **복용**하십니까?	Vous prenez des médicaments? [부 프르네 데 메디까멍?]	⑪
~을 **복용**합니다.	Je prends régulièrement du ~. [주 프헝 헤귤레흐멍 뒤 ~.]	⑫
여행을 계속할 수 있을까요?	Est-ce que je peux continuer mon voyage? [에스 끄 주 뿌 꽁띠뉘에 몽 브와야즈?]	⑬
보험을 위해 **진단서**와 **영수증**을 받고 싶습니다.	J'aimerais un certificat médical et un reçu pour mon assurance, s'il vous plaît. [젬므레 앵 쎄흐띠피까 메디컬 에 앵 흐쉬 뿌흐 몽 나쒸헝스, 씰 부 쁠레.]	⑭
가장 가까운 **약국**을 말씀해 주시겠습니까?	Pouvez-vous me dire où se trouve la pharmacie la plus proche, s'il vous plaît? [뿌베-부 므 디흐 우 스 트후브 라 파흐마씨 라 쁠뤼 프로쉬, 씰 브 쁠레?]	⑮
처방전 없이 **약**을 살 수 있습니까?	Est-ce que je peux acheter des médicaments sans prescription? [에스 끄 주 뿌 아쉬떼 데 메디까멍 썽 프레스크립씨옹?]	⑯
감기약을 좀 주시겠습니까?	Pouvez-vous me donner des médicaments contre le rhume, s'il vous plaît? [뿌베-부 므 도네 데 메디까멍 꽁트르 르 휨므, 씰 부 쁠레?]	⑰
어떻게 **복용**합니까?	Quelle est la posologie? [깰 에 라 뽀조로지?]	⑱

It makes you a confident traveler, even in the places you've never been.

FRENCH
프랑스어
상황을 해결하는 핵심 표현들
응급상황 Emergency

(19) **분실물센터는** 어디입니까?
Où se trouve les bureau des objets perdus?
[우 스 트루브 레 뷔호 데 조보제 뻬흐뒤?]

(20) **택시**에 제 **가방**을 두고 내렸습니다.
J'ai oublié mon sac dans le taxi.
[제 우블리에 몽 싹 덩 르 택씨.]

(21) 제 **지갑**을 **도난** 당했습니다.
On m'a volé mon portefeuille.
[옹 마 볼레 몽 뽀흐뜨페이으.]

(22) **신용카드**를 **분실**했습니다.
J'ai perdu ma carte de crédit.
[제 뻬흐뒤 마 꺄흐뜨 드 크레디.]

(23) 제 **카드**를 **정지** 시키고 싶습니다.
J'aimerais faire opposition sur ma carte.
[젬므레 페흐 오뽀지씨옹 쒸흐 마 꺄흐뜨.]

(24) **어디**에서 **분실**했는지 **확실**하지 않습니다.
Je ne suis pas sûr(e) du lieu où je l'ai perdu.
[주 느 수이 빠 쒸 뒤 리유 우 주 레 뻬흐뒤.]

(25) 찾으시면 가능한 한 빨리 **연락**해 주십시오.
Appelez-moi dès que vous le trouvez, s'il vous plaît.
[아쁠레-모아 데 끄 부 르 트루베, 씰 부 쁠레.]

(26) 이 **근처**에 **경찰서**가 있습니까?
Y a-t-il un poste de police près d'ici?
[이 아 띨 앵 뽀스뜨 드 뽈리스 프레 디씨?]

(27) **한국 대사관**에 **전화**해 주세요.
Appelez l'ambassade coréenne, s'il vous plaît.
[아쁠레 렁바싸드 꼬레엔느, 씰 부 쁠레.]

It makes you a confident traveler, even in the places you've never been.

 # FRENCH* ... Emergency 불어 응급 F

5+1   It makes **you** the **confident traveler!** 분실 위급상황

여권을 재발급 받고 싶습니다.	J'aimerais renouveler mon passeport. [젬므레 흐누블레 몽 빠스뽀흐.]	28
도난신고서 사본을 받고 싶습니다.	J'aimerais une copie de la déclaration de vol, s'il vous plaît. [젬므레 윈느 꼬삐 드 라 데끌라하씨옹 드 볼, 씰 부 쁠레.]	29
경찰을 불러주세요.	Appelez la police, s'il vous plaît. [아쁠레 라 뽈리스, 씰 부 쁠레.]	30
구급차를 불러주세요.	Appelez une ambulance, s'il vous plaît. [아쁠레 윈느 앙뷜렁스, 씰 부 쁠레.]	31
보험회사에 연결시켜 주세요.	Contactez ma compagnie d'assurance, s'il vous plaît. [꽁딱떼 마 꽁빠니 다쒸흐렁스, 씰 부 쁠레.]	32
곤란에 처해 있습니다.	J'ai des problèmes. [제 데 프로블램.]	33
교통사고가 났습니다.	J'ai eu un accident de la route. [제 유 앵 악씨덩 드 라 후뜨.]	34
움직일 수가 없습니다.	Je ne peux pas bouger. [주 느 뿌 빠 부제.]	35
여기에 **부상**당한 사람이 있습니다.	Il y a une personne blessée ici. [일 리 아 윈느 뻬흐쏜느 블레쎄 이씨.]	36
그것에 대해 저는 **책임**이 없습니다.	Je n'en suis pas responsable. [주 넝 수이 빠 헤스뽕싸블르.]	37
사고보고서 사본을 주시겠습니까?	Est-ce que je peux avoir une copie du constat de l'accident, s'il vous plaît? [에스 끄 주 뿌 아부와흐 윈느 꼬삐 뒤 꽁스따 드 락씨덩, 씰 부 쁠레?]	38

It makes **you** a **confident traveler,** even in the places you've never been. *5+1 50

It makes you a confident traveler, even in the places you've never been.

It makes you a confident traveler,
even in the places you've never been.

EXPRESSION 5
이것이 여행 스페인어 핵심문형 베스트 5!

여행 중에 가장 많이 사용하는
완전 **대표적인 문형**,
5가지를 정리했습니다.
~ 부분에 원하는 단어를 넣어 말씀하세요.

①

EXPRESSION 5

~, 부탁합니다.
~, por favor.
[뽀르 파보르.]

 5+1

②

EXPRESSION 5

~은 어디입니까?
¿Dónde está ~?
[돈데 에스따 ~?]

 5+1

It makes **you** a **confident traveler**,
even in the places you've never been.

SPANISH

부록부 **단어장**을 이용하여 원하는 **표현**을 **완성**하여 말씀해보세요.

③

EXPRESSION 5

당신은 ~을
가지고 있습니까?
¿Tiene ~?
[띠에네 ~?]

5+1

④

EXPRESSION 5

~해주시겠습니까?
¿Podría ~?
[뽀드리아 ~?]

5+1

⑤

EXPRESSION 5

저는 ~하고 싶습니다.
Me gustaría ~.
[메 구스따리아 ~.]

5+1

SPANISH
스페인어
가장 중요하고, 당장 필요한
완전 기본 표현!

안녕하세요.	Hola. [올라.]	01
어떻게 지내세요?	¿Cómo estás? [꼬모 에스따스?]	02
당신을 만나서 반갑습니다.	Encantado de conocerle. [엔깐따도 데 꼬노쎄를레.]	03
안녕하세요. (아침 인사)	Buenos días. [부에노스 디아스.]	04
안녕하세요. (점심 인사)	Buenas tardes. [부에나스 따르데스.]	05
안녕하세요. (저녁 인사)	Buenas noches. [부에나스 노체스.]	06
안녕히 주무세요. (밤 인사)	Buenas noches. [부에나스 노체스.]	07
안녕히 가세요.	Adiós. [아디오스.]	08
나중에 만나요.	Nos vemos más tarde. [노스 베모스 마스 따르데.]	09
좋은 여행 되세요.	Buen viaje. [부엔 비아헤.]	10

It makes you a confident traveler, even in the places you've never been.

 # SPANISH 💬 **Basic** 서어 기본

 5+1   It makes **you** a confident traveler! 당장 필요한 **기본 표현** 모음

한국어	Español	번호
네. / 아니오.	**Sí. / No.** [씨. / 노.]	11
네, **부탁**합니다.	**Sí, por favor.** [씨, 뽀르 파보르.]	12
괜찮습니다.	**Está bien.** [에스따 비엔.]	13
아니오, 됐습니다.	**No, gracias.** [노, 그라씨아스.]	14
문제 없습니다.	**Sin problemas.** [신 쁘로블레마스.]	15
감사합니다.	**Gracias.** [그라씨아스.]	16
천만에요.	**De nada.** [데 나다.]	17
실례합니다.	**Disculpe.** [디스꿀뻬.]	18
죄송합니다.	**Perdón.** [뻬르돈.]	19
미안합니다.	**Lo siento.** [로 시엔또.]	20
알겠습니다.	**Ya veo.** [야 베오.]	21

It makes **you** a **confident traveler**, even in the places you've never been. ***5+1***

It makes you a confident traveler, even in the places you've never been.

SPANISH
스페인어
가장 중요하고, 당장 필요한
완전 기본 표현!

모르겠습니다.	No sé. [노 쎄.]	22
뭐라고 하셨죠?	¿Perdón? [뻬르돈?]	23
이것은 **무슨 의미**입니까?	¿Qué significa esto? [께 시그니피까 에스또?]	24
이것은 **스페인어로 무엇**입니까?	¿Cómo se dice esto en español? [꼬모 세 디쎄 에스또 엔 에스빠뇰?]	25
이것은 **무엇**입니까?	¿Qué es esto? [께 에스 에스또?]	26
그곳은 **어디**입니까?	¿Dónde está? [돈데 에스따?]	27
이것은 **얼마**입니까?	¿Cuánto vale eso? [꾸안또 발레 에소?]	28
몇 시입니까?	¿Qué hora es? [께 오라 에스?]	29
화장실은 **어디**입니까?	¿Dónde está el servicio? [돈데 에스따 엘 세르비씨오?]	30
대단해요.	Maravilloso. [마라비요소.]	31

It makes you a confident traveler, even in the places you've never been.

 # SPANISH Basic
서어 기본

 5+1   It makes **you** a **confident traveler**!
당장 필요한 **기본 표현** 모음

환상적이에요.	**Fantástico.** [판따스띠꼬.]	32
기뻐요.	**Estoy feliz.** [에스또이 펠리스.]	33
슬퍼요.	**Estoy triste.** [에스또이 뜨리스떼.]	34
배가 고파요.	**Tengo hambre.** [뗑고 암브레.]	35
목이 말라요.	**Tengo sed.** [뗑고 셋.]	36
맛있네요.	**Esta delicioso.** [에스따 델리씨오소.]	37
피곤해요.	Estoy cansado. (m.) / Estoy cansada. (f.) [에스또이 깐사도. (남성) / 에스또이 깐사다. (여성)]	38
부탁합니다.	**Por favor.** [뽀르 파보르.]	39
한 번 더 부탁합니다.	**Una vez más, por favor.** [우나 베스 마스, 뽀르 파보르.]	40
여기에 써주세요.	**Escríbalo aquí, por favor.** [에스끄리발로 아끼, 뽀르 파보르.]	41

It makes **you** a **confident traveler**,
even in the places you've never been.   *5+1 6

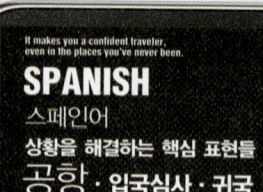

SPANISH
스페인어
상황을 해결하는 핵심 표현들
공항 · 입국심사 · 귀국

① **안내소는 어디입니까?** (공중전화, 버스터미널, 환전소)
¿Dónde está el mostrador de información?
[돈데 에스따 엘 모스뜨라도르 데 인포르마씨온?]
(teléfono público, terminal de autobuses, oficina de cambio de moneda)
[뗄레포노 뿌블리꼬, 떼르미날 데 아우또부세스, 오피씨나 데 깜비오 데 모네다]

② **~ 항공 카운터는 어디입니까?**
¿Dónde está el mostrador de Aerolíneas ~?
[돈데 에스따 엘 모스뜨라도르 데 아에로리네아스?]

③ **여권, 부탁**합니다.
Pasaporte, por favor.
[빠사뽀르떼, 뽀르 파보르.]

④ **탑승권, 부탁**합니다.
Tarjeta de embarque, por favor.
[따르헤따 데 엠바르께, 뽀르 파보르.]

⑤ **창측, 복도측 어느 자리**로 하시겠습니까?
¿Asiento de ventanilla o de pasillo?
[아시엔또 데 벤따니야 오 데 빠시요?]

⑥ **창측 좌석, 부탁**합니다. (복도측 좌석)
Un asiento de ventana, por favor.
[운 아시엔또 데 벤따나, 뽀르 파보르.]
(Un asiento de pasillo)
[운 아시엔또 데 빠시요]

⑦ 이것을 **기내로** 가져갈 수 있나요?
¿Puedo llevar esto en el avión?
[뿌에도 예바르 에스또 엔 엘 아비온?]

⑧ 이 **짐을 부쳐주세요.**
Por favor, envíe esto como equipaje no acompañado.
[뽀르 파보르, 엔비에 에스또 꼬모 에끼빠헤 노 아꼼빠냐도.]

SPANISH **Airport** 서어 공항

5+1   It makes **you** the **confident traveler!** 체크인 수하물 보딩 예약

체크인할 **가방**이 **2개** 있습니다.	Tengo dos maletas para facturar. [뗑고 도스 말레따스 빠라 팍뚜라르.]	⑨
체크인할 **짐**이 **없습니다**.	No tengo equipaje para facturar. [노 뗑고 에끼빠헤 빠라 팍뚜라르.]	⑩
탑승 게이트는 **어디**입니까?	¿Dónde está la puerta de embarque? [돈데 에스따 라 뿌에르따 데 엠바르께?]	⑪
탑승은 언제 **시작합니까**?	¿A qué hora podemos embarcar? [아 께 오라 뽀데모스 엠바르까르?]	⑫
출발은 얼마나 **지연**될 것 같습니까?	¿Cuánto tiempo se retrasará la salida? [꾸안또 띠엠뽀 세 레뜨라사라 라 살리다?]	⑬
예약을 재확인하고 싶습니다.	Me gustaría volver a confirmar mi reserva. [메 구스따리아 볼베르 아 콘피마르 미 레세르바.]	⑭
6월 18일 NW450 **인천행 항공편**입니다.	El 18 de junio, el número de vuelo es NW450 a Incheon. [엘 디에스 이 오초 데 후니오, 엘 누메로 데 부엘로 에스 에네 우베도블레 꾸아뜨로 씽꼬 쎄로 아 인천.]	⑮
항공편을 바꾸고 싶습니다.	Me gustaría cambiar mi vuelo, por favor. [메 구스따리아 깜비아르 미 부엘로, 뽀르 파보르.]	⑯
이용 가능한 **항공편**은 **어떤** 것입니까?	¿Qué vuelo está disponible? [께 부엘로 에스따 디스뽀니블레?]	⑰

SPANISH
스페인어
상황을 해결하는 핵심 표현들
공항 · 입국심사 · 귀국

⑱ 제 **자리**는
어디입니까?

¿Dónde está mi asiento?
[돈데 에스따 미 아시엔또?]

⑲ 지나가게 해주세요.

Por favor, déjeme pasar.
[뽀르 파보르, 데하메 빠사르.]

⑳ 이것은 제 **자리**인
것 같습니다.

Creo que éste es mi asiento.
[끄레오 께 에스떼 에스 미 아시엔또.]

㉑ 제 **가방**을 위로 올
려 주시겠습니까?

¿Podría colocar arriba mi equipaje,
por favor? [뽀드리아 꼴로까르 아리바
미 에끼빠헤, 뽀르 파보르?]

㉒ **자리**를 바꿔도
됩니까?

¿Puedo cambiar mi asiento?
[뿌에도 깜비아르 미 아시엔또?]

㉓ **창측 좌석**으로
바꿔도 됩니까?
(**복도측**)

¿Puedo cambiar mi asiento a ventanilla?
[뿌에도 깜비아르 미 아시엔또 아 벤따니야?]
(pasillo) [빠시요]

㉔ **음료**는 **무엇**으로
하시겠습니까?

¿Qué desea beber?
[께 데세아 베베르?]

㉕ **커피**, **부탁**합니다.
(**차**, **주스**, **맥주**,
와인, **물**)

Café, por favor.
[까페, 뽀르 파보르.]
(Té, Zumo, Cerveza, Vino, Agua)
[떼, 쑤모, 쎄르베싸, 비노, 아구아]

㉖ **쇠고기**와 **생선**,
어떤 것으로
하시겠습니까?

¿Desea carne o pescado?
[데세아 까르네 오 뻬스까도?]

Airport
서어 공항

   **기내 좌석 기내 서비스 환승**

쇠고기, **부탁**합니다. (**닭고기**, **생선**)	Carne de vaca, por favor. [까르네 데 바까, 뽀르 파보르.] (Pollo, Pescado) [뽀요, 뻬스까도]	27
베개와 **담요**를 주시겠습니까? (**잡지**, **신문**, **약**, **담요 한 장 더**)	¿Podría darme una almohada y una manta, por favor? [뽀드리아 다르메 우나 알모아다 이 우나 만따, 뽀르 파보르?] (revistas, un periódico, algunos medicamentos, otra manta) [레비스따스, 운 뻬리오디꼬, 알구노스 메디까멘또스, 오뜨라 만따]	28
헤드폰이 망가졌습니다.	Estos auriculares están rotos. [에스또스 아우리꿀라레스 에스딴 로또스.]	29
입국신고서 한 장 주시겠습니까?	¿Puede darme una tarjeta de inmigración? [뿌에데 다르메 우나 따르헤따 데 인미그라씨온?]	30
제 **좌석**을 뒤로 눕혀도 될까요?	¿Puedo reclinar mi asiento? [뿌에도 레끌리나르 미 아시엔또?]	31
좌석을 원위치로 해주시겠습니까? (**테이블**)	¿Puede poner su asiento en posición vertical? [뿌에데 뽀네르 수 아시엔또 엔 뽀시씨온 베르띠깔?] (mesa) [메사]	32
블라인드를 내려 주시겠습니까?	¿Puede cerrar la cortina de la ventana? [뿌에데 쎄라르 라 꼬르띠나 데 라 벤따나?]	33
이 **공항**에서 **얼마나** 머뭅니까?	¿Cuánto tiempo pararemos en este aeropuerto? [꾸안또 띠엠뽀 빠라레모스 엔 에스떼 아에로뿌에르또?]	34

It makes you a confident traveler, even in the places you've never been.

SPANISH
스페인어
상황을 해결하는 핵심 표현들
공항 · 입국심사 · 귀국

㉟ **방문의 목적은 무엇입니까?**
¿Cuál es el propósito de su visita?
[꾸알 에스 엘 쁘로뽀시또 데 수 비시따?]

㊱ **관광입니다.**
(**비즈니스**, **유학**, **휴가**)
Turismo. [뚜리스모.]
(Negocios, Estudios en el extranjero, Placer)
[네고시오스, 에스뚜디오스 엔 엘 엑스뜨랑헤로, 쁠라세르]

㊲ **얼마 동안 머물 예정입니까?**
¿Cuánto tiempo se va a quedar?
[꾸안또 띠엠뽀 세 바 아 께다르?]

㊳ **6일입니다.**
(**1주일**, 3주일)
Seis días.
[세이스 디아스.]
(Una semana, Tres semanas)
(우나 세마나, 뜨레스 세마나스)

㊴ **어디에 머물 예정입니까?**
¿Dónde se va a alojar?
[돈데 세 바 아 알로하르?]

㊵ **힐튼 호텔에요.**
(**친척집에요**, **친구의 집에요.**)
En el hotel Hilton.
[엔 엘 오뗄 힐똔.]
(casa de un familiar, casa de un amigo)
[까사 데 운 파밀라르, 까사 데 운 아미고]

㊶ **귀국 항공권을** 가지고 있습니까?
¿Tiene ticket de vuelta?
[띠에네 띠껫 데 부엘따?]

㊷ 당신의 **직업은 무엇입니까?**
¿En qué trabaja?
[엔 께 뜨라바하?]

It makes **you** a **confident traveler**, even in the places you've never been.

Airport
서어 공항

   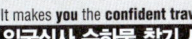

입국심사 수하물 찾기 세관

수하물 찾는 곳은 어디입니까?	¿Dónde está la reclamación de equipaje? [돈데 에스따 라 레끌라마씨온 데 에끼빠헤?]	43
여기가 747편 **수하물**이 나오는 곳입니까?	¿Es ésta la reclamación de equipaje para el vuelo 747? [에스 에스따 라 레끌라마씨온 데 에끼빠헤 빠라 엘 부엘로 시에떼 꾸아뜨로 시에떼?]	44
분실물센터는 어디입니까?	¿Dónde está la oficina de objetos perdidos? [돈데 에스따 라 오피시나 데 오브헤또스 뻬르디도스?]	45
제 옷 **가방**을 못 찾겠습니다.	No encuentro mi maleta. [노 엔꾸엔뜨로 미 말레따.]	46
이것이 제 **수하물** 확인증입니다.	Ésta es mi etiqueta de reclamación de equipaje. [에스따 에스 미 에띠께따 데 레끌라마씨온 데 에끼빠헤.]	47
가방을 열어 주시겠습니까?	¿Puede abrir su maleta? [뿌에데 아브리르 수 말레따?]	48
이것은 **무엇**입니까?	¿Qué es esto? [께 에스 에스또?]	49
개인 소지품들 입니다.	Son sólo mis pertenencias personales. [손 솔로 미스 뻬르떼넨씨아스 뻬르소날레스.]	50
신고할 **물건**이 있습니까?	¿Tiene algo que declarar? [띠에네 알고 께 데끌라라르?]	51
신고할 **물건**이 없습니다. (**위스키** 두 병이 있습니다.)	No tengo nada que declarar. [노 뗑고 나다 께 데끌라라르.] (Dos botellas de whisky.) [도스 보떼야스 데 위스키.]	52

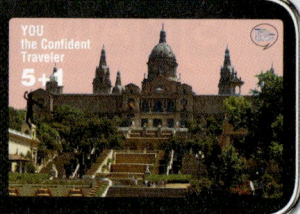

호텔 Hotel

① **체크인**을 하고 싶습니다.
Deseo registrarme.
[데세오 레히스뜨라르메.]

② 제 **이름**은 ~입니다.
Me llamo ~.
[메 야모 ~.]

③ 여기 **확인증**입니다.
Aquí está mi confirmación.
[아끼 에스따 미 꼰피르마씨온.]

④ **오늘밤** 사용할 **방**이 있습니까?
¿Tiene habitaciones para esta noche?
[띠에네 아비따씨오네스 빠라 에스따 노체?]

⑤ **1인실**, **부탁**합니다. (2인실)
Una habitación individual, por favor.
[우나 아비따씨온 인디비두알, 뽀르 파보르.]
(Una habitación doble) [우나 아비따씨온 도블레]

⑥ **하룻밤**에 **얼마**입니까?
¿Cuánto es por noche?
[꾸안또 에스 뽀르 노체?]

⑦ **세금**과 **봉사료** **포함**입니까?
¿Esto incluye impuestos y servicios?
[에스또 인끌루예 임뿌에스또스 이 세르비씨오스?]

⑧ **아침식사** **포함**입니까?
¿Incluye desayuno?
[인끌루예 데사유노?]

⑨ **덜 비싼** 것이 있습니까?
¿Tiene algo que no sea tan caro?
[띠에네 알고 께 노 세아 딴 까로?]

⑩ **추가 침대**를 **방**에 놓을 수 있습니까?
¿Puede poner una cama extra en la habitación?
[뿌에데 뽀네르 우나 까마 엑스뜨라 엔 라 아비따씨온?]

SPANISH

Hotel
서어 호텔

체크인 호텔 프런트 편의시설

성씨의 **철자**를 말씀해 주시겠습니까? (**성**을, **이름**을)

¿Puede deletrear su apellido?
[뿌에데 델레뜨레아르 수 아뻬이도?]
(apellido, nombre)
[아뻬이도, 놈브레] ⑪

양식을 채워 주시겠습니까?

¿Puede rellenar este formulario?
[뿌에데 레예나르 에스떼 포르물라리오?] ⑫

현금과 **카드**, **어떤 것**으로 **결제**하시겠습니까?

¿Cómo va a pagar, en efectivo o con tarjeta?
[꼬모 바 아 빠가르, 엔 에펙띠보 오 꼰 따르헤따?] ⑬

당신의 **객실번호**는 604호입니다.

Su habitación es la 604.
[수 아비따씨온 에스 라 세이스 쎄로 꾸아뜨로.] ⑭

저의 **귀중품**을 보관해 주시겠습니까?

¿Puede guardar mis objetos de valor?
[뿌에데 구아르다르 미스 오브헤또스 데 발로르?] ⑮

아침식사는 **어디**에서 합니까?

¿Dónde puedo desayunar?
[돈데 뿌에도 데사유나르?] ⑯

아침식사는 **몇 시**부터 **시작**합니까?

¿A qué hora comienzan a servir el desayuno?
[아 께 오라 꼬미엔싼 아 세르비르 엘 데사유노?] ⑰

비즈니스 센터가 있습니까? (**비즈니스 라운지**, **회의실**)

¿Tiene un centro de negocios?
[띠에네 운 쎈뜨로 데 네고씨오스?]
(una sala de negocios, una sala de conferencias) [우나 살라 데 네고씨오스, 우나 살라 데 꼰페렌씨아스] ⑱

호텔에는 어떤 **위락시설**이 있습니까?

¿Qué tipo de instalaciones de ocio hay en el hotel? [께 띠뽀 데 인스딸라씨오네스 데 오씨오 아이 엔 엘 오뗄?] ⑲

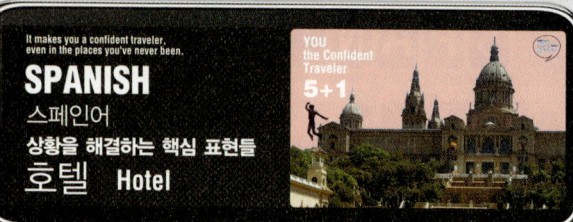

SPANISH 스페인어
상황을 해결하는 핵심 표현들
호텔 Hotel

⑳ **룸서비스** **부탁**합니다.
Deseo servicio de habitaciones, por favor.
[데세오 세르비씨오 데 아비따씨오네스, 뽀르 파보르.]

㉑ **객실번호**를 **부탁** 드립니다.
Su número de habitación, por favor.
[수 누메로 데 아비따씨온, 뽀르 파보르.]

㉒ 303호실입니다.
Es la habitación 303.
[에스 라 아비따씨온 뜨레스 쎄로 뜨레스.]

㉓ **무엇**을 원하십니까?
¿Qué desea?
[께 데세아?]

㉔ **샌드위치** 하나와 **커피** 한 잔 **부탁** 드립니다. (**샴페인** 한 병)
Quiero un sandwich y una taza de café.
[끼에로 운 산드위치 이 우나 따싸 데 카페.]
(una botella de champán)
[우나 보떼야 데 참빤]

㉕ 7시에 **조식**을 제 **방**으로 가져다 주시면 좋겠습니다.
Quiero el desayuno en mi habitación a las 7.
[끼에로 엘 데사유노 엔 미 아비따씨온 아 라스 시에떼.]

㉖ **누구**세요?
¿Quién es?
[끼엔 에스?]

㉗ 들어오세요.
Entre, por favor.
[엔뜨레, 뽀르 파보르.]

㉘ 잠시만 기다려 주세요.
Un momento, por favor.
[운 모멘또, 뽀르 파보르.]

SPANISH **Hotel** 서어 호텔

5+1 It makes **you** the **confident traveler!**
룸서비스 모닝콜

모닝콜 **부탁** 드립니다.	Quiero una llamada despertador. [끼에로 우나 야마다 데스뻬르따도르.]	29
몇 시에 **모닝콜**을 원하십니까?	¿A qué hora quiere la llamada despertador? [아 께 오라 끼에레 라 야마다 데스뻬르따도르?]	30
6시에 **모닝콜** 해주시면 좋겠습니다.	Quiero una llamada despertador a las 6 en punto. [끼에로 우나 야마다 데스뻬르따도르 아 라스 세이스 엔 뿐또.]	31
한국의 **서울**로 **전화**하고 싶습니다.	Me gustaría hacer una llamada a Seúl, Corea. [메 구스따리아 아쎄르 우나 야마다 아 세울, 꼬레아.]	32
깨끗한 **수건** 한 장 주시겠습니까?	¿Me puede dar una toalla limpia? [메 뿌에데 다르 우나 또아야 림삐아?]	33
다른 **담요**를 받고 싶습니다.	Quiero otra manta, por favor. [끼에로 오뜨라 만따, 뽀르 파보르.]	34
세탁물이 좀 있습니다.	Tengo ropa para lavar. [뗑고 로빠 빠라 라바르.]	35
제 **옷**을 **다림질** 했으면 좋겠습니다.	Me gustaría que me plancharan la ropa. [메 구스따리아 께 메 쁠란차란 라 로빠.]	36
제 **방**을 **청소**해 주시겠습니까?	¿Podrían limpiar mi habitación? [뽀드리안 림삐아르 미 아비따씨온?]	37

SPANISH
스페인어

상황을 해결하는 핵심 표현들
호텔 Hotel

38 제 **짐**을 아직 못 받았습니다.
No he recibido mi equipaje todavía.
[노 에 레씨비도 미 에끼빠헤 또다비아.]

39 옆 **방**이 너무 시끄럽습니다.
Hay mucho ruido en la habitación de al lado.
[아이 무초 루이도 엔 라 아비따씨온 데 알 라도.]

40 **다른 방**으로 바꾸고 싶습니다.
Me gustaría cambiar a otra habitación.
[메 구스따리아 깜비아르 아 오뜨라 아비따씨온.]

41 **방**이 너무 춥습니다. (덥습니다)
Mi habitación es muy fría.
[미 아비따씨온 에스 무이 프리아.]
(calurosa) [깔루로사]

42 **화장실**이 **고장** 났습니다.
El servicio no funciona.
[엘 세르비씨오 노 푼씨오나.]

43 **온수**가 나오지 않습니다.
No hay agua caliente.
[노 아이 아구아 깔리엔떼.]

44 지금 이것을 고쳐 주시겠습니까?
¿Podría arreglarlo ahora?
[뽀드리아 아레글라를로 아오라?]

45 **죄송**합니다만, **키**를 **방**에 두었습니다.
Lo siento, pero me dejé la llave en la habitación.
[로 시엔또, 뻬로 메 데헤 라 야베 엔 라 아비따씨온.]

46 **죄송**합니다만, **룸 키**를 잃어버렸습니다.
Lo siento, pero he perdido la llave de mi habitación.
[로 시엔또, 뻬로 에 뻬르디도 라 야베 데 미 아비따씨온.]

SPANISH ... **Hotel** 서어 호텔 S

5+1   It makes **you** the **confident traveler**!
객실 문제상황 체크아웃

죄송합니다만, **방 번호**를 잊어버렸습니다.	Lo siento, pero olvidé mi número de habitación. [로 시엔또, 뻬로 올비데 미 누메로 데 아비따씨온.]	47
체크아웃 하고 싶습니다.	Quiero abandonar el hotel. [끼에로 아반도나르 엘 오뗄.]	48
하룻밤 더 묵고 싶습니다.	Quiero quedarme una noche más. [끼에로 께다르메 우나 노체 마스.]	49
짐을 내리도록 사람을 보내주십시오.	Por favor, envíe a alguien para bajar mi equipaje. [뽀르 파보르, 엔비에 아 알기엔 빠라 바하르 미 에끼빠헤.]	50
이 **금액**은 **무엇**입니까?	¿A qué corresponde este cargo? [아 께 꼬레스뽄데 에스떼 까르고?]	51
신용카드로 지불 하고 싶습니다. (**현금**으로, **여행자수표**로)	Quiero pagar con tarjeta de crédito. [끼에로 빠가르 꼰 따르헤따 데 끄레디또.] (en efectivo, con cheques de viajero) [엔 에펙띠보, 꼰 체께스 데 비아헤로]	52
제 **귀중품**을 돌려 받고 싶습니다.	Me gustaría recoger mis objetos de valor. [메 구스따리아 레꼬헤르 미스 오브헤또스 데 발로르.]	53
저녁까지 제 **짐**을 보관해 주시겠습니까?	¿Podría guardar mi equipaje hasta esta noche? [뽀드리아 구아르다르 미 에끼빠헤 아스따 에스따 노체?]	54
택시를 불러 주시겠습니까?	¿Puede llamar a un taxi para mí? [뿌에데 야마르 아 운 딱시 빠라 미?]	55

SPANISH
스페인어
상황을 해결하는 핵심 표현들
교통 Transport

①	~행 **좌석**을 **예약**하고 싶습니다.	Quiero reservar una plaza para ~. [끼에로 레세르바르 우나 쁠라싸 빠라 ~.]
②	3월 8일 ~행 **항공편**이 있습니까?	¿Tiene un vuelo a ~ el 8 de marzo? [띠에네 운 부엘로 아 ~ 엘 오쵸 데 마르쏘?]
③	바로 탈 수 있는 **항공편**이 있습니까?	¿Hay algún vuelo que pueda tomar ahora? [아이 알군 부엘로 께 뿌에다 또마르 아오라?]
④	저의 **항공편**을 **재확인**하고 싶습니다.	Me gustaría volver a confirmar mi vuelo. [메 구스따리아 볼베르 아 꼰피르마르 미 부엘로.]
⑤	저의 **항공편 예약**을 **변경**하고 싶습니다.	Me gustaría cambiar mi reserva de vuelo. [메 구스따리아 깜비아르 미 레세르바 데 부엘로.]
⑥	저의 **항공편**을 **취소**하고 싶습니다.	Me gustaría cancelar mi billete. [메 구스따리아 깐쎄라르 미 비예떼.]
⑦	저의 **예약번호**는 ~입니다.	Mi número de reserva es ~. [미 누메로 데 레세르바 에스 ~.]
⑧	**택시 정류장**은 **어디**입니까?	¿Dónde está la parada de taxis? [돈데 에스따 라 빠라다 데 딱시스?]
⑨	**트렁크**를 열어 주시겠습니까?	¿Podría abrir el maletero? [뽀드리아 아브리르 엘 말레떼로?]

 **Transport** 서어 교통

   It makes **you** the **confident traveler!**
비행기 택시

어디로 가십니까?	¿A dónde? [아 돈데?]	10
시내로, **부탁**합니다. (**갤러리, 극장, 도서관, 기념관, 동물원, 수족관**)	Al centro de la ciudad, por favor. [알 쎈뜨로 데 라 씨우닷, 뽀르 파보르.] (galería, teatro, biblioteca, monumento, zoo, acuario) [갈레리아, 떼아뜨로, 비블리오떼까, 모누멘또, 쏘오, 아꾸아리오]	11
이 **주소**로 가주세요.	Por favor, lléveme a esta dirección. [뽀르 파보르, 예베메 아 에스따 디렉씨온.]	12
가장 **가까운 역**은 **어디**입니까?	¿Dónde está la estación más cercana? [돈데 에스따 라 에스따씨온 마스 쎄르까나?]	13
공항까지는 얼마나 걸립니까?	¿Cuanto tiempo se tarda en llegar al aeropuerto? [꾸안또 띠엠뽀 세 따르다 엔 예가르 알 아에로뿌에르또?]	14
서둘러 주시겠습니까?	¿Podria darse prisa? [뽀드리아 다르세 쁘리사?]	15
다음 **신호**에 세워주세요.	Pare en la siguiente señal. [빠레 엔 라 시기엔떼 세냘.]	16
여기에 세워 주세요.	Por favor, pare aquí. [뽀르 파보르, 빠레 아끼.]	17
요금은 **얼마**입니까?	¿Cuánto es? [꾸안또 에스?]	18
감사합니다. **잔돈**은 가지세요.	Gracias. Guárdese el cambio. [그라씨아스. 구아르데세 엘 깜비오.]	19

SPANISH
스페인어

상황을 해결하는 핵심 표현들
교통 Transport

⑳	~행 **버스정류장**은 어디입니까?	¿Dónde está la parada del autobús a ~? [돈데 에스따 라 빠라다 델 아우또부스 아 ~?]
㉑	**어떤 버스**가 **시내**로 갑니까?	¿Qué autobús va al centro de la ciudad? [께 아우또부스 바 알 쎈뜨로 데 라 씨우닷?]
㉒	**어떤 버스**를 타야 합니까?	¿Qué autobús debería tomar? [께 아우또부스 데베리아 또마르?]
㉓	~행 **버스**는 **몇 번**입니까?	¿Cuál es el número del autobús a ~? [꾸알 에스 엘 누메로 델 아우또부스 아 ~?]
㉔	그 **버스**는 **여기**에 **언제** 옵니까?	¿Cuándo viene el autobús? [꾸안도 비에네 엘 아우또부스?]
㉕	저 **버스**가 힐튼 **호텔**에 갑니까?	¿Este autobús va al hotel Hilton? [에스떼 아우또부스 바 알 오뗄 힐똔?]
㉖	힐튼 **호텔**은 **어느 정류장**에서 내려야 합니까?	¿En qué parada me debo bajar para el hotel Hilton? [엔 께 빠라다 메 데보 바하르 빠라 엘 오뗄 힐똔?]
㉗	~까지 **몇 정거장**입니까?	¿Cuántas paradas quedan hasta ~? [꾸안따스 빠라다스 께단 아스따 ~?]
㉘	**다음 정류장**은 **어디**입니까?	¿Cual es la próxima parada? [꾸알 에스 라 쁘록시마 빠라다?]
㉙	**다음 정류장**에서 내리겠습니다.	Me bajaré en la próxima parada. [메 바하레 엔 라 쁘록시마 빠라다.]

SPANISH

Transport
서어 교통

It makes **you** the **confident traveler!**
버스

저 내리겠습니다.	Me bajo. [메 바호.]	30
티켓은 어디에서 살 수 있습니까?	¿Dónde puedo comprar un billete? [돈데 뿌에도 꼼쁘라르 온 비예떼?]	31
시간표를 주시겠습니까?	¿Puede darme un horario? [뿌에데 다르메 운 오라리오?]	32
버스 노선표를 주시겠습니까?	¿Puede darme un mapa de rutas de autobuses? [뿌에데 다르메 운 마빠 데 루따스 데 아우또부세스?]	33
~행 **다음 버스**는 **언제** 떠납니까?	¿Cuándo sale el siguiente autobús a ~? [꾸안도 살레 엘 시기엔떼 아우또부스 아 ~?]	34
~행 **마지막 버스**는 **언제** 떠납니까?	¿Cuándo sale el último autobús a ~? [꾸안도 살레 엘 울띠모 아우또부스 아 ~?]	35
거기까지 가는데 **얼마나** 걸립니까? (공항)	¿Cuánto se tarda en llegar allí? [꾸안또 세 따르다 엔 예가르 아이?] (al aeropuerto) [알 아에로뿌에르또]	36
버스로 2시간 정도입니다.	Unas dos horas en autobús. [우나스 도스 오라스 엔 아우또부스.]	37
~에는 **언제**쯤 **도착**합니까?	¿A qué hora llegaremos a ~? [아 께 오라 예가레모스 아 ~?]	38
그곳에 **도착**하면 저에게 알려 주시겠습니까?	¿Podría indicármelo cuando lleguemos allí? [뽀드리아 인디까르멜로 꾸안도 예게모스 아이?]	39

SPANISH
스페인어
상황을 해결하는 핵심 표현들
교통 Transport

(40) **가장 가까운 지하철 역은 어디**입니까? — ¿Dónde está la estación de metro más cercana? [돈데 에스따 라 에스따씨온 데 메뜨로 마스 쎄르까나?]

(41) **매표소는 어디**입니까? — ¿Dónde está la taquilla? [돈데 에스따 라 따끼야?]

(42) **지하철 노선도**를 얻을 수 있습니까? — ¿Puede darme un mapa del metro? [뿌에데 다르메 운 마빠 델 메뜨로?]

(43) ~에 가려면 **어떤 역에서** 내려야 합니까? — ¿En qué estación me tengo que bajar para ~? [엔 께 에스따씨온 메 뗑고 께 바하르 빠라 ~?]

(44) ~에 가는 것은 **몇 호선**입니까? — ¿Qué línea va a ~? [께 리네아 바 아 ~?]

(45) 1일권 주세요. — Un billete de un día, por favor. [운 비예떼 데 운 디아, 뽀르 파보르.]

(46) **요금은 얼마**입니까? — ¿Cuánto vale? [꾸안또 발레?]

(47) ~에 가려면 **어떤 출구로** 나가야 합니까? — ¿Qué salida tengo que tomar para ~? [께 살리다 뗑고 께 또마르 빠라 ~?]

(48) ~행 **편도표** 2매 주세요. — Dos billetes de ida a ~, por favor. [도스 비예떼스 데 이다 아 ~, 뽀르 파보르.]

 **Transport**
서어 교통

 **It makes you the confident traveler!**
지하철 기차

~행 **왕복표** **2매** 주세요.	Querría dos billetes de ida y vuelta a ~, por favor. [께리아 도스 비에떼 데 이다 이 부엘따 아 ~, 뽀르 파보르.]	49
~행 **어른** 둘, **아이** 하나, 주세요.	Dos adultos y un niño a ~, por favor. [도스 아둘또스 이 운 니뇨 아 ~, 뽀르 파보르.]	50
1등칸, 주세요. (**2등칸**)	Primera clase, por favor. [쁘리메라 끌라세, 뽀르 파보르.] (Estándar) [에스딴다르]	51
어떤 역에서 **열차**를 갈아타야 합니까?	¿En que estación debo cambiar de tren? [엔 께 에스따씨온 데보 깜비아르 데 뜨렌?]	52
~행 **열차**는 **어떤 플랫폼**에서 **출발**합니까?	¿De qué andén sale el tren a ~? [데 께 안덴 살레 엘 뜨렌 아 ~?]	53
이 **열차** ~에 갑니까?	¿Este tren va a ~? [에스떼 뜨렌 바 아 ~?]	54
식당칸은 **어디**입니까?	¿Dónde está el vagón restaurante? [돈데 에스따 엘 바곤 레스따우란떼?]	55
다음 역은 **어디**입니까?	¿Cuál es la próxima estación? [꾸알 에스 라 쁘록시마 에스따씨온?]	56
내릴 곳을 지나쳤습니다.	He perdido mi parada. [에 뻬르디도 미 빠라다.]	57
기차를 놓쳤습니다.	He perdido el tren. [에 뻬르디도 엘 뜨렌.]	58

교통 Transport

(59) 한국에서 예약했습니다.
Hice una reserva desde Corea.
[이쎄 우나 레세르바 데스데 꼬레아.]

(60) 차를 5일간 렌트하고 싶습니다. (1주일간)
Quiero alquilar un coche por cinco días.
[끼에로 알끼라르 운 꼬체 뽀르 씽꼬 디아스.]
(una semana) [우나 세마나]

(61) 어떤 종류의 차가 있습니까?
¿Qué tipo de coches tienen?
[께 띠뽀 데 꼬체스 띠에넨?]

(62) 저는 오토매틱만 운전이 가능합니다. (수동)
Sólo puedo conducir coches automáticos.
[솔로 뿌에도 꼰두씨르 꼬체스 아우또마띠꼬스.]
(manuales)
[마누알레스]

(63) 차를 봐도 됩니까?
¿Puedo ver el coche?
[뿌에도 베르 엘 꼬체?]

(64) 하루 사용료가 어떻게 됩니까?
¿Cuál es la tarifa diaria?
[꾸알 에스 라 따리파 디아리아?]

(65) 보증금은 얼마입니까?
¿Cuánto es el depósito?
[꾸안또 에스 엘 데뽀시또?]

(66) 이 차를 렌트하겠습니다.
Alquilaré este coche.
[알낄라레 에스떼 꼬체.]

(67) 모든 보험을 다 들고 싶습니다.
Quiero seguro a todo riesgo.
[끼에로 세구로 아 또도 리에스고.]

Transport
서어 교통

5+1

It makes **you** the **confident traveler!**
렌터카 문제상황

차는 어디에 **반납**합니까?	¿Dónde puedo devolver el coche? [돈데 뿌에도 데볼베르 엘 꼬체?]
비상시에는 **누구**에게 **연락**해야 합니까?	¿A quién debo contactar en caso de emergencia? [아 끼엔 데보 꼰딱따르 엔 까소 데 에메르헨씨아?]
주유소가 이 **근처**에 있습니까?	¿Hay una gasolinera cerca de aquí? [아이 우나 가솔리네라 쎄르까 데 아끼?]
레귤러로 가득 채워주세요.	Llénelo de gasolina, por favor. [예네로 데 가솔리나, 뽀르 파보르.]
오일과 **타이어**를 **점검**해 주시겠습니까?	¿Puede comprobar el aceite y las ruedas? [뿌에데 꼼쁘로바르 엘 아쎄이떼 이 라스 루에다스?]
제 **차**가 **고장** 났습니다.	Mi coche se ha roto. [미 꼬체 세 아 로또.]
시동이 걸리지 않습니다.	El motor no arranca. [엘 모또르 노 아란까.]
배터리가 **방전**되었습니다.	La batería no funciona. [라 바떼리아 노 푼씨오나.]
타이어가 **펑크** 났습니다.	Tengo un neumático pinchado. [뗑고 운 네우마띠꼬 삔차도.]
키를 **차** 안에 두고 내렸습니다.	Me he dejado las llaves dentro del coche. [메 에 데하도 라스 야베스 덴뜨로 델 꼬체.]
저는 ~ **근처**에 있습니다.	Estoy cerca de ~. [에스또이 쎄르까 데 ~.]

26

It makes you a confident traveler, even in the places you've never been.

SPANISH
스페인어

상황을 해결하는 핵심 표현들
식당 Restaurant

YOU the Confident Traveler 5+1

① **유명**한 **식당**을 **추천**해 주시겠습니까?
¿Me puede recomendar un restaurante conocido? [메 뿌에데 레꼬멘다르 운 레스따우란떼 꼬노씨도?]

② **괜찮은 식당**이 **어디**입니까? **(저렴한 식당)**
¿Dónde puedo encontrar un buen restaurante?
[돈데 뿌에도 엔꼰뜨라르 운 부엔 레스따우란떼?]
(un restaurante barato)
[운 레스따우란떼 바라또]

③ 이 **식당**은 **어디**입니까?
¿Dónde está este restaurante?
[돈데 에스따 에스떼 레스따우란떼?]

④ **예약**을 해야 합니까?
¿Necesitamos reserva?
[네쎄시따모스 레세르바?]

⑤ **오늘밤** 6시에 세 사람 **예약**하고 싶습니다. **(내일 7시에 두 사람)**
Quiero reservar una mesa para tres, esta noche a las seis.
[끼에로 레세르바르 우나 메사 빠라 뜨레스, 에스따 노체 아 라스 세이스.]
(para dos, mañana a las siete)
[빠라 도스, 마냐나 아 라스 시에떼]

⑥ **죄송**합니다. 그때는 만석입니다.
Lo siento, estamos completos a esa hora.
[로 시엔또, 에스따모스 꼼쁠레또스 아 에사 오라.]

⑦ **예약**하셨습니까?
¿Tiene reserva?
[띠에네 레세르바?]

Restaurant 서어 **식당**

   It makes **you** the **confident traveler!**
식당 찾기 예약 좌석 스낵

7시로 **예약**했습니다.	Tengo reserva para las siete en punto. [뗑고 레세르바 빠라 라스 시에떼 엔 뿐또.]	8
예약은 하지 않았습니다.	No tengo reserva. [노 뗑고 레세르바.]	9
테이블이 있습니까?	¿Tiene una mesa? [띠에네 우나 메사?]	10
얼마나 기다려야 합니까?	¿Cuánto es el tiempo de espera? [꾸안또 에스 엘 띠엠뽀 데 에스뻬라?]	11
창쪽 테이블로 부탁 드립니다.	Una mesa junto a la ventana, por favor. [우나 메사 훈또 아 라 벤따나, 뽀르 파보르.]	12
흡연석이면 더 좋겠습니다.	Prefiero una mesa en la zona de fumadores. [쁘레피에로 우나 메사 엔 라 쏘나 데 푸마도레스.]	13
치즈버거 하나, **프라이** 라지 하나 그리고 **콜라** 작은 것 주세요.	Una hamburguesa con queso, patatas grandes y Coca-cola pequeña, por favor. [우나 암부르게사 꼰 께소, 빠따따스 그란데스 이 꼬까-꼴라 뻬께냐, 뽀르 파보르.]	14
여기서 드십니까, **포장**이십니까?	¿Para tomar aquí o para llevar? [빠라 또마르 아끼 오 빠라 예바르?]	15
여기서 먹겠습니다. (**포장**입니다.)	Para tomar aquí, por favor. [빠라 또마르 아끼, 뽀르 파보르.] (Para llevar.) [빠라 예바르.]	16

SPANISH 스페인어
상황을 해결하는 핵심 표현들
식당 Restaurant

⑰ **영어**로 된 **메뉴판**이 있습니까?
¿Tiene un menú en inglés?
[띠에네 운 메누 엔 인글레스?]

⑱ **주문**하고 싶습니다.
Quiero pedir, por favor.
[끼에로 뻬디르, 뽀르 파보르.]

⑲ **어떤 것**을 **추천**해 주시겠습니까?
¿Qué me recomienda?
[께 메 레꼬미엔다?]

⑳ **오늘**의 **특별요리**가 있습니까?
¿Tiene platos especiales del día?
[띠에네 쁠라또스 에스뻬씨알레스 델 디아?]

㉑ **지역 특별요리**는 **무엇**입니까?
¿Cuál es la especialidad típica?
[꾸알 에스 라 에스뻬씨알리닷 띠삐까?]

㉒ **소고기 메뉴**들이 있습니까?
(**닭고기, 샐러드, 디저트, 지역음식**)
¿Tiene carne de vaca en el menú?
[띠에네 까르네 데 바까 엔 엘 메누?]
(pollo, ensalada, postre, comida típica)
[뽀요, 엔살라다, 뽀스뜨레, 꼬미다 띠삐까]

㉓ 이 **요리**는 **무엇**입니까?
¿Qué tiene este plato?
[께 띠에네 에스떼 쁠라또?]

㉔ **이것**으로 하겠습니다.
Tomaré esto.
[또마레 에스또.]

㉕ 저분들과 같은 **요리**로 주세요.
Quiero lo que ellos están tomando.
[끼에로 로 께 에요스 에스딴 또만도.]

㉖ **이것**은 여자분께, 이것은 제게 주세요.
Esto para ella y esto para mí.
[에스또 빠라 에야 이 에스또 빠라 미.]

SPANISH 💬 Restaurant 서어 **식당** S

 5+1   It makes **you** the **confident traveler!**
메뉴 주문 식사 선택사항

주문을 바꾸고 싶습니다.	Quiero cambiar mi pedido. [끼에로 깜비아르 미 뻬디도.]	27
드레싱은 **어떤 것**으로 하시겠습니까?	¿Qué aliños hay? [께 알리뇨스 아이?]	28
이탈리안 **드레싱**으로 주세요. (프렌치, 저지방, 사우전아일랜드)	Aliño italiano, por favor. [알리뇨 이딸리아노, 뽀르 파보르.] (Francés, Bajo en calorías, Mil Islas) [프란쎄스, 바호 엔 깔로리아스, 밀 이슬라스]	29
스테이크는 어떻게 해드릴까요?	¿Cómo quiere su filete? [꼬모 끼에레 수 퓔레떼?]	30
중간으로 해주세요. (덜 익혀, 중간 보다 덜 익혀, 완전히 익혀)	Medio hecho, por favor. [메디오 에초, 뽀르 파보르.] (Poco hecho, Medio, Muy hecho) [뽀꼬 에초, 메디오, 무이 에초]	31
계란은 **어떻게** 해드릴까요?	¿Cómo quiere los huevos? [꼬모 끼에레 로스 우에보스?]	32
삶아 주세요. (한쪽만 **프라이**, **스크램블**, **프라이**)	Cocidos. [꼬씨도스.] (Fritos, Revueltos, Doble fritos) [프리또스, 레부엘또스, 도블레 프리또스]	33

㉞	**저녁식사**와 함께 **무슨 음료**를 드시겠습니까?	¿Qué desea beber con la cena? [께 데세아 베베르 꼰 라 쎄나?]
㉟	**레드 와인** 한 잔 주세요. (**화이트 와인** 한 병, **맥주** 큰 잔으로, **수돗물**, **탄산수**)	Un vaso de vino tinto, por favor. [운 바소 데 비노 띤또, 뽀르 파보르.] (Una botella de vino blanco, Una jarra grande de cerveza, Agua del grifo, Agua con gas) [우나 보떼야 데 비노 블랑꼬, 우나 하라 그란데 데 쎄르베싸, 아구아 델 그리포, 아구아 꼰 가스]
㊱	**디저트**로는 **무엇**이 있습니까?	¿Qué quiere de postre? [께 끼에레 데 뽀스뜨레?]
㊲	그냥 **커피** 주세요.	Sólo café, por favor. [솔로 까페, 뽀르 파보르.]
㊳	**이것**은 **어떻게** 먹습니까?	¿Cómo puedo comer esto? [꼬모 뿌에도 꼬메르 에스또?]
㊴	제 **요리**가 아직 안 나왔습니다.	Mi plato aún no ha llegado. [미 쁠라또 아운 노 아 예가도.]
㊵	이것은 제가 **주문**한 것이 아닙니다.	Esto no es lo que he pedido. [에스또 노 에스 로 께 에 뻬디도.]
㊶	**이것**은 너무 짭니다. (탔습니다, 덜 익었습니다)	Esto es muy salado. [에스또 에스 무이 살라도.] (quemado, crudo) [께마도, 끄루도]

SPANISH Restaurant
서어 식당 S

 5+1   It makes **you** the **confident traveler!**
음료 디저트 문제상황 계산

제 **나이프**를 떨어뜨렸습니다.	Se me ha caído el cuchillo. [세 메 아 까이도 엘 꾸치요.]
다른 **포크**를 주시겠습니까?	¿Puede darme otro tenedor, por favor? [뿌에데 다르메 오뜨로 떼네도르, 뽀르 파보르?]
실례합니다. **물** 좀 주시겠습니까?	Perdón, ¿puede darme agua? [뻬르돈, 뿌에데 다르메 아구아?]
빵을 좀 더 주시겠습니까?	¿Podría darme un poco más de pan? [뽀드리아 다르메 운 뽀꼬 마스 데 빤?]
담배를 피워도 됩니까?	¿Puedo fumar? [뿌에도 푸마르?]
이것 좀 치워 주시겠습니까?	¿Podría retirar esto, por favor? [뽀드리아 레띠라르 에스또, 뽀르 파보르?]
계산하겠습니다.	Querría pagar. [께리아 빠가르.]
제가 내겠습니다.	Yo invito. [요 인비또.]
봉사료 포함입니까?	¿Está incluído el servicio? [에스따 인끌루이도 엘 세르비씨오?]
계산이 잘못되었습니다.	Hay un error en la cuenta. [아이 운 에로르 엔 라 꾸엔따.]
영수증을 주시겠습니까?	¿Puede darme un recibo, por favor? [뿌에데 다르메 운 레씨보, 뽀르 파보르?]

It makes you a confident traveler, even in the places you've never been.

SPANISH
스페인어
상황을 해결하는 핵심 표현들
관광 Sightseeing

① **관광 안내소**는 **어디**입니까?
¿Dónde está el centro de información turística? [돈데 에스따 엘 쎈뜨로 데 인포르마씨온 뚜리스띠까?]

② 지금 **어떤 축제**가 있습니까?
¿Hay algún festival ahora?
[아이 알군 페스띠발 아오라?]

③ **벼룩시장**이 있습니까?
¿Hay algún mercadillo?
[아이 알군 메르까디요?]

④ **시내** 전체를 **구경**할 만한 **장소**가 있습니까?
¿Hay algún lugar con una buena vista panorámica de la ciudad?
[아이 알군 루가르 꼰 우나 부에나 비스따 빠노라미까 데 라 씨우닷?]

⑤ **무료 지도**가 있습니까?
(**관광안내서**)
¿Tiene un mapa gratuito?
[띠에네 운 마빠 그라뚜이또?]
(el folleto del recorrido)
[엘 포예또 델 레꼬리도]

⑥ **관광 투어**가 있습니까?
(**시내관광**, 1일 **관광**)
¿Hay recorridos turísticos?
[아이 레꼬리도스 뚜리스띠꼬스?]
(recorridos urbanos, recorridos de un día)
[레꼬리도스 우르바노스, 레꼬리도스 데 운 디아]

⑦ **어떤 것**이 가장 **인기** 있는 **투어**입니까?
¿Cuál es el recorrido más popular?
[꾸알 에스 엘 레꼬리도 마스 뽀뿔라르?]

⑧ **한국어**를 하는 **가이드**가 있는 **투어**가 있습니까?
¿En alguno de los recorridos hay guías que hablen coreano? [엔 알구노 데 로스 레꼬리도스 아이 기아스 께 아블렌 꼬레아노?]

 **Sightseeing**
서어 관광

   **관광 안내소 시내 투어**

이 **투어**는 매일 있습니까?	¿Este recorrido está disponible todos los días? [에스떼 레꼬리도 에스따 디스뽀니블레 또도스 로스 디아스?]		9
투어는 **시간**이 **얼마나 소요**됩니까?	¿Cuánto dura el recorrido? [꾸안또 두라 엘 레꼬리도?]		10
가격은 **얼마**입니까?	¿Cuánto vale? [꾸안또 발레?]		11
식사 포함입니까?	¿Se incluyen las comidas? [세 인끌루옌 라스 꼬미다스?]		12
몇 시에 떠납니까?	¿A qué hora sale? [아 께 오라 살레?]		13
어디에서 만나야 합니까?	¿Dónde nos citamos? [돈데 노스 씨따모스?]		14
몇 시에 돌아옵니까?	¿A qué hora volveremos? [아 께 오라 볼베레모스?]		15
호텔에서 **픽업**해 주실 수 있습니까?	¿Puede recogerme en el hotel? [뿌에데 레꼬헤르메 엔 엘 오뗄?]		16
~에서 **자유시간**을 가질 수 있습니까?	¿Tenemos tiempo libre en ~? [떼네모스 띠엠뽀 리브레 엔 ~?]		17
예약을 하고 싶습니다.	Quiero hacer una reserva, por favor. [끼에로 아쎄르 우나 레세르바, 뽀르 파보르.]		18

SPANISH 스페인어

상황을 해결하는 핵심 표현들
관광 Sightseeing

⑲	~에서 유명한 것은 무엇입니까?	¿Qué es famoso en ~? [께 에스 파모소 엔 ~?]
⑳	뭐 좀 물어봐도 되겠습니까?	¿Puedo hacerle una pregunta? [뿌에도 아쎄를레 우나 쁘레군따?]
㉑	**여기는 무슨 거리입니까?**	¿Qué calle es ésta? [께 까예 에스 에스따?]
㉒	이 **주소**가 **여기** 근처입니까?	¿Esta dirección se encuentra cerca de aquí? [에스따 디렉씨온 세 엔꾸엔뜨라 쎄르까 데 아끼?]
㉓	이 근처에 백화점이 있습니까? (**슈퍼마켓, 약국, 경찰서, 우체국, 은행**)	¿Hay un centro comercial por aquí? [아이 운 쎈뜨로 꼬메르씨알 뽀르 아끼?] (supermercado, farmacia, comisaría, oficina de correos, banco) [수뻬르메르까도, 파르마씨아, 꼬미사리아, 오피씨나 데 꼬레오스, 반꼬]
㉔	**공중화장실**이 이 **근처**에 있습니까? (**공중전화**)	¿Hay un baño público cerca de aquí? [아이 운 바뇨 뿌블리꼬 쎄르까 데 아끼?] (teléfono) [뗄레포노]
㉕	**거기**에는 **어떻게** 갑니까?	¿Cómo puedo llegar allí? [꼬모 뿌에도 예가르 아이?]
㉖	이 **주소**는 **어떻게** 갈 수 있습니까?	¿Cómo puedo llegar a esta dirección? [꼬모 뿌에도 예가르 아 에스따 디렉씨온?]

It makes you a confident traveler, even in the places you've never been.

 # SPANISH Sightseeing S
서어 관광

5+1   It makes **you** the **confident traveler!**
시내관광 위치 사진 촬영

걸어서 얼마나 걸립니까?	¿Cuánto se tarda andando? [꾸안또 세 따르다 안단도?]	27
여기에서 ~ **광장**까지 **얼마나** 멉니까?	¿A cuánto está la plaza ~ de aquí? [아 꾸안또 에스따 라 쁠라싸 ~ 데 아끼?]	28
길을 잃었습니다.	Me he perdido. [메 에 뻬르디도.]	29
제가 이 **지도**에서 **어디**에 있나요?	¿Dónde estoy en este mapa? [돈데 에스또이 엔 에스떼 마빠?]	30
괜찮으시면 저를 그곳에 데려다 주시겠습니까?	¿Podría llevarme allí, si es tan amable? [뽀드리아 예바르메 아이, 시 에스 딴 아마블레?]	31
박물관은 이 **길**로 가는 것이 맞습니까?	¿Éste es el camino correcto para el museo? [에스떼 에스 엘 까미노 꼬렉또 빠라 엘 무세오?]	32
여기에서 **사진**을 찍어도 됩니까?	¿Puedo sacar una foto aquí? [뿌에도 사까르 우나 포또 아끼?]	33
실례합니다만, **사진** 좀 찍어 주시겠습니까?	Disculpe, ¿podría sacarnos una foto? [디스꿀뻬, 뽀드리아 사까노스 우나 포또?]	34
그냥 **버튼**만 누르면 됩니다.	Sólo apriete el botón. [솔로 아쁘리에떼 엘 보똔.]	35

It makes **you** a **confident traveler,** even in the places you've never been.   ★ 5+1   36

SPANISH
스페인어

상황을 해결하는 핵심 표현들
관광 Sightseeing

36 어떤 종류의 **쇼**가 **오늘밤**에 있습니까?
¿Qué tipo de show hay esta noche?
[께 띠뽀 데 쇼 아이 에스따 노체?]

37 **어떤 팀**이 **경기**를 합니까?
¿Qué equipos juegan?
[께 에끼뽀스 후에간?]

38 **프로그램**과 **가격표**를 봐도 됩니까?
¿Puedo ver el programa y la lista de precios?
[뿌에도 베르 엘 쁘로그라마 이 라 리스따 데 쁘레씨오스?]

39 그것은 **몇 시**에 **시작**합니까?
¿A qué hora empieza?
[아 께 오라 엠삐에싸?]

40 이 **공연**은 시간이 **얼마나 소요**됩니까?
(뮤지컬, 오페라, 콘서트, 발레, 경기)
¿Cuánto dura este juego?
[꾸안또 두라 에스떼 후에고?]
(musical, ópera, concierto, ballet, partido)
[무시깔, 오뻬라, 꼰씨에르또, 바렛, 빠르띠도]

41 **입장권**은 **어디**에서 살 수 있습니까?
¿Dónde puedo comprar un ticket de entrada?
[돈데 뿌에도 꼼쁘라르 운 띠껫 데 엔뜨라다?]

42 **오늘 티켓**이 있습니까?
¿Tienen tickets para hoy?
[띠에넨 띠껫스 빠라 오이?]

43 **어떤 좌석**이 있습니까?
¿Qué asientos tiene?
[께 아시엔또스 띠에네?]

It makes you a confident traveler, even in the places you've never been.

 **SPANISH** 💬 **Sightseeing** S
서어 관광

5+1   It makes **you** the **confident traveler!**
공연 티켓구매 장소질문

입장료는 **얼마**입니까? (**할인석**은, **일일권**은)	¿Cuánto vale la entrada? [꾸안또 발레 라 엔뜨라다?] (el ticket de venta anticipada, el ticket diario) [엘 띠껫 데 벤따 안띠씨빠다, 엘 띠껫 디아리오]	44
가장 싼 **티켓**은 **얼마**입니까?	¿Cuál es el ticket más barato? [꾸알 에스 엘 띠껫 마스 바라또?]	45
성인 둘에 **아이** 하나입니다.	Dos adultos y un niño, por favor. [도스 아둘또스 이 운 니뇨, 뽀르 파보르.]	46
이 **티켓**으로 다 볼 수 있습니까?	¿Este billete me permite ver todo? [에스떼 비예떼 메 뻬르미떼 베르 또도?]	47
무료 팸플릿이 있습니까?	¿Tiene un folleto gratuito? [띠에네 운 포에또 그라뚜이또?]	48
저의 **가방**을 맡겨 놓을 곳이 있습니까?	¿Dónde puedo dejar mi bolsa? [돈데 뿌에도 데하르 미 볼사?]	49
선물가게는 **어디**에 있습니까?	¿Dónde está la tienda de regalos? [돈데 에스따 라 띠엔다 데 레갈로스?]	50
입구는 **어디**입니까?	¿Dónde está la entrada? [돈데 에스따 라 엔뜨라다?]	51
들어가도 됩니까?	¿Puedo entrar? [뿌에도 엔뜨라르?]	52
이 **좌석**은 **어디**입니까?	¿Dónde está este asiento? [돈데 에스따 에스떼 아시엔또?]	53
출구는 **어디**입니까?	¿Dónde está la salida? [돈데 에스따 라 살리다?]	54

It makes **you** a **confident traveler**, even in the places you've never been.

SPANISH
스페인어
상황을 해결하는 핵심 표현들
쇼핑 Shopping

① **지역특산물**은 무엇입니까?
¿Cuál es la especialidad típica?
[꾸알 에스 라 에스뻬씨알리닷 띠삐까?]

② **기념품**은 **어디**에서 살 수 있습니까?
¿Dónde puedo comprar souvenirs?
[돈데 뿌에도 꼼쁘라르 수베닐스?]

③ ~ 가게는 어디입니까?
¿Dónde está la boutique ~?
[돈데 에스따 라 부띠끄 ~?]

④ **면세점**은 **어디**입니까? (쇼핑가, 백화점)
¿Dónde está la tienda libre de impuestos?
[돈데 에스따 라 띠엔다 리브레 데 임뿌에스또스?]
(área comercial, centro comercial)
[아레아 꼬메르씨알, 쎈뜨로 꼬메르씨알]

⑤ **쇼핑센터**는 어느 **방향**입니까? (식료 잡화점, 선물가게)
¿En qué dirección está el centro comercial?
[엔 께 디렉씨온 에스따 엘 쎈뜨로 꼬메르씨알?]
(ultramarinos, tienda de regalos)
[울뜨라마리노스, 띠엔다 데 레갈로스]

⑥ 이 근처에 **면세점**이 있습니까?
¿Hay alguna tienda libre de impuestos cerca de aquí? [아이 알구나 띠엔다 리브레 데 임뿌에스또스 쎄르까 데 아끼?]

⑦ **여권**을 보여 주시겠습니까?
¿Puede enseñarme su pasaporte, por favor?
[뿌에데 엔세냐르메 수 빠사뽀르떼, 뽀르 파보르?]

⑧ 저를 위해 **면세양식**을 **작성**해 주시겠습니까?
¿Podría rellenarme el formulario del duty-free? [뽀드리아 레예나르메 엘 포르물라리오 델 듀티 프리?]

⑨ **구경**하려고요, 고맙습니다.
Sólo estoy mirando, gracias.
[솔로 에스또이 미란도, 그라씨아스.]

It makes you a confident traveler, even in the places you've never been.

 # SPANISH **Shopping**
서어 쇼핑

5+1   It makes **you** the **confident traveler**!
상점 면세점 의류 선물

남성복 매장은 어디입니까? (**여성복**)	¿Dónde está la sección de ropa de hombre? [돈데 에스따 라 섹씨온 데 로빠 데 옴브레?] (ropa de mujer) [로빠 데 무헤르]	⑩
몇 **층**이 의류입니까?	¿En qué planta está la ropa? [엔 께 쁠란따 에스따 라 로빠?]	⑪
점퍼를 원합니다. (**아이들 것을**, **기념품을**)	Quiero un jersey. [끼에로 운 헤르세이.] (algo para los niños, un souvenir) [알고 빠라 로스 니뇨스, 운 수베니르]	⑫
스포츠웨어를 사고 싶습니다. (**수영팬티**, **비키니**)	Quiero comprar ropa deportiva. [끼에로 꼼쁘라르 로빠 데뽀르띠바.] (un bañador, un bikini) [운 바냐도르, 운 비키니]	⑬
신발을 찾고 있습니다. (**재킷을**, **스커트를**, **가방을**)	Estoy buscando zapatos. [에스또이 부스깐도 싸빠또스.] (una chaqueta, una falda, una maleta) [우나 차께따, 우나 활다, 우나 말레따]	⑭
작은 **선물**로 괜찮은 것이 있습니까?	¿Tiene algo bonito para un pequeño regalo? [띠에네 알고 보니또 빠라 운 뻬께뇨 레갈로?]	⑮
50유로 정도의 **물건**이면 좋겠습니다.	Busco algo por unos cincuenta euros. [부스꼬 알고 뽀르 우노스 씬꾸엔따 에우로스.]	⑯
세일은 언제 **시작**합니까?	¿Cuándo comienzan las rebajas? [꾸안도 꾸미엔싼 라스 레바하스?]	⑰

It makes **you** a **confident traveler**, even in the places you've never been. ＊5+1 40

SPANISH
스페인어

상황을 해결하는 핵심 표현들
쇼핑 Shopping

(18) 저것 좀 볼 수 있을까요?
¿Puedo ver eso, por favor?
[뿌에도 베르 에소, 뽀르 파보르?]

(19) **진열장**에 있는 것을 저에게 보여 주시겠습니까?
¿Puede enseñarme el del escaparate, por favor?
[뿌에데 엔세냐르메 엘 델 에스까빠라떼, 뽀르 파보르?]

(20) 이거 다른 **색상**으로 있습니까?
¿Tiene esto en otros colores?
[띠에네 에스또 엔 오뜨로스 꼴로레스?]

(21) 이거 다른 **스타일**로 있습니까?
¿Tiene esto en otro estilo?
[띠에네 에스또 엔 오뜨로 에스띨로?]

(22) 다른 것을 보여 주시겠습니까?
¿Me puede enseñar otra?
[메 뿌에데 엔세냐르 오뜨라?]

(23) **재질**은 **무엇**입니까?
¿De qué material está hecho?
[데 께 마떼리알 에스따 에초?]

(24) **면**입니다.
(**가죽, 순모, 실크, 금, 은, 백금**)
Es algodón.
[에스 알고돈.]
(piel, pura lana, seda, oro, plata, platino)
[삐엘, 뿌라 라나, 세다, 오로, 쁠라따, 쁠라띠노]

(25) 만져봐도 됩니까?
¿Puedo tocarla?
[뿌에도 또까를라?]

(26) 입어봐도 됩니까?
¿Puedo probármela?
[뿌에도 쁘로바르멜라?]

It makes you a confident traveler, even in the places you've never been.

 # SPANISH **Shopping**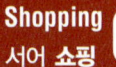
서어 쇼핑

 5+1   It makes **you** the **confident traveler!**
점원 사이즈 색상 주문

사이즈가 **어떻게** 되십니까?	¿Cuál es su talla? [꾸알 에스 수 따야?]	27
제 **치수**를 측정해 주시겠습니까?	¿Me puede tomar las medidas? [메 뿌에데 또마르 라스 메디다스?]	28
피팅룸은 **어디**입니까?	¿Dónde está el probador? [돈데 에스따 엘 쁘로바도르?]	29
이것은 **몸**에 맞지 않습니다.	No me vale. [노 메 발레.]	30
이것은 너무 작습니다. (너무 큽니다, 너무 헐렁합니다, 조금 낍니다, 깁니다, 짧습니다)	Es muy pequeña. [에스 무이 뻬께냐.] (muy grande, muy suelta, un poco ajustada, larga, corta) [무이 그란데, 무이 수엘따, 운 뽀꼬 아후스따다, 라르가, 꼬르따]	31
더 **큰 사이즈**가 있습니까?	¿Tiene una talla más grande? [띠에네 우나 따야 마스 그란데?]	32
이것으로 주세요.	Déme éste, por favor. [데메 에스떼, 뽀르 파보르.]	33
이것으로 두 개 하겠습니다.	Me llevo dos de éstos. [메 예보 도스 데 에스또스.]	34
이것은 저에게 어울리지 않습니다.	No es para mí. [노 에스 빠라 미.]	35
죄송합니다. 제가 딱 원하던 것이 아닙니다.	Lo siento. Esto no es exactamente lo que busco. [로 시엔또. 에스또 노 에스 엑싹따멘떼 로 께 부스꼬.]	36

SPANISH
스페인어
상황을 해결하는 핵심 표현들
쇼핑 Shopping

37	**전부** 다 **얼마**입니까? (이것은 **얼마**입니까?)	¿Cuánto es todo? [꾸안또 에스 또도?] (¿Cuánto es esto?) [꾸안또 에스 에스또?]
38	**세금 포함**입니까?	¿Incluye impuestos? [인끌루예 임뿌에스또스?]
39	저에게 좀 비쌉니다.	Esto es un poco caro para mí. [에스또 에스 운 뽀꼬 까로 빠라 미.]
40	**할인**해 주시겠습니까?	¿Me puede hacer un descuento? [메 뿌에데 아쎄르 운 데스꾸엔또?]
41	이 **신용카드**를 사용해도 됩니까?	¿Puedo usar esta tarjeta de crédito? [뿌에도 우사르 에스따 따르헤따 데 끄레디또?]
42	**죄송**합니다만, **거스름돈**이 틀린 것 같습니다.	Lo siento, pero creo que el cambio está mal. [로 시엔또, 뻬로 끄레오 께 엘 깜비오 에스따 말.]
43	**계산서**를 다시 한번 **확인**해 주시겠습니까?	¿Puede comprobar de nuevo el recibo? [뿌에데 꼼쁘로바르 데 누에보 엘 레씨보?]
44	**영수증**을 받을 수 있을까요?	¿Me puede dar el recibo? [메 뿌에데 다르 엘 레씨보?]
45	**선물포장**을 해주시겠습니까?	¿Puede envolverlo para regalo, por favor? [뿌에데 엔볼베를로 빠라 레갈로, 뽀르 파보르?]

SPANISH

Shopping
서어 쇼핑

 5+1
구매 가격조정 지불방법 환불

따로따로 **포장**해 주시겠습니까?	¿Puede envolverlos por separado? [뿌에데 엔볼베를로스 뽀르 세빠라도?]	46
가격표를 떼어 주시겠습니까?	¿Puede quitar el precio, por favor? [뿌에데 끼따르 엘 쁘레씨오, 뽀르 파보르?]	47
포장하지 않아도 됩니다.	No es necesario envolverlo. [노 에스 네쎄사리오 엔볼베를로.]	48
그것을 힐튼 **호텔**로 배달해 주시겠습니까?	¿Puede enviarlo al hotel Hilton? [뿌에데 엔비아를로 알 오뗄 힐똔?]	49
이것을 **반품**하고 싶습니다.	Quiero devolver esto. [끼에로 데볼베르 에스또.]	50
환불해 주시겠습니까?	¿Puede devolverme el dinero? [뿌에데 데볼베르메 엘 디네로?]	51
이것을 새 것으로 **교환**하고 싶습니다.	Quiero cambiar éste por uno nuevo. [끼에로 깜비아르 에스떼 뽀르 우노 누에보.]	52
여기에 **흠집**이 있습니다.	Tiene un defecto aquí. [띠에네 운 데펙또 아끼.]	53
전혀 사용하지 않았습니다.	No lo he usado. [노 로 에 우사도.]	54
영수증 여기 있습니다.	Aquí tiene el recibo. [아끼 띠에네 엘 레씨보.]	55

SPANISH
스페인어
상황을 해결하는 핵심 표현들
전화 · 우편 · 은행

1. **공중전화**는 **어디**에 있습니까?
¿Dónde puedo encontrar un teléfono público? [돈데 뿌에도 엔꼰뜨라르 운 뗄레포노 뿌블리꼬?]

2. **한국**으로 **수신자부담전화**를 하고 싶습니다.
Quiero llamar a Corea a cobro revertido. [끼에로 야마르 아 꼬레아 아 꼬브로 레베르띠도.]

3. **한국**으로 **국제전화**를 하고 싶습니다.
Quiero hacer una llamada internacional a Corea. [끼에로 아쎄르 우나 야마다 인떼르나씨오날 아 꼬레아.]

4. **번호**는 02 361 7351입니다.
El número es 02 361 7351. [엘 누메로 에스 쎄로 도스 뜨레스 세이스 우노 시에떼 뜨레스 씽꼬 우노.]

5. **전화**를 끊지 마시고 잠시 기다려주십시오.
No cuelgue. Por favor, espere un momento. [노 꾸엘게. 뽀르 파보르, 에스뻬레 운 모멘또.]

6. **통화** 중입니다.
La línea está ocupada. [라 리네아 에스따 오꾸빠다.]

7. 여보세요. 저는 김입니다.
Hola. Soy Kim. [올라. 소이 김.]

8. 이 양과 **통화**하고 싶습니다.
Quiero hablar con la señora Lee. [끼에로 아블라르 꼰 라 세뇨라 리.]

9. **죄송**합니다. 제가 **전화**를 잘못 건 것 같습니다.
Perdón, he marcado un número incorrecto. [뻬르돈, 에 마르까도 운 누메로 인꼬렉또.]

SPANISH

Telephone
서어 전화

5+1
It makes **you** the **confident traveler!**
전화 우편 은행

| 가장 가까운 **우체국**은 어디입니까? | ¿Dónde está la oficina de correos más cercana? [돈데 에스따 라 오피씨나 데 꼬레오스 마스 쎄르까나?] | 10 |

소포용 박스가 있습니까?
¿Tiene cajas de cartón para paquetes?
[띠에네 까하스 데 까르똔 빠라 빠께떼스?] — 11

소포를 **한국**에 **항공편**으로 보내고 싶습니다.
Quiero mandar un paquete a Corea por avión.
[끼에로 만다르 운 빠께떼 아 꼬레아 뽀르 아비온.] — 12

이것은 **우편요금**이 얼마입니까?
¿Cuánto cuesta enviar esto?
[꾸안또 꾸에스따 엔비아르 에스또?] — 13

이 **근처**에 **은행**이 있습니까?
¿Hay un banco cerca de aquí?
[아이 운 반꼬 쎄르까 데 아끼?] — 14

이 **여행자수표**를 **현금**으로 바꾸고 싶습니다.
Quiero cambiar por efectivo estos cheques de viajero.
[끼에로 깜비아르 뽀르 에펙띠보 에스또스 체께스 데 비아헤로.] — 15

환전해주세요.
Me gustaría cambiar dinero.
[메 구스따리아 깜비아르 디네로.] — 16

잔돈으로 주십시오. (**소액권**으로)
Quiero algo de calderilla.
[끼에로 알고 데 깔데리야.]
(billetes más pequeños)
[비예떼스 마스 뻬께뇨스] — 17

현금자동인출기는 어디에 있습니까?
¿Dónde hay un cajero?
[돈데 아이 운 까헤로?] — 18

SPANISH
스페인어

상황을 해결하는 핵심 표현들
응급상황 Emergency

① **의사**를 만나고 싶습니다.
Quiero ver a un médico.
[끼에로 베르 아 운 메디꼬.]

② 여기가 아픕니다.
Me duele aquí.
[메 두엘레 아끼.]

③ **위통**이 있습니다.
(**두통**, **치통**, **인후통**, **열**, **오한**)
Me duele el estómago.
[메 두엘레 엘 에스또마고.]
(la cabeza, los dientes, tengo la garganta seca, fiebre, frío)
[라 까베싸, 로스 디엔떼스, 뗑고 라 가르간따 세까, 피에브레, 프리오]

④ **팔목**을 삐었습니다.
(**발목**)
Me he dislocado la muñeca.
[메 에 디스로까도 라 무녜까.]
(el tobillo)
[엘 또비요]

⑤ **감기**에 걸렸습니다.
He cogido un resfriado.
[에 꼬히도 운 레스프리아도.]

⑥ **속이 매스껍습니다.**
(어지럽습니다.)
Tengo náuseas.
[뗑고 나우세아스.]
(mareos) [마레오스]

⑦ **설사**를 합니다.
Tengo diarrea.
[뗑고 디아레아.]

⑧ **임산부**입니다.
(**당뇨병 환자**)
Estoy embarazada.
[에스또이 엠바라싸다.]
(Tengo diabetes.) [뗑고 디아베떼스.]

Emergency 서어 응급 S

 5+1   It makes **you** the **confident traveler!**
병원 약국

알레르기가 있습니다.	Tengo alergias. [뗑고 알레르히아스.]
최근에 **무엇**을 먹었습니까?	¿Qué ha comido recientemente? [께 아 꼬미도 레씨엔떼멘떼?]
어떤 약을 **복용**하십니까?	¿Qué medicinas toma? [께 메디씨나스 또마?]
~을 **복용**합니다.	Normalmente tomo ~. [노르말멘떼 또모 ~.]
여행을 계속할 수 있을까요?	¿Puedo continuar mi viaje? [뿌에도 꼰띠누아르 미 비아헤?]
보험을 위해 **진단서**와 **영수증**을 받고 싶습니다.	Quiero un certificado médico y un recibo para mi seguro. [끼에로 운 쎄르띠피까도 메디꼬 이 운 레씨보 빠라 미 세구로.]
가장 가까운 **약국**을 말씀해 주시겠습니까?	¿Podría indicarme dónde está la farmacia más cercana? [뽀드리아 인디까르메 돈데 에스따 라 파르마씨아 마스 쎄르까나?]
처방전 없이 **약**을 살 수 있습니까?	¿Puedo comprar medicinas sin receta? [뿌에도 꼼쁘라르 메디씨나스 신 레쎄따?]
감기약을 좀 주시겠습니까?	Quiero medicina para el resfriado, por favor. [끼에로 메디씨나 빠라 엘 레스프리아도, 뽀르 파보르.]
어떻게 복용합니까?	¿Cómo me tengo que tomar esto? [꼬모 메 뗑고 께 또마르 에스또?]

SPANISH 스페인어
상황을 해결하는 핵심 표현들
응급상황 Emergency

YOU the Confident Traveler 5+1

(19) 분실물센터는 어디입니까?
¿Dónde está la oficina de objetos perdidos?
[돈데 에스따 라 오피씨나 데 오브헤또스 뻬르디도스?]

(20) 택시에 제 가방을 두고 내렸습니다.
Me dejé la maleta en el taxi.
[메 데헤 라 말레따 엔 엘 딱시.]

(21) 제 지갑을 도난 당했습니다.
Me han robado la cartera.
[메 안 로바도 라 까르떼라.]

(22) 신용카드를 분실했습니다.
He perdido mi tarjeta de crédito.
[에 뻬르디도 미 따르헤따 데 끄레디또.]

(23) 제 카드를 정지 시키고 싶습니다.
Quiero cancelar mi tarjeta.
[끼에로 깐쎌라르 미 따르헤따.]

(24) 어디에서 분실했는지 확실하지 않습니다.
No estoy seguro de dónde la perdí.
[노 에스또이 세구로 데 돈데 라 뻬르디.]

(25) 찾으시면 가능한 한 빨리 연락해 주십시오.
Por favor, llámeme en cuanto lo encuentre.
[뽀르 파보르, 야메메 엔 꾸안또 로 엔꾸엔뜨레.]

(26) 이 근처에 경찰서가 있습니까?
¿Hay una comisaría cerca de aquí?
[아이 우나 꼬미사리아 쎄르까 데 아끼?]

(27) 한국 대사관에 전화해 주세요.
Por favor, llame a la Embajada de Corea del Sur.
[뽀르 파보르, 야메 아 라 엠바하다 데 꼬레아 델 수르.]

(28) 여권을 재발급 받고 싶습니다.
Quiero que me vuelvan a emitir el pasaporte.
[끼에로 께 메 부엘반 아 에미띠르 엘 빠사뽀르떼.]

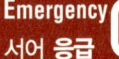

SPANISH

Emergency
서어 응급 S

It makes **you** the **confident traveler!**
분실 위급상황

도난신고서 사본을 받고 싶습니다.	Quiero una copia de la denuncia de robo, por favor. [끼에로 우나 꼬삐아 데 라 데눈씨아 데 로보, 뽀르 파보르.]	29
경찰을 불러주세요.	Por favor, llame a la policía. [뽀르 파보르, 야메 아 라 뽈리씨아.]	30
구급차를 불러주세요.	Por favor, llame a una ambulancia. [뽀르 파보르, 야메 아 우나 암불란씨아.]	31
보험회사에 연결시켜 주세요.	Por favor, contacte con el seguro. [뽀르 파보르, 꼰딱떼 꼰 엘 세구로.]	32
곤란에 처해 있습니다.	Estoy en problemas. [에스또이 엔 쁘로블레마스.]	33
교통사고가 났습니다.	He sufrido un accidente de tráfico. [에 수프리도 운 아씨덴떼 데 뜨라피꼬.]	34
움직일 수가 없습니다.	No me puedo mover. [노 메 뿌에도 모베르.]	35
여기에 **부상**당한 사람이 있습니다.	Hay una persona herida aquí. [아이 우나 뻬르소나 에리다 아끼.]	36
그것에 대해 저는 **책임**이 없습니다.	No soy responsable de ello. [노 소이 레스뽄사블레 데 에요.]	37
사고보고서 사본을 주시겠습니까?	¿Puede darme una copia del informe del accidente? [뿌에데 다르메 우나 꼬삐아 델 인포르메 델 아씨덴떼?]	38

It makes you a confident traveler, even in the places you've never been.

It makes you a confident traveler,
even in the places you've never been.

EXPRESSION 5
이것이 여행 이탈리아어
핵심문형 베스트 5!

여행 중에 가장 많이 사용하는
완전 **대표적인 문형**,
5가지를 정리했습니다.
~ 부분에 원하는 단어를 넣어 말씀하세요.

EXPRESSION 5

~, 부탁합니다.
Per favore ~.
[뻬르 파보레 ~.]

EXPRESSION 5

~은 어디입니까?
Dov'è ~?
[도베 ~?]

It makes **you** a **confident traveler**,
even in the places you've never been.

It makes you a confident traveler, even in the places you've never been.

 ITALIAN

부록부 **단어장**을 이용하여 원하는 **표현**을 **완성**하여 말씀해보세요.

③

EXPRESSION 5

당신은 ~을 가지고 있습니까?
Ha ~?
[아 ~?]

5+1

④

EXPRESSION 5

~해주시겠습니까?
Potrebbe ~?
[뽀뜨렙베 ~?]

5+1

⑤

EXPRESSION 5

저는 ~하고 싶습니다.
Vorrei ~.
[보레이 ~.]

5+1

It makes **you** a **confident traveler**, even in the places you've never been.

*5+1 2

ITALIAN
이탈리아어
가장 중요하고, 당장 필요한
완전 기본 표현!

안녕하세요.	**Ciao. / Salve.** [챠오. / 쌀베.]	01
어떻게 지내세요?	**Come sta?** [꼬메 스따?]	02
당신을 만나서 **반갑습니다.**	**Piacere.** [삐아체레.]	03
안녕하세요. (**아침** 인사)	**Buon giorno.** [부온 조르노.]	04
안녕하세요. (**점심** 인사)	**Buon pomeriggio.** [부온 뽀메리지오.]	05
안녕하세요. (**저녁** 인사)	**Buona sera.** [부오나 세라.]	06
안녕히 주무세요. (**밤** 인사)	**Buona notte.** [부오나 놋떼.]	07
안녕히 가세요.	**Arrivederci. / Ciao.** [아리베데르치. / 챠오.]	08
나중에 **만나요.**	**Ci vediamo più tardi.** [치 베디아모 쀼 따르디.]	09
좋은 **여행** 되세요.	**Buon viaggio.** [부온 비아죠.]	10

ITALIAN **Basic** 이어 **기본**

 5+1

It makes you a confident traveler!
당장 필요한 **기본 표현** 모음

네. / 아니오.	Sì. / No. [시. / 노.]	11
네, 부탁합니다.	Sì, per favore. [시, 뻬르 파보레.]	12
괜찮습니다.	Va bene. [바 베네.]	13
아니오, 됐습니다.	No, grazie. [노, 그라찌에.]	14
문제 없습니다.	Nessun problema. [네순 프로블레마.]	15
감사합니다.	Grazie. [그라찌에.]	16
천만에요.	Prego. / Di niente. [쁘레고. / 디 니엔떼.]	17
실례합니다.	Scusi. [스꾸지.]	18
죄송합니다.	Mi scusi. [미 수꾸지.]	19
미안합니다.	Mi scusi. [미 수꾸지.]	20
알겠습니다.	Capisco. [까삐스꼬.]	21

It makes you a confident traveler, even in the places you've never been.

ITALIAN
이탈리아어
가장 중요하고, 당장 필요한
완전 기본 표현!

모르겠습니다.	**Non so.** [논 소.]	22
뭐라고 하셨죠?	**Come? / Cosa?** [꼬메? / 꼬자?]	23
이것은 **무슨 의미**입니까?	**Che cosa significa questo?** [께 꼬자 시니피까 꿰스또?]	24
이것은 **이탈리아어로 무엇**입니까?	**Come si dice questo in italiano?** [꼬메 시 디체 꿰스또 인 이딸리아노?]	25
이것은 **무엇**입니까?	**Che cos'è questo?** [께 꼬제 꿰스또?]	26
그곳은 **어디**입니까?	**Dov'è?** [도베?]	27
이것은 **얼마**입니까?	**Quanto costa questo?** [콴또 꼬스따 꿰스또?]	28
몇 시입니까?	**Che ore sono?** [께 오레 소노?]	29
화장실은 어디입니까?	**Dov'è il bagno?** [도베 일 바뇨?]	30
대단해요.	**Meraviglioso.** [메라빌리오조.]	31

ITALIAN **Basic** 이어 기본

5+1  It makes **you** a confident traveler! 당장 필요한 **기본 표현** 모음

한국어	Italiano	No.
환상적이에요.	Fantastico. [판따스띠꼬.]	32
기뻐요.	Sono felice. [소노 펠리체.]	33
슬퍼요.	Sono triste. [소노 뜨리스떼.]	34
배가 고파요.	Ho fame. [오 파메.]	35
목이 말라요.	Ho sete. [오 세떼.]	36
맛있네요.	È buono. [에 부오노.]	37
피곤해요.	Sono stanco. [소노 스땅꼬.]	38
부탁합니다.	Per favore. [뻬르 파보레.]	39
한 번 더 부탁합니다.	Ancora una volta, per favore. [앙꼬라 우나 볼따, 뻬르 파보레.]	40
여기에 써주세요.	Lo scriva qui, per favore. [로 스끄리바 뀌, 뻬르 파보레.]	41

Italian
It makes you a confident traveler, even in the places you've never been.

① **안내소는 어디입니까?**
(공중전화, 버스터미널, 환전소)

Dov'è l'ufficio informazioni?
[도베 루피치오 인포르마찌오니?]
(telefono pubblico, capolinea dell'autobus, ufficio cambi)
[뗄레포노 뿌블리꼬, 까뽀리네아 델라우또부스, 우피치오 깜비]

② **~ 항공 카운터는 어디입니까?**

Dov'è lo sportello della compagnia aerea ~ ?
[도베 로 스뽀르뗄로 델라 꼼빠니아 아에레아 ~?]

③ **여권, 부탁**합니다.

Il passaporto, per favore.
[일 빳사뽀르또, 뻬르 파보레.]

④ **탑승권, 부탁**합니다.

La carta d'imbarco, per favore.
[라 까르따 딤바르꼬, 뻬르 파보레.]

⑤ **창측, 복도측 어느 자리**로 하시겠습니까?

Posto finestrino o posto corridoio?
[뽀스또 피네스뜨리노 오 뽀스또 꼬리도이오?]

⑥ **창측 좌석, 부탁**합니다.
(복도측 좌석)

Posto finestrino, per favore.
[뽀스또 피네스뜨리노, 뻬르 파보레.]
(Posto corridoio)
[뽀스또 꼬리도이오]

⑦ 이것을 **기내**로 가져갈 수 있나요?

Posso portare questo sull'aereo?
[뽀쏘 뽀르따레 꿰스또 술라에레오?]

⑧ 이 **짐**을 **부쳐주세요**.

Mandi questa valigia.
[만디 꿰스따 발리쟈.]

It makes you a confident traveler, even in the places you've never been.

 # ITALIAN **Airport**
이어 **공항**

 5+1   It makes **you** the **confident traveler!**
체크인 수하물 보딩 예약

체크인할 **가방**이 **2개** 있습니다.	Ho due bagagli da imbarcare. [오 두에 바갈리 다 임바르까레.]	⑨
체크인할 **짐**이 **없습니다**.	Non ho valigie da imbarcare. [논 오 발리제 다 임바르까레.]	⑩
탑승 게이트는 **어디**입니까?	Dov'è l'uscita di imbarco? [도베 루시따 디 임바르꼬?]	⑪
탑승은 **언제 시작**합니까?	A che ora inizia l'imbarco? [아 께 오라 이니찌아 림바르꼬?]	⑫
출발은 얼마나 **지연**될 것 같습니까?	Di quanto verrà ritardata la partenza? [디 콴또 베라 리따르다따 라 빠르뗀짜?]	⑬
예약을 재확인하고 싶습니다.	Vorrei riconfermare la mia prenotazione. [보레이 리꼰페르마레 라 미아 쁘레노따찌오네.]	⑭
6월 18일 NW450 **인천행 항공편**입니다.	Il volo del 18 giugno numero NW450 per Incheon. [일 볼로 델 디치오또 쥬뇨 누메로 엔네도삐아비꽈뜨로칭꿰제로 뻬르 인천.]	⑮
항공편을 바꾸고 싶습니다.	Vorrei cambiare il mio volo. [보레이 깜비아레 일 미오 볼로.]	⑯
이용 가능한 **항공편**은 **어떤** 것입니까?	Quale volo è disponibile? [꽐레 볼로 에 디스뽀니빌레?]	⑰

It makes **you** a **confident traveler,** even in the places you've never been.

It makes you a confident traveler, even in the places you've never been.

ITALIAN
이탈리아어
상황을 해결하는 핵심 표현들
공항 · 입국심사 · 귀국

(18) 제 **자리**는 **어디**입니까?
Dov'è il mio posto?
[도베 일 미오 뽀스또?]

(19) 지나가게 해주세요.
Mi faccia passare.
[미 파치아 빠사레.]

(20) 이것은 제 **자리**인 것 같습니다.
Penso che questo sia il mio posto.
[뺀소 께 꿰스또 시아 일 미오 뽀스또.]

(21) 제 **가방**을 위로 올려 주시겠습니까?
Potrebbe mettere la mia borsa sopra, per favore?
[뽀뜨렙베 메떼레 라 미아 보르사 소프라, 뻬르 파보레?]

(22) **자리**를 바꿔도 됩니까?
Posso cambiare posto?
[뽀쏘 깜비아레 뽀스또?]

(23) **창측 좌석**으로 바꿔도 됩니까? (**복도측**)
Potrei cambiarlo con un posto finestrino?
[뽀뜨레이 깜비아를로 꼰 운 뽀스또 피네스뜨리노?]
(corridoio) [꼬리도이오]

(24) **음료**는 **무엇**으로 하시겠습니까?
Che cosa gradisce da bere?
[께 꼬자 그라디쉐 다 베레?]

(25) **커피**, **부탁**합니다. (**차**, **주스**, **맥주**, **와인**, **물**)
Un caffè, per favore.
[운 까페, 뻬르 파보레.]
(tè, succo di frutta, birra, vino, acqua)
[떼, 수꼬 디 프루따, 비라, 비노, 아꾸아]

(26) **쇠고기**와 **생선**, **어떤 것**으로 하시겠습니까?
Preferisce carne di manzo o pesce?
[프리페리쉐 까르네 디 만쪼 오 뻬쉐?]

Airport
이어 공항

   **기내 좌석 기내 서비스 환승**

쇠고기, 부탁합니다. (**닭고기, 생선**)	Carne di manzo, per favore. [까르네 디 만쪼, 뻬르 파보레.] (pollo, pesce) [뽈로, 뻬쉐]	27
베개와 **담요**를 주시겠습니까? (**잡지, 신문, 약, 담요 한 장 더**)	Potrei avere un cuscino e una coperta, per favore? [뽀뜨레이 아베레 운 꾸시노 에 우나 꼬뻬르따, 뻬르 파보레?] (rivista, giornale, medicina, una coperta in più) [리비스따, 조르날레, 메디치나, 우나 꼬뻬르따 인 쀼]	28
헤드폰이 망가졌습니다.	Questa cuffia è rotta. [꿰스따 꾸피아 에 로따.]	29
입국신고서 한 장 주시겠습니까?	Posso avere il permesso di soggiorno? [뽀쏘 아베레 일 뻬르메소 디 소조르노?]	30
제 **좌석**을 뒤로 눕혀도 될까요?	Posso reclinare il sedile? [뽀쏘 레끌리나레 일 세딜레?]	31
좌석을 원위치로 해주시겠습니까? (**테이블**)	Per favore, potrebbe rimettere lo schienale nella posizione originale? [뻬르 파보레, 뽀뜨렙베 리메떼레 로 스끼엔날레 넬라 뽀지찌오네 오리지날레?] (tavolo) [따볼로]	32
블라인드를 내려 주시겠습니까?	Potrebbe abbassare la tendina? [뽀뜨렙베 아바사레 라 텐디나?]	33
이 **공항**에서 **얼마나** 머뭅니까?	Quanto tempo ci fermiamo in questo aeroporto? [콴또 뗌뽀 치 페르미아모 인 꿰스또 아에레오뽀르또?]	34

ITALIAN
이탈리아어
상황을 해결하는 핵심 표현들
공항 · 입국심사 · 귀국

㉟ **방문의 목적은 무엇입니까?**
Qual'è il motivo del suo viaggio?
[꽐레 일 모티보 델 수오 비아죠?]

㊱ **관광입니다. (비즈니스, 유학, 휴가)**
Turismo.
[뚜리스모.]
(Affari, Studio all'estero, Piacere)
[아파리, 스투지오 알레스테로, 피아체레]

㊲ **얼마 동안 머물 예정입니까?**
Quanto tempo intende fermarsi?
[콴또 뗌뽀 인텐데 페르마르시?]

㊳ **6일입니다. (1주일, 3주일)**
Sei giorni.
[세이 조르니.]
(Una settimana, Tre settimane)
[우나 세띠마나, 뜨레 세띠마네]

㊴ **어디에 머물 예정입니까?**
Dove soggiornerà?
[도베 소조르네라?]

㊵ **힐튼 호텔에요. (친척집에요, 친구의 집에요.)**
All'hotel Hilton.
[알로텔 힐튼.]
(A casa di parenti, A casa di amici)
[아 까자 디 파렌띠, 아 까자 디 아미치]

㊶ **귀국 항공권을 가지고 있습니까?**
Ha il biglietto di ritorno?
[아 일 빌리엣또 디 리또르노?]

㊷ **당신의 직업은 무엇입니까?**
Che lavoro fa?
[께 라보로 파?]

ITALIAN **Airport** 이어 공항

 **5+1**   It makes **you** the **confident traveler!** 입국심사 수하물 찾기 세관

수하물 찾는 곳은 어디입니까?	Dov'è il ritiro bagagli? [도베 일 리띠로 바갈리?]	43
여기가 747편 **수하물**이 나오는 곳입니까?	Si ritirano qui i bagagli del volo 747? [시 리띠라노 뀌 이 바갈리 델 볼로 셋떼 꽈뜨로 셋떼?]	44
분실물센터는 어디입니까?	Dov'è l'ufficio oggetti smarriti? [도베 루피치오 오제띠 즈마리띠?]	45
제 옷 **가방**을 못 찾겠습니다.	Non riesco a trovare la mia valigia. [논 리에스꼬 아 뜨로바레 라 미아 발리지아.]	46
이것이 제 **수하물** 확인증입니다.	Questa è l'etichetta del mio bagaglio. [꿰스따 에 레띠께따 델 미오 바갈리오.]	47
가방을 열어 주시겠습니까?	Potrebbe aprire la borsa? [뽀뜨렙베 아쁘리레 라 보르사?]	48
이것은 **무엇**입니까?	Che cos'è questo? [께 꼬제 꿰스또?]	49
개인 소지품들 입니다.	Sono oggetti personali. [소노 오젯띠 페르소날리.]	50
신고할 물건이 있습니까?	Ha qualcosa da dichiarare? [아 꽐꼬자 다 디끼아라레?]	51
신고할 물건이 없습니다. (**위스키** 두 병이 있습니다.)	Non ho niente da dichiarare. [논 오 니엔떼 다 디끼아라레.] (Ho due bottiglie di whisky.) [오 두에 보띨리에 디 위스끼.]	52

ITALIAN 이탈리아어
상황을 해결하는 핵심 표현들
호텔 Hotel

① **체크인**을 하고 싶습니다.
Vorrei fare il check-in.
[보레이 파레 일 체크인.]

② 제 **이름**은 ~입니다.
Il mio nome è ~.
[일 미오 노메 에 ~.]

③ 여기 **확인증**입니다.
Questa è la mia conferma.
[꿰스따 에 라 미아 꼰페르마.]

④ **오늘밤** 사용할 **방**이 있습니까?
Ha una camera libera per stanotte?
[아 우나 까메라 리베라 뻬르 스따놋떼?]

⑤ **1인실, 부탁**합니다. (2인실)
Una camera singola, per favore.
[우나 까메라 싱골라, 뻬르 파보레.]
(Una camera doppia) [우나 까메라 도삐아]

⑥ **하룻밤**에 **얼마**입니까?
Quanto costa per una notte?
[콴또 꼬스따 뻬르 우나 놋떼?]

⑦ **세금**과 **봉사료** 포함입니까?
Le tasse sono incluse?
[레 땃세 소노 인클루제?]

⑧ **아침식사** 포함입니까?
La colazione è inclusa?
[라 꼴라찌오네 에 인클루자?]

⑨ **덜 비싼** 것이 있습니까?
Non ha niente di meno caro?
[논 아 니엔떼 디 메노 까로?]

⑩ **추가 침대**를 **방**에 놓을 수 있습니까?
Potrei avere un letto in più in camera?
[뽀뜨레이 아베레 운 레또 인 쀼 인 까메라?]

ITALIAN

Hotel
이어 호텔

 5+1 **It makes you the confident traveler!**
체크인 호텔 프런트 편의시설

성씨의 **철자**를 말씀해 주시겠습니까? (**성**을, **이름**을)	Potrebbe fare lo spelling del Suo cognome? [뽀뜨렙베 파레 로 스뻴링 델 쑤오 꼬뇨메?] (cognome, nome) [꼬뇨메, 노메]	⑪
양식을 채워 주시겠습니까?	Potrebbe compilare questo modulo? [뽀뜨렙베 꼼필라레 꿰스또 모둘로?]	⑫
현금과 **카드**, **어떤 것**으로 **결제**하시겠습니까?	Paga in contanti o con carta? [빠가 인 꼰딴띠 오 꼰 까르따?]	⑬
당신의 **객실번호**는 604호입니다.	La Sua camera è la numero 604. [라 수아 까메라 에 라 누메로 세이제로꽈뜨로.]	⑭
저의 **귀중품**을 보관해 주시겠습니까?	Potrebbe custodire i miei oggetti di valore? [뽀뜨렙베 꾸스또디레 이 미에이 오제띠 디 발로레?]	⑮
아침식사는 **어디**에서 합니까?	Dove si fa colazione? [도베 시 파 꼴라찌오네?]	⑯
아침식사는 **몇 시**부터 **시작**합니까?	Da che ora viene servita la colazione? [다 께 오라 비에네 세르비따 라 꼴라찌오네?]	⑰
비즈니스 센터가 있습니까? (**비즈니스 라운지**, **회의실**)	Avete un business center? [아베떼 운 비즈니스 센터?] (salone business, sala conferenze) [살로네 비즈니스, 살라 꼰페렌쩨]	⑱
호텔에는 어떤 **위락시설**이 있습니까?	Quali attrezzature ricreative ci sono nell'albergo? [꽐리 아뜨레짜뚜레 리끄레아티베 치 소노 넬랄베르고?]	⑲

호텔 Hotel

20 **룸서비스 부탁**합니다.
Il servizio in camera, per favore.
[일 쎄르비찌오 인 까메라, 뻬르 파보레.]

21 **객실번호를 부탁** 드립니다.
Il Suo numero di camera, per favore.
[일 수오 누메로 디 까메라, 뻬르 파보레.]

22 303호실입니다.
Questa è la camera 303.
[꿰스따 에 라 까메라 뜨레 제로 뜨레.]

23 **무엇을** 원하십니까?
Che cosa desidera?
[께 꼬자 데시데라?]

24 **샌드위치** 하나와 **커피** 한 잔 **부탁** 드립니다. (**샴페인** 한 병)
Vorrei un panino e una tazza di caffè.
[보레이 운 빠니노 에 우나 따짜 디 까페.]
(una bottiglia di champagne)
[우나 보띨리아 디 샴파네]

25 7시에 **조식**을 제**방**으로 가져다 주시면 좋겠습니다.
Vorrei la colazione in camera alle 7.
[보레이 라 꼴라찌오네 인 까메라 알레 세떼.]

26 **누구**세요?
Chi è?
[끼 에?]

27 들어오세요.
Avanti.
[아반띠.]

28 잠시만 기다려 주세요.
Aspetti un momento.
[아스뺏띠 운 모멘또.]

ITALIAN **Hotel** 이어 호텔

 5+1   It makes **you** the **confident traveler!**
룸서비스 모닝콜

모닝콜 **부탁** 드립니다.	Vorrei la sveglia. [보레이 라 스벨리아.]	29
몇 시에 **모닝콜**을 원하십니까?	A che ora vuole la sveglia? [아 께 오라 부올레 라 스벨리아?]	30
6시에 **모닝콜** 해주시면 좋겠습니다.	Vorrei essere svegliato alle 6. [보레이 에세레 스벨리아또 알레 세이.]	31
한국의 **서울**로 **전화**하고 싶습니다.	Vorrei fare una telefonata a Seoul, in Corea. [보레이 파레 우나 뗄레포나따 아 세울, 인 꼬레아.]	32
깨끗한 **수건** 한 장 주시겠습니까?	Potrei avere una salvietta pulita? [뽀뜨레이 아베레 우나 살비에따 뿔리따?]	33
다른 **담요**를 받고 싶습니다.	Vorrei un'altra coperta. [보레이 운날뜨라 꼬뻬르따.]	34
세탁물이 좀 있습니다.	Ho delle cose da lavare. [오 델레 꼬세 다 라바레.]	35
제 **옷**을 다림질 했으면 좋겠습니다.	Vorrei stirare i miei vestiti. [보레이 스티라레 이 미에이 베스띠띠.]	36
제 **방**을 **청소**해 주시겠습니까?	Potrebbe pulire la mia camera? [뽀뜨렙베 뿔리레 라 미아 까메라?]	37

㊳	제 **짐**을 아직 못 받았습니다.	Non ho ancora ricevuto la mia valigia. [논 오 앙꼬라 리체부또 라 미아 발리쟈.]
㊴	옆 **방**이 너무 시끄럽습니다.	Nella camera accanto fanno troppo rumore. [넬라 까메라 아깐또 판노 뜨롭뽀 루모레.]
㊵	**다른 방**으로 바꾸고 싶습니다.	Vorrei cambiare camera. [보레이 깜비아레 까메라.]
㊶	**방**이 너무 춥습니다. (덥습니다)	La mia camera è troppo fredda. [라 미아 까메라 에 뜨롭뽀 프레다.] calda [깔다]
㊷	**화장실**이 **고장** 났습니다.	Il bagno non funziona. [일 바뇨 논 푼지오나.]
㊸	**온수**가 나오지 않습니다.	Non c'è acqua calda. [논 체 아꾸아 깔다.]
㊹	지금 이것을 고쳐 주시겠습니까?	Potrebbe sistemarlo adesso? [뽀뜨렙베 시스떼마를로 아뎃소?]
㊺	**죄송**합니다만, **키**를 **방**에 두었습니다.	Mi scusi ma ho lasciato la chiave in camera. [미 스꾸지 마 오 라쉬아또 라 끼아베 인 까메라.]
㊻	**죄송**합니다만, **룸 키**를 잃어버렸습니다.	Mi scusi ma ho perso la chiave della camera. [미 스꾸지 마 오 뻬르소 라 끼아베 델라 까메라.]

객실 문제상황 체크아웃

죄송합니다만, **방 번호**를 잊어버렸습니다.	Mi scusi ma ho dimenticato il numero della mia camera. [미 스꾸지 마 오 디멘띠까또 일 누메로 델라 미아 까메라.]
체크아웃 하고 싶습니다.	Vorrei fare il check out. [보레이 파레 일 체크아웃.]
하룻밤 더 묵고 싶습니다.	Vorrei fermarmi ancora una notte. [보레이 페르마르미 앙꼬라 우나 놋떼.]
짐을 내리도록 사람을 보내주십시오.	Mi mandi qualcuno che porti giù i bagagli. [미 만디 꽐꾸노 께 뽀르띠 쥬 이 바갈리.]
이 **금액**은 **무엇**입니까?	Questo addebito a cosa si riferisce? [꿰스또 아데비또 아 꼬자 지 리페리쉐?]
신용카드로 **지불**하고 싶습니다. (**현금**으로, **여행자수표**로)	Vorrei pagare con carta di credito. [보레이 빠가레 꼰 까르따 디 끄레디또.] (in contanti, con traveller's checks) [인 꼰딴띠, 꼰 트레벨러스 첵스]
제 **귀중품**을 돌려받고 싶습니다.	Vorrei ritirare i miei oggetti di valore. [보레이 리띠라레 이 미에이 오제띠 디 발로레.]
저녁까지 제 **짐**을 **보관**해 주시겠습니까?	Potrebbe tenere il mio bagaglio fino a stasera? [뽀뜨렙베 떼네레 일 미오 바갈리오 피노 아 스따세라?]
택시를 불러 주시겠습니까?	Potrebbe chiamarmi un taxi? [뽀뜨렙베 끼아마르미 운 딱시?]

① ~ 행 **좌석**을 **예약**하고 싶습니다.
Vorrei prenotare un posto per ~.
[보레이 쁘레노따레 운 뽀스또 뻬르 ~.]

② 3월 8일 ~행 **항공편**이 있습니까?
C'è un volo per ~ l'8 marzo?
[체 운 볼로 뻬르 ~ 로또 마르쪼?]

③ 바로 탈 수 있는 **항공편**이 있습니까?
C'è un volo che parte subito?
[체 운 볼로 께 빠르떼 수비또?]

④ 저의 **항공편**을 재**확인**하고 싶습니다.
Vorrei riconfermare il mio volo.
[보레이 리꼰페르마레 일 미오 볼로.]

⑤ 저의 **항공편 예약**을 변경하고 싶습니다.
Vorrei cambiare la prenotazione del mio volo.
[보레이 깜비아레 라 쁘레노따찌오네 델 미오 볼로.]

⑥ 저의 **항공편**을 **취소**하고 싶습니다.
Vorrei cancellare il mio volo.
[보레이 깐첼라레 일 미오 볼로.]

⑦ 저의 **예약번호**는 ~입니다.
Il mio numero di prenotazione è ~.
[일 미오 누메로 디 쁘레노따찌오네 에 ~.]

⑧ **택시 정류장**은 **어디**입니까?
Dov'è la fermata del taxi?
[도베 라 페르마따 델 딱시?]

⑨ **트렁크**를 열어 주시겠습니까?
Potrebbe aprire il bagagliaio?
[뽀뜨렙베 아쁘리레 일 바갈리아이오?]

Transport 이어 교통

   It makes **you** the confident traveler!
비행기 택시

어디로 가십니까?	Dove va? [도베 바?]	
시내로, **부탁**합니다. (**갤러리**, **극장**, **도서관**, **기념관**, **동물원**, **수족관**)	Per il centro, per favore. [뻬르 일 첸뜨로, 뻬르 파보레.] (galleria, teatro, biblioteca, monumento, zoo, acquario) [갈레리아, 떼아뜨로, 비블리오떼까, 모누멘또, 조, 아꾸아리오]	
이 **주소로** 가주세요.	Mi porti a questo indirizzo, per favore. [미 뽀르띠 아 꿰스또 인디릿조, 뻬르 파보레.]	
가장 **가까운 역**은 **어디**입니까?	Dov'è la stazione più vicina? [도베 라 스따찌오네 쀼 비치나?]	
공항까지는 얼마나 걸립니까?	Quanto ci vuole per l'aeroporto? [콴또 치 부올레 뻬르 라에로뽀르또?]	
서둘러 주시겠습니까?	Potrebbe andare un po' più veloce? [뽀뜨렙베 안다레 운 뽀 쀼 벨로체?]	
다음 **신호**에 세워주세요.	Si fermi al prossimo semaforo. [시 페르미 알 쁘로시모 세마포로.]	
여기에 세워 주세요.	Si fermi qui. [시 페르미 뀌.]	
요금은 **얼마**입니까?	Quant'è la tariffa? [콴떼 라 따리파?]	
감사합니다. **잔돈**은 가지세요.	Grazie. Tenga il resto. [그라찌에. 뗑가 일 레스또.]	

It makes you a confident traveler, even in the places you've never been.

교통 Transport

20. ~행 **버스정류장은** 어디입니까?
Dov'è la fermata dell'autobus per ~?
[도베 라 페르마따 델라우또부스 뻬르 ~?]

21. **어떤 버스**가 **시내**로 갑니까?
Quale autobus va al centro della città?
[꽐레 아우또부스 바 알 첸뜨로 델라 치따?]

22. **어떤 버스**를 타야 합니까?
Quale autobus devo prendere?
[꽐레 아우또부스 데보 쁘렌데레?]

23. ~행 **버스**는 **몇 번**입니까?
Qual'è il numero dell'autobus per ~?
[꽐래 일 누메로 델라우또부스 뻬르 ~?]

24. 그 **버스**는 **여기**에 **언제** 옵니까?
Quando arriva qui quell'autobus?
[꽌도 아리바 뀌 꿸라우또부스?]

25. 저 **버스**가 힐튼 **호텔**에 갑니까?
Quell'autobus va all'Hotel Hilton?
[꿸라우또부스 바 알로뗄 힐톤?]

26. 힐튼 **호텔**은 **어느 정류장**에서 내려야 합니까?
A quale fermata devo scendere per l'Hotel Hilton?
[아 꽐레 페르마따 데보 쉔데레 뻬르 로뗄 힐톤?]

27. ~까지 **몇 정거장**입니까?
Quante fermate mancano a ~?
[꽌떼 페르마떼 망까노 아 ~?]

28. **다음 정류장**은 **어디**입니까?
Qual'è la prossima fermata?
[꽐레 라 쁘로시마 페르마따?]

29. **다음 정류장**에서 내리겠습니다.
Scendo alla prossima fermata.
[쉔도 알라 쁘로시마 페르마따.]

Transport 이어 교통

   It makes **you** the **confident traveler**! 버스

저 내리겠습니다.	Scendo. [쉔도.]	30
티켓은 어디에서 살 수 있습니까?	Dove posso comprare il biglietto? [도베 뽀쏘 꼼쁘라레 일 빌리엣또?]	31
시간표를 주시겠습니까?	Mi potrebbe dare gli orari? [미 뽀뜨렙베 다리 리 오라리?]	32
버스 노선표를 주시겠습니까?	Mi potrebbe dare la cartina con il percorso dell'autobus? [미 뽀뜨렙베 다레 라 까르띠나 꼰 일 뻬르꼬르소 델라우또부스?]	33
~행 **다음 버스**는 **언제** 떠납니까?	Quando parte il prossimo autobus per ~? [콴도 빠르떼 일 쁘로시모 아우또부스 뻬르 ~?]	34
~행 **마지막 버스** 는 **언제** 떠납니까?	Quando parte l'ultimo autobus per ~? [콴도 빠르떼 룰띠모 아우또부스 뻬르 ~?]	35
거기까지 가는데 **얼마나** 걸립니까? (공항)	Quanto ci vuole per arrivare là? [콴또 치 부올레 뻬르 아리바레 라?] (all'aeroporto) [알라에로뽀르또]	36
버스로 2시간 정도입니다.	Con l'autobus circa 2 ore. [꼰 라우또부스 치르까 두에 오레.]	37
~에는 **언제쯤 도착**합니까?	A che ora arriva a ~? [아 께 오라 아리바 아 ~?]	38
그곳에 **도착**하면 저에게 알려 주시겠습니까?	Mi potrebbe avvisare quando arriviamo là? [미 뽀뜨렙베 아비자레 콴도 아리비아모 라?]	39

It makes you a confident traveler, even in the places you've never been.

ITALIAN
이탈리아어
상황을 해결하는 핵심 표현들
교통 Transport

40 **가장 가까운 지하철 역은 어디입니까?**
Dov'è la stazione della metropolitana più vicina?
[도베 라 스따찌오네 델라 메뜨로뽈리따나 쀼 비치나?]

41 **매표소는 어디입니까?**
Dov'è la biglietteria?
[도베 라 빌리에떼리아?]

42 **지하철 노선도**를 얻을 수 있습니까?
Potrei avere una cartina della metropolitana?
[뽀뜨레이 아베레 우나 까르띠나 델라 메뜨로뽈리따나?]

43 ~에 가려면 **어떤 역**에서 내려야 합니까?
A quale stazione devo scendere per andare a ~? [아 꽐레 스따찌오네 데보 쉔데레 뻬르 안다레 아 ~?]

44 ~에 가는 것은 **몇 호선**입니까?
Quale linea della metro passa per ~?
[꽐레 리네아 델라 메뜨로 빠사 뻬르 ~?]

45 1일권 주세요.
Un biglietto giornaliero, per favore.
[운 빌리에또 조르날리에로, 뻬르 파보레.]

46 **요금**은 **얼마**입니까?
Quant'è la tariffa?
[꽌떼 라 따리파?]

47 ~에 가려면 **어떤 출구**로 나가야 합니까?
A quale uscita devo uscire per andare a ~?
[아 꽐레 우쉬따 데보 우쉬레 뻬르 안다레 아 ~?]

48 ~행 **편도표** 2매 주세요.
Due biglietti solo andata per ~.
[두에 빌리에띠 솔로 안다따 뻬르 ~.]

Transport
이어 교통

   **지하철 기차**

~행 **왕복표** 2매 주세요.	Due biglietti di ritorno per ~. [두에 빌리에띠 디 리또르노 뻬르 ~.]	49
~행 **어른** 둘, **아이** 하나, 주세요.	Due adulti e un bambino per ~. [두에 아둘띠 에 운 밤비노 뻬르 ~.]	50
1등칸, 주세요. (**2등칸**)	Prima classe, per favore. [쁘리마 끌라세, 뻬르 파보레.] (Seconda classe) [세꼰다 끌라세]	51
어떤 역에서 **열차**를 갈아타야 합니까?	A quale stazione devo cambiare treno? [아 꽐레 스따찌오네 데보 깜비아레 뜨레노?]	52
~행 **열차**는 **어떤 플랫폼**에서 **출발**합니까?	A quale binario parte il treno per ~? [아 꽐레 비나리오 빠르떼 일 뜨레노 뻬르 ~?]	53
이 **열차** ~에 갑니까?	Questo treno va a ~? [꿰스또 뜨레노 바 아 ~?]	54
식당칸은 **어디**입니까?	Dov'è la carrozza ristorante? [도베 라 까로짜 리스또란떼?]	55
다음 **역**은 **어디**입니까?	Qual'è la prossima stazione? [꽐레 라 쁘로시마 스따찌오네?]	56
내릴 곳을 지나쳤습니다.	La mia fermata è passata. [라 미아 페르마따 에 빠사따.]	57
기차를 놓쳤습니다.	Ho perso il treno. [오 뻬르소 일 뜨레노.]	58

It makes you a confident traveler, even in the places you've never been.

ITALIAN
이탈리아어
상황을 해결하는 핵심 표현들
교통 Transport

⑤⑨	**한국**에서 **예약**했습니다.	Ho prenotato dalla Corea. [오 쁘레노따또 달라 꼬레아.]
⑥⓪	**차**를 5일간 **렌트**하고 싶습니다. (1주일간)	Vorrei noleggiare una macchina per 5 giorni. [보레이 놀레지아레 우나 마끼나 뻬르 칭꿰 조르니.] (una settimana) [우나 세띠마나]
⑥①	**어떤 종류**의 **차**가 있습니까?	Quali categorie di macchine avete? [꽐리 까떼고리에 디 마끼네 아베떼?]
⑥②	저는 **오토매틱**만 **운전**이 가능합니다. (수동)	Guido solo macchine con il cambio automatico. [구이도 솔로 마끼네 꼰 일 깜비오 아우또마띠꼬] (cambio manuale) [깜비오 마누알레]
⑥③	**차**를 봐도 됩니까?	Posso vedere la macchina? [뽀쏘 베데레 라 마끼나?]
⑥④	**하루 사용료**가 어떻게 됩니까?	Quant'è la tariffa giornaliera? [콴떼 라 따리파 조르날리에라?]
⑥⑤	**보증금**은 얼마입니까?	Quant'è la cauzione? [콴떼 라 까우찌오네?]
⑥⑥	이 **차**를 **렌트**하겠습니다.	Noleggio questa macchina. [놀레죠 꿰스따 마끼나.]
⑥⑦	모든 **보험**을 다 들고 싶습니다.	Vorrei una copertura assicurativa completa. [보레이 우나 꼬뻬르뚜라 아시꾸라띠바 꼼쁠레따.]

25

ITALIAN

Transport / 이어 교통

 **렌터카 문제상황**

차는 어디에 **반납**합니까?	Dove posso riconsegnare la macchina? [도베 뽀쏘 리꼰세냐레 라 마끼나?]
비상시에는 **누구**에게 **연락**해야 합니까?	Chi devo contattare in caso di emergenza? [끼 데보 꼰따따레 인 까조 디 에메르젠자?]
주유소가 이 **근처**에 있습니까?	C'è un distributore di benzina qui vicino? [체 운 디스뜨리부또레 디 벤지나 뀌 비치노?]
레귤러로 가득 채워주세요.	Faccia il pieno regolarmente. [파치아 일 삐에노 레골라르멘떼.]
오일과 **타이어**를 **점검**해 주시겠습니까?	Potrebbe controllare l'olio e le gomme? [뽀뜨렙베 꼰뜨롤라레 롤리오 에 레 곰메?]
제 **차**가 **고장** 났습니다.	La mia macchina si è rotta. [라 미아 마끼나 시 에 롯따.]
시동이 걸리지 않습니다.	Il motore non parte. [일 모또레 논 빠르떼.]
배터리가 **방전**되었습니다.	La batteria è scarica. [라 바떼리아 에 스까리까.]
타이어가 **펑크** 났습니다.	Ho una gomma a terra. [오 우나 곰마 아 떼라.]
키를 **차** 안에 두고 내렸습니다.	Ho lasciato le chiavi chiuse in macchina. [오 라쉬아또 레 끼아비 끼우제 인 마끼나.]
저는 ~ **근처**에 있습니다.	Sono vicino a ~. [소노 비치노 아 ~.]

ITALIAN
이탈리아어

상황을 해결하는 핵심 표현들
식당 Restaurant

① **유명**한 **식당**을 **추천**해 주시겠습니까?
Mi potrebbe consigliare un ristorante famoso?
[미 뽀뜨렙베 꼰실리아레 운 리스또란떼 파모조?]

② **괜찮은 식당**이 **어디**입니까?
(**저렴한 식당**)
Dove posso trovare un buon ristorante?
[도베 뽀쏘 뜨로바레 운 부온 리스또란떼?]
(un ristorante economico)
[운 리스또란떼 에꼬노미꼬]

③ 이 **식당**은 **어디**입니까?
Dov'è questo ristorante?
[도베 꿰스또 리스또란떼?]

④ **예약**을 해야 합니까?
Dobbiamo prenotare?
[도비아모 쁘레노따레?]

⑤ **오늘밤** 6시에 세 사람 **예약**하고 싶습니다.
(**내일** 7시에 두 사람)
Vorrei prenotare un tavolo per 3 alle 6 di stasera.
[보레이 쁘레노따레 운 따볼로 뻬르 뜨레 알레 세이 디 스따세라.]
(per 2 alle 7 di domani)
[뻬르 두에 알레 셋떼 디 도마니]

⑥ **죄송**합니다. 그때는 만석입니다.
Mi dispiace, siamo pieni a quell'ora.
[미 디스삐아체, 시아모 삐에니 아 꿸로라.]

⑦ **예약**하셨습니까?
Ha prenotato?
[아 쁘레노따또?]

ITALIAN **Restaurant** 이어 **식당**

   식당 찾기 예약 좌석 스낵

7시로 **예약**했습니다.	Ho prenotato per le 7. [오 쁘레노따또 뻬르 레 셋떼.]
예약은 하지 않았습니다.	Non ho prenotato. [논 오 쁘레노따또.]
테이블이 있습니까?	Avete un tavolo libero? [아베떼 운 따볼로 리베로?]
얼마나 기다려야 합니까?	Quanto dobbiamo aspettare? [콴또 도비아모 아스뺏따레?]
창쪽 테이블로 부탁 드립니다.	Un tavolo vicino alla finestra, per favore. [운 따볼로 비치노 알라 피네스뜨라, 뻬르 파보레.]
흡연석이면 더 좋겠습니다.	Preferirei un tavolo nella zona fumatori. [쁘레페리레이 운 따볼로 넬라 조나 푸마또리.]
치즈버거 하나, **프라이** 라지 하나 그리고 **콜라** 작은 것 주세요.	Un cheese burger, patatine grandi e coca piccola, per favore. [운 치즈 부르게르, 빠따디네 그란디 에 꼬까 삐꼴라, 뻬르 파보레.]
여기서 드십니까, **포장**이십니까?	Mangia qui o lo porta via? [만지아 퀴 오 로 뽀르따 비아?]
여기서 먹겠습니다. (**포장**입니다.)	Mangio qui. [만지오 퀴.] (Lo porto via.) [로 뽀르또 비아.]

It makes you a confident traveler, even in the places you've never been.

ITALIAN
이탈리아어
상황을 해결하는 핵심 표현들
식당 Restaurant

(17) **영어**로 된 **메뉴판**이 있습니까?
Avete un menu in inglese?
[아베떼 운 메누 인 잉글레제?]

(18) **주문**하고 싶습니다.
Vorrei ordinare.
[보레이 오르디나레.]

(19) **어떤 것**을 **추천**해 주시겠습니까?
Che cosa consiglia?
[께 꼬자 꼰실리아?]

(20) **오늘의 특별요리**가 있습니까?
Qual'è il piatto speciale del giorno?
[꽐레 일 삐앗또 스뻬치알레 델 조르노?]

(21) **지역 특별요리**는 **무엇**입니까?
Qual'è la specialità locale?
[꽐레 라 스뻬치알리따 로깔레?]

(22) **소고기 메뉴**들이 있습니까?
(**닭고기**, **샐러드**, **디저트**, **지역음식**)
Avete dei menu di carne?
[아베떼 데이 메누 디 까르네?]
(pollo, insalata, dolce, cucina locale)
[뽈로, 인살라따, 돌체, 구치나 로깔레]

(23) 이 **요리**는 **무엇**입니까?
Che cosa c'è in questo piatto?
[께 꼬자 체 인 꿰스또 삐앗또?]

(24) **이것**으로 하겠습니다.
Prendo questo.
[쁘렌도 꿰스또.]

(25) 저분들과 같은 **요리**로 주세요.
Prendo quello che prendono loro.
[쁘렌도 꿸로 께 쁘렌도노 로로.]

(26) **이것**은 여자분께, 이것은 제게 주세요.
Questo è per lei e questo è per me.
[꿰스또 에 뻬르 레이 에 꿰스또 에 뻬르 메.]

ITALIAN

Restaurant 이어 **식당**

메뉴 주문 식사 선택사항

주문을 바꾸고 싶습니다.	Vorrei cambiare la mia ordinazione. [보레이 깜비아레 라 미아 오르디아찌오네.]	
드레싱은 어떤 것으로 하시겠습니까?	Quale condimento preferisce? [꽐레 꼰디멘또 쁘레페리쉐?]	
이탈리안 드레싱으로 주세요. (프란치, 저지방, 사우전아일랜드)	Olio e aceto, per favore. [올리오 에 아체또, 뻬르 파보레.] (Francese, A basso contenuto di grassi, Thousand island) [프란체제, 아 밧소 꼰떼누또 디 그라시, 타우전드 아이랜드]	
스테이크는 어떻게 해드릴까요?	Come preferisce la bistecca? [꼬메 쁘레페리쉐 라 비스떼까?]	
중간으로 해주세요. (덜 익혀, 중간 보다 덜 익혀, 완전히 익혀)	Media, per favore. [메디아, 뻬르 파보레.] (Al sangue, Media, Ben cotta) [알 상구에, 메디아, 벤 꽃따]	
계란은 어떻게 해드릴까요?	Come preferisce le uova? [꼬메 쁘레페리쉐 레 우오바?]	
삶아 주세요. (한쪽만 프라이, 스크램블, 프라이)	Le faccia bollite. [레 파치아 볼리떼.] (fritte, strapazzate, double fried) [프리떼, 스뜨라빠자떼, 더블 프라이드]	

ITALIAN
이탈리아어
상황을 해결하는 핵심 표현들
식당 Restaurant

34	**저녁식사**와 함께 **무슨 음료**를 드시겠습니까?	Che cosa vuole bere durante la cena? [께 꼬자 부올레 베레 두란떼 라 체나?]
35	**레드 와인** 한 잔 주세요. (**화이트 와인** 한 병, **맥주** 큰 잔으로, **수돗물, 탄산수**)	Un bicchiere di vino rosso, per favore. [운 비끼에레 디 비노 롯소, 뻬르 파보레.] (Una bottiglia di vino bianco, Un boccale di birra grande, Acqua del rubinetto, Acqua frizzante) [우나 보띨리아 디 비노 비앙꼬, 운 보깔레 디 비라 그란데, 아꾸아 델 루비네또, 아꾸아 프리잔떼]
36	**디저트**로는 **무엇**이 있습니까?	Quali dolci avete? [꽐리 돌치 아베떼?]
37	그냥 **커피** 주세요.	Solo un caffè, per favore. [솔로 운 까페, 뻬르 파보레.]
38	**이것**은 **어떻게** 먹습니까?	Come si mangia questo? [꼬메 시 만지아 꿰스또?]
39	제 **요리**가 아직 안 나왔습니다.	Il mio piatto non è ancora arrivato. [일 미오 삐앗또 논 에 앙꼬라 아리바또.]
40	이것은 제가 **주문**한 것이 아닙니다.	Questo non è ciò che ho ordinato. [꿰스또 논 에 쵸 께 오 오르디나또.]
41	**이것**은 너무 짭니다. (탔습니다, 덜 익었습니다)	Questo è troppo salato. [꿰스또 에 뜨롭뽀 살라또.] (bruciato, non abbastanza cotto) [브루치아또, 논 아바스딴자 꼿또]

Restaurant
이어 **식당**

   It makes **you** the **confident traveler!**
음료 디저트 문제상황 계산

제 **나이프**를 떨어뜨렸습니다.	Ho fatto cadere il coltello. [오 파또 까데레 일 꼴뗄로.]	42
다른 **포크**를 주시겠습니까?	Potrei avere un'altra forchetta? [뽀뜨레이 아베레 우날뜨라 포르껫따?]	43
실례합니다. 물 좀 주시겠습니까?	Mi scusi, mi potrebbe dare dell'acqua? [미 스꾸지, 미 뽀뜨렙베 다레 델라꾸아?]	44
빵을 좀 더 주시겠습니까?	Mi potrebbe portare ancora un po' di pane? [미 뽀뜨렙베 뽀르따레 앙꼬라 운 뽀 디 빠네?]	45
담배를 피워도 됩니까?	Posso fumare? [뽀쏘 푸마레?]	46
이것 좀 치워 주시겠습니까?	Potrebbe portarlo via? [뽀뜨렙베 뽀르따를로 비아?]	47
계산하겠습니다.	Il conto, per favore. [일 꼰또, 뻬르 파보레.]	48
제가 내겠습니다.	Offro io. [오프로 이오.]	49
봉사료 **포함**입니까?	Il servizio è incluso? [일 세르비찌오 에 인끌루조?]	50
계산이 잘못되었습니다.	C'è un errore nel conto. [체 운 에로레 넬 꼰또.]	51
영수증을 주시겠습니까?	Potrebbe darmi lo scontrino? [뽀뜨렙베 다르미 로 스꼰뜨리노?]	52

관광 Sightseeing

1. 관광 안내소는 어디입니까?
Dov'è il centro informazioni turistiche?
[도베 일 첸뜨로 인포르마찌오니 뚜리스띠께?]

2. 지금 **어떤 축제**가 있습니까?
C'è qualche festival in questo periodo?
[체 꽐께 페스티발 인 꿰스또 뻬리오도?]

3. **벼룩시장**이 있습니까?
C'è il mercato delle pulci?
[체 일 메르까또 델레 뿔치?]

4. 시내 전체를 구경할 만한 장소가 있습니까?
C'è un posto da cui si può vedere bene tutta la città?
[체 운 뽀스또 다 꾸이 시 뿌오 베데레 베네 뚜따 라 치따?]

5. 무료 지도가 있습니까?
(관광안내서)
C'è una cartina gratis?
[체 우나 까르띠나 그라띠스?]
(un depliant della vacanza)
[운 데쁠리앙 델라 바깐짜]

6. 관광 투어가 있습니까?
(시내관광, 1일 관광)
Ci sono delle visite guidate?
[치 소노 델레 비지떼 구이다떼?]
(giro della città, gita di un giorno)
[지로 델라 치따, 지다 디 운 조르노]

7. 어떤 것이 가장 인기 있는 투어입니까?
Qual'è la gita più popolare?
[꽐레 라 지따 쀼 뽀뽈라레?]

8. 한국어를 하는 가이드가 있는 투어가 있습니까?
Ci sono gite con guide che parlano coreano?
[치 소노 지떼 꼰 구이데 께 빠를라노 꼬레아노?]

ITALIAN

Sightseeing
이어 관광

It makes you the confident traveler!
관광 안내소 시내 투어

이 **투어**는 매일 있습니까?	Questa gita c'è tutti i giorni? [꿰스따 지따 체 뚜띠 이 조르니?]	⑨
투어는 **시간**이 **얼마나** 소요됩니까?	Quanto dura la gita? [콴또 두라 라 지따?]	⑩
가격은 **얼마**입니까?	Quanto costa? [콴또 꼬스따?]	⑪
식사 포함입니까?	I pasti sono inclusi? [이 빠스띠 소노 인끌루지?]	⑫
몇 시에 떠납니까?	A che ora si parte? [아 께 오라 시 빠르떼?]	⑬
어디에서 만나야 합니까?	Dove ci si incontra? [도베 치 시 인꼰뜨라?]	⑭
몇 시에 돌아옵니까?	A che ora si torna? [아 께 오라 시 또르나?]	⑮
호텔에서 **픽업**해 주실 수 있습니까?	Potrebbe passare a prendermi in albergo? [뽀뜨렙베 빳사레 아 쁘렌데르미 인 알베르고?]	⑯
~에서 **자유시간**을 가질 수 있습니까?	È libero alle ~? [에 리베로 알레 ~?]	⑰
예약을 하고 싶습니다.	Vorrei fare una prenotazione. [보레이 파레 우나 쁘레노따지오네.]	⑱

관광 Sightseeing

⑲ ~에서 유명한 것은 무엇입니까?
Per che cosa è famosa ~?
[뻬르 께 꼬자 에 파모자 ~?]

⑳ 뭐 좀 물어봐도 되겠습니까?
Posso chiereLe una cosa?
[뽀쏘 끼에레레 우나 꼬자?]

㉑ **여기는 무슨 거리**입니까?
Che via è questa?
[께 비아 에 꿰스따?]

㉒ 이 주소가 **여기 근처**입니까?
Questo indirizzo è vicino a qui?
[꿰스또 인띠릿조 에 비치노 아 뀌?]

㉓ 이 근처에 백화점이 있습니까?
(슈퍼마켓, 약국, 경찰서, 우체국, 은행)
Ci sono i grandi magazzini in questa zona?
[치 소노 이 그란디 마가지니 인 꿰스따 조나?]
(supermercato, farmacia, commissariato di polizia, ufficio postale, banca)
[수뻬르메르까또, 파르마치아, 꼼미사리아또 디 뽈리찌아, 우피치오 뽀스딸레, 방까]

㉔ 공중화장실이 이 근처에 있습니까?
(공중전화)
C'è un bagno pubblico qui vicino?
[체 운 바뇨 뿌블리꼬 뀌 비치노?]
(telefono pubblico) [뗄레포노 뿌블리꼬]

㉕ **거기에는 어떻게** 갑니까?
Come posso arrivarci?
[꼬메 뽀쏘 아리바르치?]

㉖ 이 **주소는 어떻게** 갈 수 있습니까?
Come posso andare a questo indirizzo?
[꼬메 뽀쏘 안다레 아 꿰스또 인디릿조?]

Sightseeing
이어 관광

   시내관광 위치 사진 촬영

걸어서 얼마나 걸립니까?	Quanto ci vuole a piedi? [콴또 치 부올레 아 삐에디?]	27
여기에서 ~ **광장**까지 **얼마나** 멉니까?	Quanto dista la Piazza ~ da qui? [콴또 디스따 라 삐앗짜 ~ 다 뀌?]	28
길을 잃었습니다.	Ho perso la strada. [오 뻬르소 라 스뜨라다.]	29
제가 이 **지도**에서 **어디**에 있나요?	Dove mi trovo su questa cartina? [도베 미 뜨로보 수 꿰스따 까르띠나?]	30
괜찮으시면 저를 그곳에 데려다 주시겠습니까?	Potrebbe accompagnarmi là, se non Le dispiace? [뽀뜨렙베 아꼼빠냐르미 라, 세 논 레 디스삐아체?]	31
박물관은 이 **길**로 가는 것이 맞습니까?	Questa è la strada giusta per il museo? [꿰스따 에 라 스뜨라다 주스따 뻬르 일 무제오?]	32
여기에서 **사진**을 찍어도 됩니까?	Posso fare una foto qui? [뽀쏘 파레 우나 포또 뀌?]	33
실례합니다만, **사진** 좀 찍어 주시겠습니까?	Mi scusi, ci potrebbe fare una foto? [미 스꾸지, 치 뽀뜨렙베 파레 우나 포또?]	34
그냥 **버튼**만 누르면 됩니다.	Prema solo il pulsante. [쁘레마 솔로 일 뿔산떼.]	35

It makes you a confident traveler,
even in the places you've never been.

ITALIAN
이탈리아어
상황을 해결하는 핵심 표현들

관광 Sightseeing

36 **어떤 종류의 쇼가 오늘밤에 있습니까?**
Che spettacolo fanno stasera?
[께 스뻬따꼴로 판노 스따세라?]

37 **어떤 팀이 경기를 합니까?**
Quale squadra gioca?
[꽐레 스꽈드라 죠까?]

38 **프로그램과 가격표를 봐도 됩니까?**
Posso vedere il programma e la lista dei prezzi?
[뽀쏘 베데레 일 쁘로그람마 에 라 리스따 데이 쁘렛지?]

39 **그것은 몇 시에 시작합니까?**
A che ora inizia?
[아 께 오라 이니찌아?]

40 **이 공연은 시간이 얼마나 소요됩니까? (뮤지컬, 오페라, 콘서트, 발레, 경기)**
Quanto tempo dura lo spettacolo?
[콴또 뗌뽀 두라 로 스뻬따꼴로?]
(musical, opera, concerto, danza, partita)
[뮤지컬, 오뻬라, 꼰체르또, 단자, 빠르띠따]

41 **입장권은 어디에서 살 수 있습니까?**
Dove posso comprare un biglietto di ingresso?
[도베 뽀쏘 꼼쁠라레 운 빌리엣또 디 잉그레소?]

42 **오늘 티켓이 있습니까?**
C'è un biglietto per oggi?
[체 운 빌리엣또 뻬르 옷지?]

43 **어떤 좌석이 있습니까?**
Quale posto ha?
[꽐레 뽀스또 아?]

ITALIAN

Sightseeing / 이어 관광

공연 티켓구매 장소질문

입장료는 **얼마**입니까? (**할인석**은, **일일권**은)	Quanto costa il biglietto di ingresso? [콴또 꼬스따 일 빌리엣또 디 잉그레소?] (posto scontato, biglietto giornaliero) [뽀스또 소꼰따또, 빌리엣또 조르날리에로]	44
가장 싼 **티켓**은 **얼마**입니까?	Quanto costa il biglietto più economico? [콴또 꼬스따 일 빌리엣또 쀼 에꼬노미꼬?]	45
성인 둘에 **아이** 하나입니다.	Due adulti e un bambino, per favore. [두에 아둘띠 에 운 밤비노, 뻬르 파보레.]	46
이 **티켓**으로 다 볼 수 있습니까?	Posso vedere tutto con questo biglietto? [뽀쏘 베데레 뚜또 꼰 꿰스또 빌리엣또?]	47
무료 팸플릿이 있습니까?	C'è un depliant gratuito? [체 운 데쁠리앙 그라뚜이또?]	48
저의 **가방**을 맡겨 놓을 곳이 있습니까?	C'è un posto dove posso lasciare la borsa? [체 운 뽀스또 도베 뽀쏘 라쉬아레 라 보르사?]	49
선물가게는 **어디**에 있습니까?	Dov'è il negozio souvenir? [도베 일 네고찌오 수브니르?]	50
입구는 **어디**입니까?	Dov'è l'ingresso? [도베 링그레소?]	51
들어가도 됩니까?	Posso entrare? [뽀쏘 엔뜨라레?]	52
이 **좌석**은 **어디**입니까?	Dov'è questo posto? [도베 꿰스또 뽀스또?]	53
출구는 **어디**입니까?	Dov'è l'uscita? [도베 루쉬따?]	54

ITALIAN
이탈리아어
상황을 해결하는 핵심 표현들
쇼핑 Shopping

① **지역특산물**은 무엇입니까?
Qual'è la specialità locale?
[꽐레 라 쓰뻬치알리따 로깔레?]

② **기념품**은 **어디**에서 살 수 있습니까?
Dove posso comprare dei souvenirs?
[도베 뽀쏘 꼼쁘라레 데이 수브니르?]

③ ~ **가게**는 **어디**입니까?
Dov'è il negozio ~?
[도베 일 네고찌오 ~?]

④ **면세점**은 **어디**입니까?
(**쇼핑가, 백화점**)
Dov'è il duty free?
[도베 일 듀티 프리?]
(zona acquisti, grandi magazzini)
[조나 아뀌스띠, 그란디 마가찌니]

⑤ **쇼핑센터**는 어느 **방향**입니까?
(**식료 잡화점, 선물가게**)
In quale direzione è il centro commerciale?
[인 꽐레 디레찌오네 에 일 첸뜨로 꼼메르치알레?]
(fruttivendolo, negozio di articoli da regalo)
[프룻띠벤돌로, 네고찌오 디 아르띠꼴리 다 레갈로]

⑥ 이 근처에 **면세점**이 있습니까?
C'è un duty free qui vicino?
[체 운 듀티 프리 뀌 비치노?]

⑦ **여권**을 보여 주시겠습니까?
Posso vedere il passaporto, per favore?
[뽀쏘 베데레 일 빠사뽀르또, 뻬르 파보레?]

⑧ 저를 위해 **면세양식을 작성**해 주시겠습니까?
Potrebbe compilare il modulo del duty free per me?
[뽀뜨렙베 꼼삘라레 일 모둘로 델 듀티 프리 뻬르 메?]

⑨ **구경**하려고요, 고맙습니다.
Sto solo dando un'occhiata, grazie.
[스또 솔로 단도 운오끼아따, 그라찌에.]

Shopping 이어 쇼핑

   It makes **you** the **confident traveler**!
상점 면세점 의류 선물

남성복 매장은 **어디**입니까? (**여성복**)	Dov'è il reparto abbigliamento uomo? [도베 일 레빠르또 아빌리아멘또 우오모?] (abbiglimento donna) [아빌리아멘또 돈나]	⑩
몇 층이 **의류**입니까?	A che piano si trova l'abbigliamento? [아 께 삐아노 시 뜨로바 라빌리아멘또?]	⑪
점퍼를 원합니다. (**아이들 것을**, **기념품**을)	Vorrei un maglione. [보레이 운 말리오네.] (qualcosa per i bambini, un souvenir) [꽐꼬자 뻬르 이 밤비니, 운 수브니르]	⑫
스포츠웨어를 사고 싶습니다. (**수영팬티**, **비키니**)	Vorrei comprare dell'abbigliamento sportivo. [보레이 꼼쁘라레 델라빌리아멘또 스뽀르띠보.] (un costume da bagno, un bikini) [운 꼬스뚜메 다 바뇨, 운 비끼니]	⑬
신발을 찾고 있습니다. (**재킷**을, **스커트**를, **가방**을)	Cerco delle scarpe. [체르꼬 델레 스까르뻬.] (una giacca, una camicia, una borsa) [우나 자까, 우나 까미치아, 우나 보르사]	⑭
작은 **선물**로 괜찮은 것이 있습니까?	Che cosa avete per fare un regalino? [께 꼬자 아베떼 뻬르 파레 운 레갈리노?]	⑮
50유로 정도의 **물건**이면 좋겠습니다.	Vorrei qualcosa a 50 euro circa. [보레이 꽐꼬자 아 칭콴따 에우로 치르까.]	⑯
세일은 언제 **시작**합니까?	Quando iniziano i saldi? [콴도 이니찌아노 이 살디?]	⑰

ITALIAN
이탈리아어
상황을 해결하는 핵심 표현들
쇼핑 Shopping

⑱ 저것 좀 볼 수 있을까요?
Posso vedere quello, per favore?
[뽀쏘 베데레 꿸로, 뻬르 파보레?]

⑲ **진열장**에 있는 것을 저에게 보여주시겠습니까?
Potrebbe farmi vedere quello in vetrina?
[뽀뜨렙베 파르미 베데레 꿸로 인 베뜨리나?]

⑳ 이거 다른 **색상**으로 있습니까?
C'è in un altro colore?
[체 인 운 알뜨로 꼴로레?]

㉑ 이거 다른 **스타일**로 있습니까?
C'è in un altro stile?
[체 인 운 알뜨로 스띨레?]

㉒ 다른 것을 보여주시겠습니까?
Me ne potrebbe far vedere un'altra?
[메 네 뽀뜨렙베 파르 베데레 우날뜨라?]

㉓ **재질**은 **무엇**입니까?
Di che cosa è fatto?
[디 께 꼬자 에 파또?]

㉔ **면**입니다.
(**가죽, 순모, 실크, 금, 은, 백금**)
È cotone.
[에 꼬또네.]
(pelle, pura lana, seta, oro, argento, platino)
[뻴레, 뿌라 라나, 세따, 오로, 아르젠또, 쁠라띠노]

㉕ 만져봐도 됩니까?
Posso toccarla?
[뽀쏘 또까를라?]

㉖ 입어봐도 됩니까?
Posso provarla?
[뽀쏘 쁘로바를라?]

Shopping
이어 쇼핑

점원 사이즈 색상 주문

사이즈가 **어떻게** 되십니까?	Quale taglia porta? [꽐레 딸리아 뽀르따?] — 27
제 **치수**를 **측정**해 주시겠습니까?	Potrebbe prendermi le misure? [뽀뜨렙베 쁘렌데르미 레 미주레?] — 28
피팅룸은 **어디**입니까?	Dov'è il camerino? [도베 일 까메리노?] — 29
이것은 **몸**에 맞지 않습니다.	Non mi va bene. [논 미 바 베네.] — 30
이것은 너무 작습니다. (너무 큽니다, 너무 헐렁합니다, 조금 낍니다, 깁니다, 짧습니다)	È troppo piccola. [에 뜨롭뽀 삐꼴라.] (troppo grande, troppo larga, un po' stretta, lunga, corta) [뜨롭뽀 그란데, 뜨롭뽀 라르가, 운 뽀 스뜨렛따, 룽가, 꼬르따] — 31
더 큰 **사이즈**가 있습니까?	C'è una taglia più grande? [체 우나 딸리아 쀼 그란데?] — 32
이것으로 주세요.	Mi dia questo, per favore. [미 디아 꿰스또, 뻬르 파보레.] — 33
이것으로 두 개 하겠습니다.	Prendo due di questi. [쁘렌도 두에 디 꿰스띠.] — 34
이것은 저에게 어울리지 않습니다.	Questo non mi sta bene. [꿰스또 논 미 스따 베네.] — 35
죄송합니다. 제가 딱 원하던 것이 아닙니다.	Mi dispiace, questo non è esattamente quello che volevo. [미 디스삐아체, 꿰스또 논 에 에삿따멘떼 꿸로 께 볼레보.] — 36

ITALIAN 이탈리아어
상황을 해결하는 핵심 표현들
쇼핑 Shopping

㊲ **전부** 다 **얼마**입니까?
(이것은 **얼마**입니까?)
Quant'è in totale?
[콴떼 인 또딸레?]
(Quanto costa questo?)
[콴또 꼬스따 꿰스또?]

㊳ **세금 포함**입니까?
Le tasse sono incluse?
[레 땃세 소노 인끌루제?]

㊴ 저에게 좀 비쌉니다.
È un po' troppo caro per me.
[에 운 뽀 뜨롭뽀 까로 뻬르 메.]

㊵ **할인**해 주시겠습니까?
Potrebbe farmi uno sconto?
[뽀뜨렙베 파르미 우노 쓰꼰또?]

㊶ 이 **신용카드**를 사용해도 됩니까?
Posso usare questa carta di credito?
[뽀쏘 우사레 꿰스따 까르따 디 끄레디또?]

㊷ **죄송**합니다만, **거스름돈**이 틀린 것 같습니다.
Mi scusi, ma mi sembra che il resto sia sbagliato.
[미 스꾸지, 마 미 셈브라 께 일 레스또 시아 즈발리아또.]

㊸ **계산서**를 다시 한번 **확인**해 주시겠습니까?
Potrebbe ricontrollare il conto?
[뽀뜨렙베 리꼰뜨롤라레 일 꼰또?]

㊹ **영수증**을 받을 수 있을까요?
Posso avere lo scontrino?
[뽀쏘 아베레 로 스꼰뜨리노?]

㊺ **선물포장**을 해주시겠습니까?
Potrebbe confezionarmi il regalo?
[뽀뜨렙베 꼰페찌오나르미 일 레갈로?]

ITALIAN

Shopping
이어 쇼핑

구매 가격조정 지불방법 환불

따로따로 **포장**해 주시겠습니까?	Potrebbe confezionarli separatamente? [뽀뜨렙베 꼰페찌오나를리 세빠라따멘떼?]
가격표를 떼어 주시겠습니까?	Potrebbe togliere le targhette del prezzo? [뽀뜨렙베 똘리에레 레 따르겟떼 델 쁘렛조?]
포장하지 않아도 됩니다.	Non ho bisogno della confezione. [논 오 비조뇨 델라 꼰페찌오네.]
그것을 힐튼 **호텔**로 **배달**해 주시겠습니까?	Potrebbe consegnarlo all'Hotel Hilton? [뽀뜨렙베 꼰세냐를로 알로뗄 힐톤?]
이것을 **반품**하고 싶습니다.	Vorrei restituire questo. [보레이 레스띠뚜이레 꿰스또.]
환불해 주시겠습니까?	Posso avere il rimborso? [뽀쏘 아베레 일 림보르소?]
이것을 새 것으로 **교환**하고 싶습니다.	Vorrei cambiare questo con uno nuovo. [보레이 깜비아레 꿰스또 꼰 우노 누오보.]
여기에 **흠집**이 있습니다.	C'è un difetto qui. [체 운 디펫또 뀌.]
전혀 사용하지 않았습니다.	Non l'ho usato per niente. [논 로 우자또 뻬르 니엔떼.]
영수증 여기 있습니다.	Ecco lo scontrino. [에꼬 로 스꼰뜨리노.]

It makes you a confident traveler, even in the places you've never been.

ITALIAN 이탈리아어
상황을 해결하는 핵심 표현들
전화 · 우편 · 은행

YOU the Confident Traveler 5+1

① **공중전화**는 **어디**에 있습니까?
Dove posso trovare un telefono pubblico?
[도베 뽀쏘 뜨로바레 운 뗄레포노 뿌블리꼬?]

② **한국**으로 **수신자부담전화**를 하고 싶습니다.
Vorrei fare una chiamata a carico del destinatario in Corea. [보레이 파레 우나 끼아마따 아 까리꼬 델 데스띠나따리오 인 꼬레아.]

③ **한국**으로 **국제전화**를 하고 싶습니다.
Vorrei fare una chiamata internazionale in Corea.
[보레이 파레 우나 끼아마따 인떼르나찌오날레 인 꼬레아.]

④ **번호**는 02 361 7351입니다.
Il numero è 02 361 7351. [일 누메로 에 제로 두에 뜨레 세이 우노 셋떼 뜨레 칭꿰 우노.]

⑤ **전화**를 끊지 마시고 잠시 기다려주십시오.
Non riattacchi. Per favore, aspetti un momento.
[논 리아따끼. 뻬르 파보레, 아스뻿띠 운 모멘또.]

⑥ **통화** 중입니다.
La linea è occupata.
[라 리네아 에 오꾸빠따.]

⑦ 여보세요. 저는 김입니다.
Pronto. Sono Kim.
[쁘론또. 소노 김.]

⑧ 이 양과 **통화**하고 싶습니다.
Vorrei parlare con la Signora Lee.
[보레이 빠를라레 꼰 라 시뇨라 리.]

⑨ **죄송**합니다. 제가 **전화**를 잘못 건 것 같습니다.
Mi scusi. Ho sbagliato numero.
[미 스꾸지. 오 즈발리아또 누메로.]

 Telephone 이어 전화

5+1   It makes **you** the **confident traveler!** 전화 우편 은행

가장 가까운 **우체국**은 어디입니까?	Dov'è l'ufficio postale più vicino? [도베 루피치오 뽀스딸레 퓨 비치노?]	⑩
소포용 박스가 있습니까?	Ci sono delle scatole di cartone? [치 소노 델레 스까똘레 디 까르또네?]	⑪
소포를 **한국**에 **항공편**으로 보내고 싶습니다.	Vorrei spedire un pacco in Corea per posta aerea. [보레이 스뻬디레 운 빠꼬 인 꼬레아 뻬르 뽀스따 아에레아.]	⑫
이것은 **우편요금**이 얼마입니까?	Quanto costano le spese di spedizione per questo? [콴또 꼬스따노 레 스뻬제 디 스뻬디지오네 뻬르 꿰스또?]	⑬
이 **근처**에 **은행**이 있습니까?	C'è una banca qui vicino? [체 우나 방까 뀌 비치노?]	⑭
이 **여행자수표**를 **현금**으로 바꾸고 싶습니다.	Vorrei cambiare questi traveller's checks in contanti. [보레이 깜비아레 꿰스띠 트레블러스 첵스 인 꼰딴띠.]	⑮
환전해주세요.	Vorrei cambiare dei soldi. [보레이 깜비아레 데이 솔디.]	⑯
잔돈으로 주십시오. (**소액권**으로)	Vorrei tagli piccoli. [보레이 딸리 삐꼴리.] (tagli grandi) [딸리 그란디]	⑰
현금자동인출기는 어디에 있습니까?	Dov'è lo sportello bancomat? [도베 로 스뽀르뗄로 방꼬맛?]	⑱

It makes you a confident traveler, even in the places you've never been.

ITALIAN 이탈리아어
상황을 해결하는 핵심 표현들
응급상황 Emergency

YOU the Confident Traveler 5+1

① **의사**를 만나고 싶습니다.
Vorrei farmi visitare da un medico.
[보레이 파르미 비지따레 다 운 메디꼬.]

② 여기가 아픕니다.
Mi fa male qui.
[미 파 말레 뀌.]

③ **위통**이 있습니다.
(**두통, 치통, 인후통, 열, 오한**)
Ho mal di stomaco.
[오 말 디 스또마꼬.]
(mal di testa, mal di denti, mal di gola, febbre, raffreddore)
[말 디 떼스따, 말 디 덴띠, 말 디 골라, 페브레, 라프레도레]

④ **팔목**을 삐었습니다.
(**발목**)
Mi sono slogato il polso.
[미 소노 즐로가또 일 뽈소.]
(caviglia) [까빌리야]

⑤ **감기**에 걸렸습니다.
Ho preso il raffreddore.
[오 쁘레조 일 라프레도레.]

⑥ 속이 매스껍습니다.
(어지럽습니다.)
Ho la nausea.
[오 라 나우제아.]
(Mi gira la testa.) [미 지라 라 떼스따.]

⑦ **설사**를 합니다.
Ho la diarrea.
[오 라 디아레아.]

⑧ **임산부**입니다.
(**당뇨병 환자**)
Sono incinta.
[소노 인친따.]
(Ho il diabete.)
[오 일 디아베떼.]

Emergency 이어 응급

   It makes **you** the **confident traveler!**
병원 약국

알레르기가 있습니다.	Sono allergico. [소노 알레르지꼬.]	⑨
최근에 **무엇**을 먹었습니까?	Che cosa ha mangiato di recente? [께 꼬자 아 만지아또 디 레첸떼?]	⑩
어떤 약을 **복용**하십니까?	Quali medicine prende? [꽐리 메디치네 쁘렌데?]	⑪
~을 **복용**합니다.	Di solito prendo ~. [디 솔리또 쁘렌도 ~.]	⑫
여행을 계속할 수 있을까요?	Posso continuare il viaggio? [뽀쏘 꼰띠누아레 일 비아죠?]	⑬
보험을 위해 **진단서**와 **영수증**을 받고 싶습니다.	Vorrei un certificato medico e una ricevuta per la mia assicurazione. [보레이 운 체르띠피까또 메디꼬 에 우나 리체부따 뻬르 라 미아 아시꾸라찌오네.]	⑭
가장 가까운 **약국**을 말씀해 주시겠습니까?	Mi potrebbe dire dov'è la farmacia più vicina? [미 뽀뜨렙베 디레 도베 라 파르마치아 쀼 비치나?]	⑮
처방전 없이 **약**을 살 수 있습니까?	Posso comprare una medicina senza ricetta? [뽀쏘 꼼쁘라레 우나 메디치나 센자 리쳇따?]	⑯
감기약을 좀 주시겠습니까?	Potrebbe darmi una medicina per il raffreddore? [뽀뜨렙베 다르미 우나 메디치나 뻬르 일 라프레도레?]	⑰
어떻게 복용합니까?	Come si prende? [꼬메 시 쁘렌데?]	⑱

ITALIAN
이탈리아어
상황을 해결하는 핵심 표현들
응급상황 Emergency

YOU the Confident Traveler 5+1

(19) **분실물센터**는 어디입니까?
Dov'è l'ufficio oggetti smarriti?
[도베 루피치오 오제띠 즈마리띠?]

(20) **택시**에 제 **가방**을 두고 내렸습니다.
Ho lasciato la mia borsa sul taxi.
[오 라쉬아또 라 미아 보르사 술 딱시.]

(21) 제 **지갑**을 **도난** 당했습니다.
Mi hanno rubato il portafoglio.
[미 안노 루바또 일 뽀르따폴리오.]

(22) **신용카드**를 **분실**했습니다.
Ho perso la mia carta di credito.
[오 뻬르소 라 미아 까르따 디 끄레디또.]

(23) 제 **카드**를 **정지** 시키고 싶습니다.
Vorrei disdire la mia carta di credito.
[보레이 디즈디레 라 미아 까르따 디 끄레디또.]

(24) **어디**에서 **분실**했는지 **확실**하지 않습니다.
Non so dove l'ho persa.
[논 소 도베 로 뻬르사.]

(25) 찾으시면 가능한 한 빨리 **연락**해 주십시오.
Se la trova per favore mi chiami immediatamente.
[세 라 뜨로바 뻬르 파보레 미 끼아미 임메디아따멘떼.]

(26) 이 **근처**에 **경찰서**가 있습니까?
C'è un commissariato di polizia qui vicino?
[체 운 꼼미싸리아또 디 뽈리찌아 뀌 비치노?]

(27) **한국 대사관**에 **전화**해 주세요.
Per favore chiami l'ambasciata coreana.
[뻬르 파보레 끼아미 람바쉬아따 꼬레아나.]

(28) **여권**을 **재발급** 받고 싶습니다.
Vorrei rinnovare il mio passaporto.
[보레이 린노바레 일 미오 빠사뽀르또.]

Emergency
이어 응급

   **It makes you the confident traveler!**
분실 위급상황

도난신고서 사본을 받고 싶습니다.	Vorrei una copia del verbale. [보레이 우나 꼬삐아 델 베르발레.]	29
경찰을 불러주세요.	Per favore chiami la polizia. [뻬르 파보레 끼아미 라 뽈리찌아.]	30
구급차를 불러주세요.	Per favore chiami un'ambulanza. [뻬르 파보레 끼아미 운암불란자.]	31
보험회사에 연결시켜 주세요.	Per favore chiami la compagnia assicurativa. [뻬르 파보레 끼아미 라 꼼빠니아 아시꾸라띠바.]	32
곤란에 처해 있습니다.	Sono nei guai. [소노 네이 구아이.]	33
교통사고가 났습니다.	Ho fatto un incidente stradale. [오 파또 운 인치덴떼 스뜨라달레.]	34
움직일 수가 없습니다.	Non posso muovermi. [논 뽀쏘 무오베르미.]	35
여기에 **부상**당한 사람이 있습니다.	Là c'è un ferito. [라 체 운 페리또.]	36
그것에 대해 저는 **책임**이 없습니다.	Non è colpa mia. [논 에 꼴빠 미아.]	37
사고보고서 사본을 주시겠습니까?	Posso avere una copia del verbale dell'incidente? [뽀쏘 아베레 우나 꼬삐아 델 베르발레 델린치덴떼?]	38

단어장
| 국가대표 유럽 5개국어 여행회화 |

 ENGLISH | 영어 |

 GERMANY | 독어 |

1. 공항

한국어	English	Deutsch
	Airport [에어포트]	Flughafen [플룩하펜]
국내선	domestic airport [도메스틱 에어포트]	Inlandsflughafen (m) [인란츠플룩하펜]
국제선	international airport [인터내셔널 에어포트]	internationaler Flughafen (m) [인터나치오날러 플룩하펜]
항공사카운터	airline counter [에어라인 카운터]	Airlineschalter (m) [에어라인샬터]
여권	passport [파스포트]	Pass (m) [파쓰]
비자	visa [비자]	Visum (n) [비줌]
항공권	airline ticket [에어라인 티켓]	Flugticket (n) [플룩티켓]
일반석	economy class [이코노미 클라스]	Economy Class [이코노미 클라스]
비지니스석	business class [비즈니스 클라스]	Business Class [비즈니스 클라스]
탑승권	boarding pass [보딩 파스]	Bordkarte (f) [보르트카르테]
탑승구	boarding gate [보딩 게이트]	Flugsteig (m) [플룩슈타이크]
환승	transit [트란짓]	Umsteigen (n) [움슈타이겐]
입국심사	immigration [이미그레이션]	Einreise (f) [아인라이제]
세관	customs [커스톰스]	Zoll (m) [촐]
수하물	luggage [러개쥐]	Gepäck (n) [게펙]
출국	departure [디파처]	Abflug (m) [압플룩]

It makes you a confident traveler, even in the places you've never been. 국가대표 유럽 5개국어 여행회화 MP3

 FRENCH | 불어 |
 SPANISH | 서어 |
 ITALIAN | 이어 |

Aéroport (m) [아에호뽀흐]	**Aeropuerto (m.)** [아에로뿌에르또]	**Aeroporto (m)** [아에로뽀르또]	①
aéroport national (m) [아에호뽀흐 나씨오날]	**aeropuerto nacional (m.)** [아에로뿌에르또 나씨오날]	**aeroporto nazionale (m)** [아에로뽀르또 나찌오날레]	②
aéroport international (m) [아에호뽀흐 앵떼흐나씨오날]	**aeropuerto internacional (m.)** [아에로뿌에르또 인떼르나씨오날]	**aeroporto internazionale (m)** [아에로뽀르또 인떼르나찌오날레]	③
comptoir de compagnie aérienne (m) [꽁뚜와흐 드 꽁빠니 아에리엔느]	**mostrador de la aerolínea (m.)** [모스뜨라도르 데 라 아에로리네아]	**sportello aereo (m)** [스뽀르뗄로 아에레오]	④
passeport (m) [빠쓰뽀흐]	**pasaporte (m.)** [빠사뽀르떼]	**passaporto (m)** [빠사뽀르또]	⑤
visa (m) [비자]	**visado (m.)** [비사도]	**visto (m)** [비스또]	⑥
billet d'avion (m) [비이에 다비옹]	**billete de avión (m.)** [비예떼 데 아비온]	**biglietto aereo (m)** [빌리엣또 아에레오]	⑦
classe économie (f) [끌라쓰 에꼬노미]	**clase turista** [끌라세 뚜리스따]	**classe economica (f)** [끌라세 에꼬노미까]	⑧
classe affaire (f) [끌라쓰 어페흐]	**clase business (f.)** [끌라세 비즈네스]	**classe business (f)** [끌라세 비지니스]	⑨
carte d'embarquement (f) [꺄흐뜨 덩바흐끄멍]	**tarjeta de embarque (f.)** [따르헤따 데 엠바르께]	**carta d'imbarco (f)** [까르따 딤바르꼬]	⑩
porte d'embarquement (f) [뽀흐뜨 덩바흐끄멍]	**puerta de embarque (f.)** [뿌에르따 데 엠바르께]	**uscita d'imbarco (f)** [우쉬따 딤바르꼬]	⑪
correspondance (f) [꼬해스뽕덩스]	**escala (f.)** [에스깔라]	**transito (m)** [뜨란지또]	⑫
immigration (f) [이미그라씨옹]	**inmigración (f.)** [인미그라씨온]	**immigrazione (f)** [임미그라찌오네]	⑬
douanes (f) [두안느]	**aduana (f.)** [아두아나]	**dogana (f)** [도가나]	⑭
bagage (m) [바갸즈]	**equipaje (m.)** [에끼빠헤]	**bagagli (m)** [바갈리]	⑮
départ (m) [데빠흐]	**salida (f.)** [살리다]	**partenza (f)** [빠르뗀자]	⑯

It makes **you** a **confident traveler**, even in the places you've never been.

 52

2. 호텔

한국어	ENGLISH (영어)	GERMANY (독어)
	Hotel [호텔]	Hotel (n) [호텔]
예약	reservation [레저베이션]	Reservierung (f) [레저비어룽]
1인실	single room [싱글 룸]	Einzelzimmer (n) [아인첼침머]
트윈룸	twin room [트윈 룸]	Zweibettzimmer (n) [츠바이베트침머]
프런트	front desk [프런트 데스크]	Rezeption (f) [레쳅찌온]
체크인	check in [체크 인]	einchecken [아인체켄]
객실요금	room charge [룸 차지]	Zimmerpreis (m) [침머프라이스]
보증금	deposit [디포짓]	Kaution (f) [카우찌온]
서명	signature [시그니쳐]	Unterschrift (f) [운터슈리프트]
로비	lobby [로비]	Lobby (f) [로비]
귀중품보관소	safety deposit box [세이프티 디포짓 복스]	Tresorfach (n) [트레조파흐]
추가침대	extra bed [엑스트라 베드]	zusätzliches Bett (n) [추제츨리헤스 베트]
룸서비스	room service [룸 서비스]	Zimmerservice (m) [침머서비스]
객실번호	room number [룸 넘버]	Zimmernummer (f) [침머눔머]
모닝콜	wake-up call [웨이크 업 콜]	Weckruf (m) [베크루프]
체크아웃	check out [체크 아웃]	auschecken [아우스체켄]

It makes you a confident traveler, even in the places you've never been. 국가대표 유럽 5개국어 여행회화 MP3

FRENCH | 불어 |	**SPANISH** | 서어 |	**ITALIAN** | 이어 |	
Hôtel (m) [오뗄]	Hotel (m.) [오뗄]	Albergo (m) [알베르고]	①
réservation (f) [헤제흐바씨옹]	reserva (f.) [레세르바]	prenotazione (f) [쁘레노따씨오네]	②
chambre pour une personne (f) [샹브흐 뿌흐 윈느 뻬흐쏜느]	habitación individual (f.) [아비따씨온 인디비두알]	camera singola (f) [까메라 싱골라]	③
chambre double avec lits jumeaux (f) [샹브흐 두블르 아베끄 리 쥬모]	habitación doble (f.) [아비따씨온 도블레]	camera doppia con letti separati (f) [까메라 도삐아 꼰 렛띠 세빠라띠]	④
réception (f) [헤쎕씨옹]	recepción (f.) [레쎕씨온]	reception (f) [레셉션]	⑤
enregistrement (m) [엉흐지스트르멍]	registro (m.) [레히스뜨로]	check in (m) [체크인]	⑥
prix de la chambre (m) [프리 드 라 샹브흐]	precio de la habitación (m.) [쁘레씨오 데 라 아비따씨온]	costo della camera (m) [꼬스또 델라 까메라]	⑦
acompte (m) caution (f) [아꽁뜨/꼬씨옹]	depósito (m.) [데뽀시또]	deposito (m) [데뽀지또]	⑧
signature (f) [씨냐뛰흐]	firma (f.) [피르마]	firma (f) [피르마]	⑨
lobby (m) [로비]	lobby (m.) [로비]	atrio (m) [아뜨리오]	⑩
coffre (m) [꼬프흐]	caja fuerte (f.) [까하 푸에르떼]	cassetta di sicurezza (f) [까셋따 디 시꾸렛짜]	⑪
lit supplémentaire (m) [리 쒸쁠레멍떼흐]	cama extra (f.) [까마 엑스뜨라]	letto in più (m) [렛또 인 쀼]	⑫
room service (m) [룸 쎄흐비스]	servicio de habitaciones (m.) [세르비씨오 데 아비따씨오네스]	servizio in camera (m) [세르비지오 인 까메라]	⑬
numéro de chambre (m) [뉘메호 드 샹브흐]	número de habitación (m.) [누메로 데 아비따씨온]	numero della camera (m) [누메로 델라 까메라]	⑭
service de réveil (m) [쎄흐비스 드 헤베이]	llamada despertador (f.) [야마다 데스뻬르따도르]	sveglia (f) [즈벨리아]	⑮
régler la note [헤글레 라 노뜨]	registro de salida (m.) [레히스뜨로 데 살리다]	check out (m) [체크아웃]	⑯

It makes you a confident traveler, even in the places you've never been.

 단어장 | 국가대표 유럽 5개국어 여행회화 |

 ENGLISH | 영어 |

 GERMANY | 독일 |

3. 교통

한국어	English	Deutsch
	Transport [트란스포트]	Verkehr [페어케어]
항공사	airline [에어라인]	Fluglinie (f) [플룩리니에]
편도표	one-way ticket [원 웨이 티켓]	Ticket für eine einfache Strecke (n) [티켓 퓌어 아이네 아인파헤 슈트레케]
왕복표	return ticket [리턴 티켓]	Ticket für den Hin-und Rückflug (n) [티켓 퓌어 덴 힌 운트 뤽플룩]
택시승차장	taxi rank / taxi stand [탁시 랑크/탁시 스탄드]	Taxistand (m) [탁시슈탄트]
트렁크	boot [부트]	Kofferraum (m) [코퍼라움]
정류장	bus stop [버스 스톱]	Bushaltestelle (f) [부스할테슈텔레]
일시정차	stopover [스톱오버]	Zwischenstopp (m) [츠비션슈톱]
지하철역	tube station [튜브 스테이션]	U-Bahnhof (m) [우-반호프]
기차역	railway station [레일웨이 스테이션]	Bahnhof (m) [반호프]
시간표	timetable [타임테이블]	Fahrplan (m) [파르플란]
개찰구	ticket gate [티켓 게이트]	Drehkreuz (n) [드레크로이츠]
플랫폼	platform [플랫폼]	Bahnsteig (m) [반슈타이크]
운전면허증	driving license [드라이빙 라이센스]	Führerschein (m) [퓌러샤인]
구명조끼	life jacket [라이프 자켓]	Rettungsweste (f) [레퉁스베스테]
구명보트	life raft [라이프 라프트]	Rettungsboot (n) [레퉁스보트]

It makes you a confident traveler, even in the places you've never been. 국가대표 유럽 5개국어 여행회화 MP3

FRENCH | 불어 |	SPANISH | 서어 |	ITALIAN | 이어 |	
Transport [트렁스뽀흐]	Transporte (m.) [뜨란스뽀르떼]	Mezzi di trasporto (m) [멧지 디 뜨라스뽀르또]	①
compagnie aérienne (f) [꽁빠니 아에히엔느]	aerolínea (f.) [아에로리네아]	compagnia aerea (f) [꼼빠냐 아에레아]	②
aller simple (m) [알레 쌩쁠르]	billete de ida (m.) [비예떼 데 이다]	biglietto di sola andata (m) [빌리엣또 디 솔라 안다따]	③
aller-retour (m) [알레 흐뚜흐]	billete de ida y vuelta (m.) [비예떼 데 이다 이 부엘따]	biglietto di ritorno (m) [빌리엣또 디 리또르노]	④
borne de taxi (f) [보흐느 드 택씨]	parada de taxis (f.) [빠라다 데 딱시스]	fermata del taxi (f) [페르마따 델 딱시]	⑤
coffre (m) [꼬프흐]	maletero (m.) [말레떼로]	bagagliaio (m) [바갈리아이오]	⑥
arrêt de bus (m) [아레 드 뷔스]	estación de autobuses (f.) [에스따씨온 데 아우또부세스]	fermata dell'autobus (f) [페르마따 델라우또부스]	⑦
halte (f) [알뜨]	parada (f.) [빠라다]	sosta (f) [소스따]	⑧
station de métro (f) [스따씨옹 드 메트호]	estación de metro (f.) [에스따씨온 데 메뜨로]	stazione della metropolitana (f) [스따찌오네 델라 메뜨로뽈리따나]	⑨
station de métro (f) [스따싸옹 드 메트호]	estación de tren (f.) [에스따씨온 데 뜨렌]	stazione del treno (f) [스따찌오네 델 뜨레노]	⑩
horaire (m) [오레흐]	horario (m.) [오라리오]	orario (m) [오라리오]	⑪
guichet (m) [기쉐]	puerta de salida (f.) [뿌에르따 데 살리다]	macchina obliteratrice (f) [마끼나 오블리떼라뜨리체]	⑫
quai (m) [께]	andén (m.) [안덴]	binario (m) [비나리오]	⑬
permis de conduire (m) [뻬흐미 드 꽁뒤흐]	permiso de conducir (m.) [뻬르미소 데 꼰두씨르]	patente di guida (f) [빠뗀떼 디 구이다]	⑭
gilet de sauvetage (m) [질레 드 쏘브따즈]	chaleco salvavidas (m.) [찰레꼬 살바비다스]	giubbotto salvagente (m) [주보또 살바젠떼]	⑮
canot de sauvetage (m) [꺄노 드 쏘브따즈]	balsas salvavidas (f. pl.) [발사스 살바비다스]	gommone di salvataggio (m) [꼼모네 디 살바따죠]	⑯

*5+1 56

단어장 | 국가대표 유럽 5개국어 여행회화 | **ENGLISH** | 영어 | **GERMANY** | 독어 |

4. 식당

	Restaurant [레스토런트]	Restaurant (n) [레스토랑]
메뉴	menu [메뉴]	Speisekarte (f) [슈파이제카르테]
주문	order [오더]	bestellen [베슈텔렌]
오늘의 요리	today's special [투데이스 스페셜]	Tagesgericht (n) [타게스게리히트]
추천요리	recommended dish [리코멘디드 디쉬]	Empfehlung des Küchenchefs (f) [엠프펠룽 데스 퀴헨쉐프스]
일품요리	a la carte [아 라 까르트]	à la carte [아 라 까르뜨]
지역요리	local food [로컬 푸드]	lokales Essen (n) [로칼레스 에쎈]
고기	meat [미트]	Fleisch (n) [플라이쉬]
해산물	seafood [씨푸드]	Meeresfrüchte (f, pl) [메레스프뤼히테]
야채	vegetables [베지터블스]	Gemüse (n) [게뮈제]
전채요리	appetizer [아피타이저]	Vorspeise (f) [포어슈파이제]
샐러드	salad [샐러드]	Salat (m) [잘라트]
수프	soup [숩]	Suppe (f) [줍페]
주요리	main dish [메인 디쉬]	Hauptgericht (n) [하우프트게리히트]
디저트	dessert [디저트]	Nachtisch (m) [나흐티쉬]
포장	take-away [테이크-어웨이]	zum Mitnehmen [춤 미트네멘]

	FRENCH  | 불어	SPANISH | 서어	ITALIAN | 이어	
①	**Restaurant (m)** [레스또헝]	**Restaurante (m.)** [레스따우란떼]	**Ristorante (m)** [리스또란떼]	
②	**menu (m)** [므뉘]	**menú (m.)** [메누]	**menu (m)** [메누]	
③	**commande (f)** [꺼멍드]	**pedido (m.)** [뻬디도]	**ordinare** [오르디나레]	
④	**plat du jour (m)** [쁠라 뒤 주흐]	**la especialidad de hoy (f.)** [라 에스뻬씨알리닷 데 오이]	**specialità del giorno (f)** [스페치알리따 델 조르노]	
⑤	**plat recommandé (m)** [쁠라 흐꺼멍데]	**plato recomendado (m.)** [쁠라또 레꼬멘다도]	**piatto consigliato (m)** [삐앗또 꼰실리아또]	
⑥	**à la carte** [아 라 꺄흐뜨]	**a la carta** [아 라 까르따]	**a la carte** [아 라 까르떼]	
⑦	**spécialité locale (m)** [스뻬씨알리떼 로꺌르]	**comida típica (f.)** [꼬미다 띠삐까]	**cucina locale (f)** [꾸치나 로꺌레]	
⑧	**viande (f)** [비앙드]	**carne (f.)** [까르네]	**carne (f)** [까르네]	
⑨	**fruit de mer (m)** [프뤼 드 메흐]	**productos del mar (m. pl.)** [쁘로둑또스 델 마르]	**frutti di mare (m)** [프루띠 디 마레]	
⑩	**légume (m)** [레귐므]	**hortalizas (f. pl)** [오르딸리싸스]	**verdure (f)** [베르두레]	
⑪	**amuse-gueule (m)** [아뮤즈-갤르]	**aperitivo (m.)** [아뻬리띠보]	**antipasto (m)** [안띠빠스또]	
⑫	**salade (f)** [쌀라드]	**ensalada (f.)** [엔살라다]	**insalata (f)** [인살라따]	
⑬	**soupe (f)** [수쁘]	**sopa (f.)** [소빠]	**zuppa (f)** [주빠]	
⑭	**plat principal (m)** [쁠라 프랭씨빨]	**plato principal (m.)** [쁠라또 쁘린씨빨]	**piatto principale (m)** [삐아또 쁘린치빨레]	
⑮	**dessert (m)** [데쎄흐]	**postre (m.)** [뽀스뜨레]	**dolce (m)** [돌체]	
⑯	**à emporter** [아 엉뽀흐떼]	**para llevar** [빠라 예바르]	**take out (m)** [테이크 아웃]	

5. 관광

한국어	English	Deutsch
	Sightseeing [사이트씨잉]	**Besichtigungstour** [베지히티궁스투어]
관광안내소	**tourist information centre** [투어리스트 인포메이션 센터]	**Touristeninformation (f)** [투리스텐인포르마찌온]
가이드	**guide** [가이드]	**Fremdenführer (m)** [프렘덴퓌러]
팸플릿	**brochure** [브로슈어]	**Broschüre (f)** [보로쉬레]
관광명소	**tourist attraction** [투어리스트 어트랙션]	**Sehenswürdigkeit (f)** [제엔스뷔르디히카이트]
관광지도	**tourist map** [투어리스트 맵]	**Stadtplan für Touristen (m)** [슈타트플란 퓌어 투리스텐]
투어	**tour** [투어]	**Tour (f)** [투어]
여행사	**travel agency** [트라블 에이전시]	**Reisebüro (n)** [라이제뷔로]
중심가	**city centre** [시티 센터]	**Innenstadt (f)** [인넨슈타트]
쇼핑거리	**shopping street** [쇼핑 스트리트]	**Einkaufsstraße (f)** [아인카웁스슈트라쎄]
광장	**square** [스퀘어]	**Platz (m)** [플라츠]
축제	**festival** [페스티벌]	**Festival (n)** [페스티발]
입장료	**admission fee** [어드미션 피]	**Eintrittspreis (m)** [아인트리츠프라이스]
공연	**Performances** [퍼포먼시즈]	**Aufführungen** [아우프퓌룽엔]
프로그램	**programme** [프로그람]	**Programm (n)** [프로그람]
매표소	**ticket office** [티켓 오피스]	**Kartenverkaufsstelle (f)** [카르텐페어카우프스슈텔레]

It makes you a confident traveler, even in the places you've never been. 국가대표 유럽 5개국어 여행회화 MP3

 FRENCH | 불어 |
 **SPANISH** | 서어 |
 ITALIAN | 이어 |

French	Spanish	Italian	
Tourisme [뚜리씀므]	**Turismo** [뚜리스모]	**Visite turistiche** [비지떼 뚜리스띠께]	①
office de tourisme (m) [오피스 드 뚜리씀므]	**centro de información turística** (m.) [쎈뜨로 데 인포르마씨온 뚜리스띠까]	**centro informazioni turistiche (m)** [첸뜨로 인포르마찌오니 뚜리스띠께]	②
guide (m) [기드]	**guía** [기아]	**guida (f)** [구이다]	③
brochure (f) [브로쉬흐]	**folleto (m.)** [포예또]	**depliant (m)** [데쁠리앙]	④
attraction touristique (f) [아트랙씨옹 뚜히스띠끄]	**atracción turística (f.)** [아뜨락씨온 뚜리스띠까]	**attrazioni turistiche (f)** [아뜨라찌오니 뚜리스띠께]	⑤
plan (m) [쁠랑]	**mapa turístico (m.)** [마빠 뚜리스띠꼬]	**cartina turistica (f)** [까르띠나 뚜리스띠까]	⑥
excursion (f) [엑스뀌흐씨옹]	**recorrido (m.)** [레꼬리도]	**tour (m)** [뚜르]	⑦
agence de voyages (f) [아졍스 드 브와야즈]	**agencia de viajes (f.)** [아헨씨아 데 비아헤스]	**agenzia di viaggio (f)** [아젠지아 디 비아죠]	⑧
centre ville (f) [썽트르 빌르]	**centro de la ciudad (m.)** [쎈뜨로 데 라 씨우닷]	**centro della città(m)** [첸뜨로 델라 치따]	⑨
rue commerciale (f) [휘 꼬메흐씨알르]	**calle comercial (f.)** [까예 꼬메르씨알]	**via della moda (f)** [비아 델라 모다]	⑩
place (f) [쁠라스]	**plaza (f.)** [쁠라싸]	**piazza (f)** [삐앗짜]	⑪
festival (m) [페스티벌]	**festival (m.)** [페스띠발]	**festival (m)** [페스띠발]	⑫
prix d'entrée (m) [프리 덩트레]	**precio de la entrada (m.)** [쁘레씨오 데 라 엔뜨라다]	**prezzo di ingresso (m)** [쁘렛쪼 디 잉그레소]	⑬
spectacles (m) [스뺑따끌르]	**espectáculos** [에스뺑따꿀로스]	**spettacoli (m)** [스뻬따꼴리]	⑭
programme (m) [프로그람므]	**programa (m.)** [쁘로그라마]	**programma (f)** [쁘로그람마]	⑮
guichet (m) [기쉐]	**venta de billetes (f.)** [벤따 데 비예떼스]	**biglietteria (f)** [빌리에떼리아]	⑯

It makes **you** a **confident traveler**, even in the places you've never been. ✱5+1 60

It makes you a confident traveler, even in the places you've never been.

단어장
| 국가대표·유럽 5개국어 여행회화 |

  ENGLISH | 영어 |

 GERMANY | 독어 |

6. 쇼핑

한국어	English	Deutsch
	Shopping [쇼핑]	Einkauf [아인카우프]
가게	boutique [부티크]	Boutique (f) [부틱]
슈퍼마켓	supermarket [슈퍼마켓]	Supermarkt (m) [주퍼마르크트]
식료 잡화점	grocer's (shop) [그로서즈 (숍)]	Lebensmittelladen (m) [레벤스미텔라덴]
시장	market [마켓]	Markt (m) [마르크트]
벼룩시장	flea market [플리 마켓]	Flohmarkt (m) [플로마르크트]
기념품점	souvenir shop [수브니어 숍]	Souvenirladen (m) [수베니어라덴]
백화점	department store [디파트먼트 스토어]	Kaufhaus (n) [카우프하우스]
쇼핑몰	shopping centre [쇼핑 센터]	Einkaufszentrum (n) [아인카웁스젠트룸]
면세점	Duty-free Shop [듀티-프리 숍]	Duty-Free-Shop (m) [듀티-프리-숍]
세일	sale [세일]	Schlussverkauf (m) [슐루쓰페어카우프]
계산	pay [페이]	bezahlen [베찰렌]
선물포장	Gift-wrap [기프트-랩]	Geschenkverpackung (f) [게쉥크페어파쿵]
교환	exchange [익스체인지]	umtauschen [움타우쉔]
환불	refund [리펀드]	den Kaufpreis rückerstatten [덴 카우프프라이스 뤽에어슈타텐]
반품	return [리턴]	zurückgeben [추뤽게벤]

61

| FRENCH | 불어 | | SPANISH | 서어 | | ITALIAN | 이어 |

French	Spanish	Italian
Shopping [쇼핑]	**De compras** [데 꼼쁘라스]	**Acquisti** [아뀌스띠]
boutique (f) [부띠끄]	boutique (f.) [부띠끄]	negozio (m) [네고찌오]
supermarché (m) [쒸뻬흐마흐쉐]	supermercado (m.) [수뻬르메르까도]	supermercato (m) [수뻬르메르까또]
épicier (m) [에삐씨에]	ultramarinos (m. pl.) [울뜨라마리노스]	fruttivendolo (m) [프룻띠벤돌로]
marché (m) [마흐쉐]	mercado (m.) [메르까도]	mercato (m) [메르까또]
marché aux puces (m) [마흐쉐 오 쀄스]	mercadillo (m.) [메르까리요]	mercato delle pulci (m) [메르까또 델레 뿔치]
magasin de souvenir (m) [마가쟁 드 수브니흐]	tienda de souvenirs (f.) [띠엔다 데 수베닐스]	negozio souvenir (m) [네고찌오 수브니르]
grand magasin (m) [그헝 마가쟁]	centro comercial (m.) [쎈뜨로 꼬메르씨알]	grandi magazzini (m) [그란디 마가지니]
galerie commerciale (f) [갤러리 꼬메흐씨알르]	centro comercial (m.) [쎈뜨로 꼬메르씨알]	centro commerciale (m) [첸뜨로 꼼메르치알레]
magasin duty free (m) [마가쟁 뒤티 프리]	tienda libre de impuestos [띠엔다 리브레 데 임뿌에스또스]	negozio duty free (m) [네고찌오 듀티 프리]
solde (f) [쏠드]	venta (f.) [벤따]	saldo (m) [살도]
payer [뻬이에]	pagar [빠가르]	pagamento (m) [빠가멘또]
papier cadeau (m) [빠삐에 꺄도]	envolver para regalo [엔볼베르 빠라 레갈로]	confezione (f) [꼰페찌오네]
échange (m) [에샹즈]	cambio (m.) [깜비오]	cambio (m) [깜비오]
remboursement (m) [헝부흐스멍]	reembolso (m.) [레엠볼소]	rimborso (m) [림보르소]
retour de marchandise (m) [흐뚜흐 드 마흐셩디즈]	devolución (f.) [데볼루씨온]	restituzione (f) [레스띠뚜찌오네]

It makes you a confident traveler, even in the places you've never been.

 단어장 | 국가대표 유럽 5개국어 여행회화

 ENGLISH | 영어 |

 GERMANY | 독어 |

7. 전화, 우편, 은행

한국어	Telephone, Post, Bank [텔레폰, 포스트, 뱅크]	Telefon, Post, Bank [텔레폰, 포스트, 방크]
공중전화	public phone [퍼블릭 폰]	Telefonzelle (f) [텔레폰첼레]
전화번호	phone number [폰 넘버]	Telefonnummer (f) [텔레폰눔머]
긴급통화	emergency call [이머전시 콜]	Notruf (m) [노트루프]
수신자부담통화	reverse charge call [리버스 차지 콜]	R-Gespräch (n) [에르-게슈프레히]
국제전화	international call [인터내셔널 콜]	Auslandsgespräch (n) [아우스란츠게슈프레히]
우체국	post office [포스트 오피스]	Post (f), Postamt (n) [포스트/포스트암트]
우체통	postbox [포스트복스]	Briefkasten (m) [브리프카스텐]
우표	stamp [스탬프]	Briefmarke (f) [브리프마르케]
속달	express [익스프레스]	Expressversand (m) [엑스프레쓰페어잔트]
등기	registered mail [레지스터드 메일]	Einschreiben (n) [아인슈라이벤]
항공편	airmail [에어메일]	Luftpost (f) [루프트포스트]
은행	bank [뱅크]	Bank (f) [방크]
현금인출기	ATM / cashpoint [에이티엠/캐쉬포인트]	Geldautomat (m) [겔트아우토마트]
여행자수표	traveller's checks [트라블러스 첵스]	Reisescheck (m) [라이제쉑]
환전	exchange money [익스체인지 머니]	Geld wechseln [겔트 벡셀른]

It makes you a confident traveler, even in the places you've never been.   국가대표 유럽 5개국어 여행회화 MP3

FRENCH | 불어
SPANISH | 서어
ITALIAN | 이어

FRENCH	SPANISH	ITALIAN	
Téléphone (m), Poste (f), Banque (f) [뗄레폰느, 뽀스뜨, 방끄]	Teléfono, Correos, Banco [뗄레포노, 꼬레오스, 반꼬]	Telefono, Posta, Banca [뗄레포노, 뽀스따, 방까]	①
téléphone public (m) [뗄레폰느 쀠블릭]	teléfono público (m.) [뗄레포노 뿌블리꼬]	telefono pubblico (m) [뗄레포노 뿌불리꼬]	②
numéro de téléphone (m) [뉘메호 드 뗄레폰느]	número de teléfono (m.) [누메로 데 뗄레포노]	numero di telefono (m) [누메로 디 뗄레포노]	③
appel d'urgence (m) [아뺄 뒤흐정스]	llamada de emergencia (f.) [야마다 데 에메르헨씨아]	chiamata di emergenza (f) [끼아마따 디 에메르젠자]	④
appel en PCV (m) [아뺄 엉 뻬쎄베]	llamada a cobro revertido (f.) [야마다 아 꼬브로 레베르띠도]	chiamata a carico del destinatario (f) [끼아마따 아 까리꼬 델 데스띠나따리오]	⑤
appel international (m) [아뺄 앵떼흐나씨오날]	llamada internacional (f.) [야마다 인떼르나씨오날]	chiamata internazionale (f) [끼아마따 인데르나찌오날레]	⑥
bureau de poste (m) [뷔호 드 뽀스뜨]	oficina de Correos [오피씨나 데 꼬레오스]	ufficio postale (m) [우피치오 뽀스딸레]	⑦
boîte postale (f) [브와뜨 뽀스딸르]	buzón (m.) [부쏜]	cassetta delle lettere (f) [까셋따 델레 레떼레]	⑧
timbre (m) [땡브흐]	sello (m.) [세요]	francobollo (m) [프랑꼬볼로]	⑨
en express [엉 넥스프레스]	express [엑스쁘레스]	espresso [에스쁘레소]	⑩
en recommandé [엉 흐꼬멍데]	correo certificado (m.) [꼬레오 쎄르띠피까도]	raccomandata (f) [라꼬만다따]	⑪
en avion [엉 나비옹]	correo aéreo (m.) [꼬레오 아에레오]	posta aerea (f) [뽀스따 아에레아]	⑫
banque (f) [방끄]	banco [반꼬]	banca (f) [방까]	⑬
distributeur de billet (m) [디스트리뷔뙤흐 드 비이에]	cajero automático (m.) [까헤로 아우또마띠꼬]	bancomat (m) [방꼬맛]	⑭
chèque voyage (m) [쉐끄 브와야즈]	cheque de viajero (m.) [체께 데 비아헤로]	traveller's checks (m) [트레블러스 첵스]	⑮
changer de l'argent [샹제 드 라흐정]	cambio de moneda (m.) [깜비오 데 모네다]	cambio moneta (m) [깜비오 모네따]	⑯

It makes you a confident traveler, even in the places you've never been. *5+1 64

8. 응급상황

한국어	English	Deutsch
	Emergency [이머전시]	Notfall [노트팔]
병원	Hospital [호스피틀]	Krankenhaus (n) [크랑켄하우스]
두통	headache [헤데익]	Kopfschmerzen (m, pl) [코프쉬메르첸]
위통	stomachache [스토막에익]	Magenschmerzen (m, pl) [마겐슈메르첸]
생리통	menstrual pains [멘스트럴 페인스]	Regelschmerzen (m, pl) [레겔슈메르첸]
치통	toothache [투스에익]	Zahnschmerzen (m, pl) [찬슈메르첸]
인후염	sore throat [쏘어 쓰로트]	Halsschmerzen (m, pl) [할스슈메르첸]
약국	pharmacy [파마시]	Apotheke (f) [아포테케]
소화제	digestive [다이제스티브]	verdauungsförderndes Mittel (n) [페어다우웅스 푀른데스 미텔]
감기약	cold medicine [콜드 메디슨]	Erkältungsmedizin (f) [에어겔퉁스메데친!]
분실	loss [로스]	Verlust (m) [페어루스트]
도난	stolen [스톨른]	gestohlen [게슈톨렌]
대사관	embassy [엠버시]	Botschaft (f) [보트샤프트]
긴급사태	emergency [이머전시]	Notfall (m) [노트팔]
사고	accident [악시던트]	Unfall (m) [운팔]
부상	injury [인져리]	Verletzung (f) [페어레충]

	FRENCH 	SPANISH 	ITALIAN
①	Urgences (f) [위흐정스]	Emergencias [에메르헨씨아스]	Emergenza (f) [에메르젠자]
②	hôpital (m) [오삐딸]	hospital (m.) [오스삐딸]	ospedale (m) [오스뻬달레]
③	migraine (f) [미그핸느]	dolor de cabeza (m.) [돌로르 데 까베싸]	mal di testa (m) [말 디 떼스따]
④	mal au ventre (m) [말 오 벙트르]	dolor de estómago (m.) [돌로르 데 에스또마고]	mal di stomaco (m) [말디 스또마꼬]
⑤	douleur menstruelle (f) [둘레흐 멍스트휘엘르]	dolor menstrual (m.) [돌로르 멘스뜨루알]	dolori mestruali (m) [돌로리 메스뜨루알리]
⑥	mal aux dents (m) [말 오 덩]	dolor de muelas (m.) [돌로르 데 무엘라스]	mal di denti (m) [말 디 덴띠]
⑦	mal de gorge (m) [말 드 고흐즈]	dolor de garganta (m.) [돌로르 데 가르간따]	mal di gola (m) [말 디 골라]
⑧	pharmacie (f) [파흐마씨]	farmacia (f.) [파르마씨아]	farmacia (f) [파르마치아]
⑨	médicament pour la digestion (m) [메디까멍 뿌흐 라 디제스씨옹]	digestivo (m.) [디헤스띠보]	digestivo (m) [디제스띠보]
⑩	médicament contre le rhume [메디까멍 꽁트르 르 휨]	medicina para el resfriado (f.) [메디씨나 빠라 엘 레스프리아도]	medicina per il raffreddore (f) [메디치나 뻬르 일 라프레도레]
⑪	perte (f) [뻬흐뜨]	pérdida (f.) [뻬르디다]	perdita (f) [뻬르디따]
⑫	volé [볼레]	robado (m.) / robada (f.) [로바도 / 로바다]	furto (m) [푸르또]
⑬	ambassade (f) [앙바싸드]	embajada (f.) [엠바하다]	ambasciata (f) [암바쉬아따]
⑭	urgence (f) [위흐정스]	emergencia (f.) [에메르헨씨아]	emergenza (f) [에메르젠자]
⑮	accident (m) [악씨덩]	accidente (m.) [악씨덴떼]	incidente (m) [인치덴떼]
⑯	blessure (f) [블레쒸흐]	lesiones (f. pl.) [레시오네스]	ferita (f) [페리따]

단어장
 ENGLISH | 영어
 GERMANY | 독어

(부록) 개인정보

한국어	Personal Information [퍼스널 인포메이션]	Persönliche Information [페르죈리헤 인포르마찌온]
성	last name [라스트 네임]	Nachname (m) / Familienname (m) [나흐나메, 파밀리엔나메]
명	first name [퍼스트 네임]	Vorname (m) [포어나메]
이름	name [네임]	Name (m) [나메]
생년월일	date of birth [데이트 오브 버쓰]	Geburtsdatum (n) [게부르츠다툼]
국적	nationality [내셔널러티]	Nationalität (f) [나찌오날리테트]
여권번호	passport number [파스포트 넘버]	Passnummer (f) [파쓰눔머]
비자번호	visa number [비자 넘버]	Visumsnummer (f) [비줌스눔머]
항공권번호	ticket number [티켓 넘버]	Ticketnummer (f) [티켓눔머]
항공편명	flight number [플라이트 넘버]	Flugnummer (f) [플룩눔머]
주소	address [어드레스]	Adresse (f) [아드레쎄]
연락처	contact number [콘탁트 넘버]	Kontaktnummer (f) [콘탁트눔머]
출발지	place of departure [플레이스 오브 디파처]	Abfahrtsort (m) [압파르초오르트]
목적지	destination [데스티네이션]	Ziel (n) [치일]
직업	job / occupation [좝 / 오큐페이션]	Beruf (m) [베루프]

FRENCH	SPANISH	ITALIAN	
Information personnelle (f) [앵포흐마씨옹 뻬흐쏘넬르]	**Información personal** [인포르마씨온 뻬르소날]	**Informazioni personali (f)** [인포르마찌오니 뻬르소날리]	①
nom de famille (m) [농 드 파미이으]	**apellido (m.)** [아뻬이도]	**cognome (m)** [꼬뇨메]	②
prénom (m) [프레농]	**nombre (m.)** [놈브레]	**nome (m)** [노메]	③
nom (m) [농]	**nombre (m.)** [놈브레]	**nome (m)** [노메]	④
date de naissance (f) [다뜨 드 네썽스]	**fecha de nacimiento (f.)** [페차 데 나씨미엔또]	**data di nascita (f)** [다따 디 나쉬따]	⑤
nationalité (f) [나씨오날리떼]	**nacionalidad (f.)** [나씨오날리닷]	**nazionalità (f)** [나찌오날리따]	⑥
numéro de passeport (m) [뉘메호 드 빠스뽀흐]	**número de pasaporte (m.)** [누메로 데 빠사뽀르떼]	**numero di passaporto (m)** [누메로 디 빠사뽀르또]	⑦
numéro de visa (m) [뉘메호 드 비자]	**número de visado (m.)** [누메로 데 비사도]	**numero di visto (m)** [누메로 디 비스또]	⑧
numéro de billet (m) [뉘메호 드 비이에]	**número de billete (m.)** [누메로 데 비예떼]	**numero di biglietto (m)** [누메로 디 빌리엣또]	⑨
numéro de vol (m) [뉘메호 드 볼]	**número de vuelo (m.)** [누메로 데 부엘로]	**numero di volo (m)** [누메로 디 볼로]	⑩
adresse (f) [아드레스]	**dirección (f.)** [디렉씨온]	**indirizzo (m)** [인디릿조]	⑪
numéro de téléphone (m) [뉘메호 드 뗄레폰느]	**número de contacto (m.)** [누메로 데 꼰딱또]	**numero di telefono (m)** [누메로 디 뗄레포노]	⑫
port de départ (m) [뽀흐 드 데빠흐]	**lugar de partida (m.)** [루가르 데 빠르띠다]	**luogo di partenza (m)** [루오고 디 빠르뗀자]	⑬
destination (f) [데스띠나씨옹]	**destino (m.)** [데스띠노]	**destinazione (f)** [데스띠나찌오네]	⑭
profession (f) [프로페씨옹]	**ocupación (f.)** [오꾸빠씨온]	**professione (f)** [쁘로페시오네]	⑮

Alphabet 알파벳

	A	B	C	D	E	F	G	H	I	J	K
독어	아 [ㅏ]	베 [ㅂ]	체 [ㅊ/ㅆ]	데 [ㄷ/ㅌ]	에 [ㅔ]	에프 [ㅍ]	게 [ㄱ/ㅋ]	하 [ㅎ/묵음]	이 [ㅣ]	요트 [-]	카 [ㅋ]
불어	아 [ㅏ]	베 [ㅂ]	쎄 [ㄲ/ㅋ/ㅅ]	데 [ㄷ][ㅔ/ㅡ/ㅓ]	으 [ㅍ]	에프 [ㅍ]	제 [ㄱ/ㅈ]	아쉬 [무성음]	이 [ㅣ]	지 [ㅈ]	까 [ㄲ]
서어	아 [ㅏ]	베 [ㅂ]	쎄 [ㄲ/ㅆ]	데 [ㄷ]	에 [ㅔ]	에훼 [ㅎ]	헤 [ㄱ/ㅎ]	아체 [무성음]	이 [ㅣ]	호따 [ㅎ]	까 [ㄲ]
이어	아 [ㅏ]	비 [ㅂ]	취 [ㄲ/ㅊ]	디 [ㄷ]	에 [ㅔ]	에훼 [ㅎ]	쥐 [ㄱ/ㅈ]	아까 [묵음]	이 [ㅣ]	이룽가	깝빠

Numbers 숫자

	1	2	3	4	5	6	7	8	9	10
영어	[원]	[투]	[쓰리]	[포]	[파이브]	[식스]	[세븐]	[에잇]	[나인]	[텐]
독어	[아인스]	[츠바이]	[드라이]	[피어]	[퓐프]	[젝스]	[지벤]	[아호트]	[노인]	[첸]
불어	[앵]	[두]	[트루와]	[꺄트르]	[쌩끄]	[씨쓰]	[쌥뜨]	[위뜨]	[네프]	[디스]
서어	[우노]	[도스]	[뜨레스]	[꽈뜨로]	[씽꼬]	[세이스]	[시에떼]	[오초]	[누에베]	[디에쓰]
이어	[우노]	[두에]	[뜨레]	[꽈뜨로]	[칭꿰]	[세이]	[셋떼]	[오또]	[노베]	[디에치]